CONTRATOS DA ADMINISTRAÇÃO PÚBLICA

Administração direta e estatais

Formalização, conteúdo e fiscalização

De acordo com as Leis nº 8.666/1993, nº 14.133/2021 e nº 13.303/2016

PAULO SÉRGIO DE MONTEIRO REIS

Prefácio
Edgar Guimarães

CONTRATOS DA ADMINISTRAÇÃO PÚBLICA

Administração direta e estatais

Formalização, conteúdo e fiscalização

De acordo com as Leis nº 8.666/1993, nº 14.133/2021 e nº 13.303/2016

1ª reimpressão

Belo Horizonte

2022

© 2021 Editora Fórum Ltda.

2022 1ª Reimpressão

É proibida a reprodução total ou parcial desta obra, por qualquer meio eletrônico, inclusive por processos xerográficos, sem autorização expressa do Editor.

Conselho Editorial

Adilson Abreu Dallari
Alécia Paolucci Nogueira Bicalho
Alexandre Coutinho Pagliarini
André Ramos Tavares
Carlos Ayres Britto
Carlos Mário da Silva Velloso
Cármen Lúcia Antunes Rocha
Cesar Augusto Guimarães Pereira
Clovis Beznos
Cristiana Fortini
Dinorá Adelaide Musetti Grotti
Diogo de Figueiredo Moreira Neto (*in memoriam*)
Egon Bockmann Moreira
Emerson Gabardo
Fabrício Motta
Fernando Rossi
Flávio Henrique Unes Pereira

Floriano de Azevedo Marques Neto
Gustavo Justino de Oliveira
Inês Virgínia Prado Soares
Jorge Ulisses Jacoby Fernandes
Juarez Freitas
Luciano Ferraz
Lúcio Delfino
Marcia Carla Pereira Ribeiro
Márcio Cammarosano
Marcos Ehrhardt Jr.
Maria Sylvia Zanella Di Pietro
Ney José de Freitas
Oswaldo Othon de Pontes Saraiva Filho
Paulo Modesto
Romeu Felipe Bacellar Filho
Sérgio Guerra
Walber de Moura Agra

FÓRUM

CONHECIMENTO JURÍDICO

Luís Cláudio Rodrigues Ferreira
Presidente e Editor

Coordenação editorial: Leonardo Eustáquio Siqueira Araújo
Aline Sobreira de Oliveira

Rua Paulo Ribeiro Bastos, 211 – Jardim Atlântico – CEP 31710-430
Belo Horizonte – Minas Gerais – Tel.: (31) 2121.4900
www.editoraforum.com.br – editoraforum@editoraforum.com.br

Técnica. Empenho. Zelo. Esses foram alguns dos cuidados aplicados na edição desta obra. No entanto, podem ocorrer erros de impressão, digitação ou mesmo restar alguma dúvida conceitual. Caso se constate algo assim, solicitamos a gentileza de nos comunicar através do *e-mail* editorial@editoraforum.com.br para que possamos esclarecer, no que couber. A sua contribuição é muito importante para mantermos a excelência editorial. A Editora Fórum agradece a sua contribuição.

Dados Internacionais de Catalogação na Publicação (CIP) de acordo com a AACR2

R375c	Reis, Paulo Sérgio de Monteiro
	Contratos da administração pública: administração direta e estatais – formalização, conteúdo e fiscalização – De acordo com as Leis nº 8.666/1993, nº 14.133/2021 e nº 13.303/2016 / Paulo Sérgio de Monteiro Reis. 1. Reimpressão. – Belo Horizonte: Fórum, 2021.
	289 p.; 14,5x21,5cm
	ISBN: 978-65-5518-234-7
	1. Direito Administrativo. 2. Contratos. 3. Empresas Estatais. I.. Título.
	CDD 341.3 CDU 342.9

Elaborado por Daniela Lopes Duarte - CRB-6/3500

Informação bibliográfica deste livro, conforme a NBR 6023:2018 da Associação Brasileira de Normas Técnicas (ABNT):

REIS, Paulo Sérgio de Monteiro. *Contratos da Administração Pública*: administração direta e estatais – formalização, conteúdo e fiscalização – de acordo com as Leis nº 8.666/1993, nº 14.133/2021 e nº 13.303/2016. 1. Reimpr. Belo Horizonte: Fórum, 2021. 289 p. ISBN 978-65-5518-234-7.

Esta obra é dedicada aos agentes públicos, que exercem o importante mister de trabalhar na formalização, na gestão e na fiscalização de contratos, tanto na administração direta como nas empresas estatais.

Fiscalizar a execução contratual é uma tarefa trabalhosa e arriscada, por representar a última etapa do processo de contratação. Desse modo, depende fundamentalmente daquilo que foi planejado no primeiro momento e da seleção do futuro contratado, através de uma licitação ou de um processo de contratação direta, em um segundo momento. Eventuais falhas e omissões registradas nas fases anteriores vão repercutir diretamente no momento da execução da avença, exigindo uma atenção redobrada para que o interesse público seja protegido e o resultado final atinja os objetivos, tanto nos contratos que constituam obrigação de resultado, como naqueles que constituam obrigação de meio.

Agora, enquanto as estatais continuam regidas pelas disposições da Lei nº 13.303, de 2016 e de seus regulamentos internos, a administração direta passa a ter a oportunidade de, no período de 2 anos, escolher entre as alternativas de continuar utilizando a Lei nº 8.666/1993, antiga, mas já tradicional, ou começar a usar a nova Lei nº 14.133/2021, com inovações oriundas de experiências e novos estudos. De qualquer forma, os contratos em andamento continuarão sendo regidos pela legislação indicada no momento da contratação, só valendo a nova lei para as próximas avenças. Isso obriga a administração a preparar adequadamente seus agentes, para atuarem ora sob uma regra jurídica, ora sob outra.

A responsabilidade daqueles que constituem a equipe de gestão e fiscalização não pode ser esquecida, ainda que, agora, sob a proteção das regras vigentes na LINDB. É indispensável ter agentes bem preparados e bem informados, para que todos não venham a ser, futuramente, questionados pelos órgãos de controle.

Pensando nesses agentes, servidores e empregados públicos, é que esta obra foi elaborada, analisando detalhadamente as disposições legais, com o apoio da fundamental jurisprudência dos órgãos de controle interno, para transformar essa tarefa difícil em algo que se torna prazeroso na medida em que os resultados vão sendo alcançados.

AGRADECIMENTOS

Agradecimento muito especial, no primeiro momento, a minha família. O apoio, o companheirismo, a participação, sempre com intervenções positivas, foi fundamental desde o início de minha caminhada profissional, permitindo-me alcançar este momento em que busco transmitir os conhecimentos que fui adquirindo ao longo do tempo. Nilma, minha mulher, companheira de 52 anos, com quem divido um amor profundo, Rodrigo, nosso filho querido, competente, sempre nos orgulhando, e Amanda, nossa neta amada, digna sucessora da competência de seus pais, formam comigo uma equipe, perfeitamente entrosada, sempre juntos, com uma colaboração mútua indispensável para quem quer obter algum sucesso na vida. Aos três, meus melhores agradecimentos.

Meus pais, Georgina e Clementino, que, tenho certeza, onde estão, continuam comemorando cada tarefa que consigo concluir, pois sempre me orientaram no melhor caminho, orientação que tanto me ajudou.

Aos colegas doutrinadores deste imenso mundo do Direito Administrativo, com quem aprendo todos os dias, mesmo nas discordâncias, tentando ajudar na melhoria da qualidade das atividades da administração pública.

Ao Mestre Edgar Guimarães, amizade de tantos e tantos anos, sempre muito cortês, sempre muito atencioso, sempre muito competente, com quem tanto aprendi, um agradecimento especial por ter aceitado meu convite para prefaciar esta obra, homenagem que lhe fiz como agradecimento pela amizade e pelo convívio.

SUMÁRIO

PREFÁCIO
Edgar Guimarães 11

NOTA DO AUTOR 13

APRESENTAÇÃO 15

CAPÍTULO 1
CONCEITO DE CONTRATO 17

CAPÍTULO 2
DA ELABORAÇÃO DA MINUTA DO
INSTRUMENTO CONTRATUAL 25

CAPÍTULO 3
DOS PRAZOS CONTRATUAIS 35

CAPÍTULO 4
GARANTIAS CONTRATUAIS 87

CAPÍTULO 5
GARANTIA NOS CONTRATOS DEMO 101

CAPÍTULO 6
PENALIDADES CABÍVEIS 117

CAPÍTULO 7
CLÁUSULAS NECESSÁRIAS GERAIS 137

CAPÍTULO 8
DESIGNAÇÃO DA EQUIPE DE FISCALIZAÇÃO 141

CAPÍTULO 9
DA ATUAÇÃO DA GESTÃO E FISCALIZAÇÃO
DOS CONTRATOS 165

CAPÍTULO 10
DAS ALTERAÇÕES CONTRATUAIS 191

CAPÍTULO 11
DO EQUILÍBRIO DA EQUAÇÃO ECONÔMICO-
FINANCEIRA DOS CONTRATOS 223

CAPÍTULO 12
DAS HIPÓTESES DE RESCISÃO CONTRATUAL 257

CAPÍTULO 13
DA GESTÃO DE RISCO NOS CONTRATOS 275

CAPÍTULO 14
DO PROCESSO DE APLICAÇÃO DE
PENALIDADES 283

REFERÊNCIAS 289

PREFÁCIO

O Professor Paulo Sérgio de Monteiro Reis brindou-me com o convite para prefaciar a sua obra intitulada *Contratos da administração pública*, o que representa para mim um enorme prestígio e honra, mas, sobretudo, um sinal de amizade.

Nutro pelo Professor Paulo Reis um grande respeito e admiração. Há muitos anos tive a felicidade de conhecê-lo e, desde logo, pude constatar que se tratava de um profissional competente, dedicado, íntegro e, sobretudo, um ser humano de ótima índole. Fato é que, hoje, aquela minha primeira impressão foi confirmada.

A obra, que ora prefacio, é fruto de sua larga experiência como Engenheiro Civil, Advogado, Docente na Universidade Federal do Pará, bem como dos diversos cargos que ocupou no Banco da Amazônia, Tribunal de Justiça do Estado do Pará, Tribunal Regional Eleitoral do Pará e na Secretaria de Educação do Município de Belém.

Uma obra jurídica precisa superar algumas dificuldades. Para que atinja escopo educativo, deve ser acessível, simples, elementar, no melhor sentido da expressão. Por outro lado, cumpre-lhe ser científica. Esses componentes devem estar equilibrados, num todo homogêneo.

Todas as dificuldades o autor, com a maestria que lhe é peculiar, superou-as, em muito, com este excelente livro que vem a lume, discorrendo acerca dos contratos e enfrentando toda a temática envolta nessa matéria tão cara para a Administração Pública brasileira.

Trata-se de estudo rico e atual, verdadeira contribuição para todos aqueles que vivenciam situações que envolvem as contratações públicas, disciplina jurídica que, dia após dia, ganha importância na vida dos cidadãos, pois, em última análise, cumpre uma função social e garante o efetivo cumprimento dos direitos fundamentais previstos na Constituição da República, tais como saúde, educação e segurança.

Este singular trabalho põe ao alcance de quem o manuseia, não um repositório do pensamento da doutrina e da jurisprudência atual dos Tribunais Pátrios, mas a posição e os comentários do seu autor.

O Professor Paulo Reis, ao empregar conhecimentos práticos e jurídicos hauridos na sua sólida experiência profissional, oferece-nos um estudo profundo, completo, robusto, que não deixa de enfrentar e responder a mais tênue dúvida.

Livros como o presente são de grande valia não apenas para o Direito Administrativo, como ciência e instrumento de trabalho na defesa do cidadão, mas, sobretudo, para todos os atores, principais e coadjuvantes, que atuam neste cenário. Estes, certamente, dispensarão especial atenção ao trabalho, recebendo-o como uma imprescindível fonte de consulta para a superação dos problemas do cotidiano.

Enfim, é motivo de enorme alegria e honra receber a missão de apresentar este valioso estudo e seu respeitado autor. Estou seguro do seu êxito, que traz a marca da vitória, como todas as demais iniciativas do seu escritor.

Curitiba, novembro de 2020.

Edgar Guimarães
Pós-Doutor em Direito pela Università del Salento (Itália). Doutor e Mestre em Direito Administrativo pela PUC-SP. Presidente do Instituto Paranaense de Direito Administrativo.

NOTA DO AUTOR

A execução contratual é a terceira grande fase de um processo de contratação, necessariamente antecedida pelo planejamento, desenvolvido através de uma série de providências e elaboração de documentos, e pela realização do certame licitatório, ou, excepcionalmente, pela seleção da futura contratada através de um processo de dispensa ou de inexigibilidade de licitação. Acaba por ser, portanto, o corolário de todo o processo, o momento em que a administração, direta ou indireta, alcança o objetivo colimado desde o início do processo, que é a obtenção de um bem, a realização de um serviço ou a execução de uma obra ou serviço de engenharia.

Em sendo a última etapa do processo, o momento da execução da avença reflete sempre todos os atos praticados anteriormente, sendo influenciada diretamente pelas providências tomadas na fase de planejamento e pelo resultado do processo de seleção da proposta considerada mais vantajosa. Se o planejamento foi bem elaborado e efetivamente foi possível selecionar proposta adequada, a tendência é que o contrato seja executado sem maiores percalços, obtendo-se sucesso na sua conclusão. Ao revés, um planejamento malfeito ou quase inexistente somado a uma seleção inadequada do contratado, vai se refletir diretamente na fase de execução do contrato, de uma forma absolutamente indesejada, com resultados negativos.

Esta obra pretende ajudar a administração pública em geral, incluindo, assim, os órgãos e entidades da administração direta e as estatais, a bem pensar os seus contratos, desde o planejamento de suas cláusulas, até a gestão e fiscalização da execução, passando por todos os momentos importantes, que atingem, positiva ou negativamente, os resultados a serem alcançados. Está fundamentada em farta jurisprudência dos órgãos de controle, especialmente o Tribunal de Contas da União, e na vivência que o autor obteve nos seus 48 anos de atividades dentro da administração.

Com a sanção e publicação da nova Lei de Licitações e Contratos Administrativos, a Lei nº 14.133, de 1º de abril de 2021, novidades foram trazidas ao ordenamento jurídico brasileiro. Muito embora a nova lei só seja de cumprimento obrigatório após decorrido o prazo de 2 anos de sua sanção, nada impede que os órgãos e entidades da administração pública direta, autárquica e fundacional comecem a utilizá-la antes desse prazo, como dispõe o art. 191. Desse modo, entendemos oportuno já trazer, nesta obra, as novas disposições legais, para que os órgãos e entidades que pretenderem aplicá-la em prazo mais curto possam fazê-lo com segurança e com a correta aplicação do que ela contém.

Ninguém pode duvidar que há necessidade de melhorar o resultado dos processos de contratação. Essa melhoria passa, necessariamente, pelas três grandes fases, inicialmente citadas. O objetivo, nesta obra, é a melhoria fundamentalmente da terceira fase, embora, ao tratar das cláusulas contratuais, também aborde o momento do planejamento, fundamental no processo.

APRESENTAÇÃO

Difundir conhecimentos sobre a gestão e a fiscalização de contratos da administração pública, tanto em relação à administração direta, como em relação às empresas estatais, sempre foi tarefa que nos atraiu. A uma, pelas dificuldades no exercício dessa tarefa, que é tão fundamental. A duas, pela responsabilidade assumida pelos agentes que compõem a equipe de fiscalização, pois representam diretamente o interesse público envolvido, pelo qual precisam trabalhar zelosamente.

Com o advento da nova Lei de Licitações e Contratos, recebemos um incentivo a mais para escrever esta obra. Novas condições, novas formas de atuação, novas cautelas, enfim, uma forma de atuação diferenciada passa a ser exigida dos agentes públicos, em todos os níveis de governo e em todas as esferas governamentais, exigindo um conhecimento mais aprofundado para que se consiga atingir os objetivos colimados.

Elaboramos, então, uma obra que aborda, ao mesmo tempo, as disposições do antigo ordenamento, representado basicamente pela Lei nº 8.666, de 21 de junho de 1993, e do novo ordenamento, representado pela nova Lei nº 14.133, de 1º de abril de 2021. A Administração direta, autárquica e fundacional pode, durante determinado lapso temporal determinado pela nova lei, escolher entre as alternativas de passar a adotá-la em sua plenitude ou de continuar utilizando-se da antiga lei. Em qualquer das hipóteses, esta obra pretende ser útil, pois discute os contratos, desde a sua formalização até a conclusão, que ocorre com o recebimento definitivo, sob os dois enfoques, inclusive fazendo comparações entre as disposições das duas leis, para facilitar a adaptação na transposição.

Não poderíamos esquecer as empresas estatais, que formalizam contratos de direito privado, com enfoque bem diferente dos contratos de direito público e que precisam, talvez, de maior cautela para que seus interesses não sejam prejudicados por falhas cometidas na formalização e na fiscalização da execução da avença.

Esperamos que esta obra atinja os objetivos que pretendemos alcançar, servindo como arma de apoio e de proteção a todos os que labutam na área de contratos.

Fevereiro de 2021

CAPÍTULO 1

CONCEITO DE CONTRATO

A Lei nº 10.406, de 10 de janeiro de 2002, que instituiu o Código Civil Brasileiro, não trouxe qualquer conceituação sobre contrato, ao contrário, por exemplo, do Código Civil Italiano, que assim dispõe:

> Art. 1321 Nozione
> Il contratto è l'accordo di due o più parti per costituire, regolare o estinguere tra loro un rapporto giuridico patrimoniale.

Nosso ordenamento jurídico preferiu deixar a tarefa a cargo da doutrina.

Enquanto o Código Italiano relaciona contrato a uma relação jurídica de caráter patrimonial, a doutrina brasileira prefere generalizar sua função como forma de regulamentar um negócio jurídico.

Dessa forma, pode-se dizer que o contrato é um acordo de interesses opostos, formalizado entre duas ou mais pessoas, objetivando alcançar um negócio jurídico, constituindo, regulamentando ou extinguindo uma relação jurídica. Para que isso possa ser legalmente alcançado, é necessário o atendimento das condições estabelecidas no art. 104 da Lei nº 10.406, de 2002:

> Art. 104. A validade do negócio jurídico requer:
> I – agente capaz;
> II – objeto lícito, possível, determinado ou determinável;
> III – forma prescrita ou não defesa em lei.

Uma das características dos contratos é a igualdade de direito e deveres entre as partes contratantes. Esse pressuposto da prevalência do princípio da igualdade entre as partes sempre preponderou na esfera do Direito Civil, igualdade em direitos e em obrigações.

Quando passamos a tratar da esfera pública, no entanto, esse conceito de igualdade passa por uma relativização. Como a administração pública, ao contratar, está, em tese, representando a vontade da coletividade, sempre prevaleceu o entendimento de que a vontade de todos deve imperar em relação à vontade de cada um dos componentes desse todo. Daí, surgiu a ideia do contrato administrativo, uma forma de avença que se caracteriza fundamentalmente pela ideia de desigualdade entre as partes contratantes, com a supremacia daquela que representa a coletividade.

No entender de Celso Antônio Bandeira de Mello, "contrato administrativo é um tipo de avença travada entre a Administração e terceiros na qual, por força de lei, de cláusulas pactuadas ou do tipo de objeto, a permanência do vínculo e as condições preestabelecidas assujeitam-se a cambiáveis imposições de interesse público, ressalvados os interesses patrimoniais do contratante privado".[1]

A supremacia da administração pública nos contratos administrativos está representada pela presença das chamadas cláusulas exorbitantes, que efetivamente desigualam os contratantes. Essa presença é a mais marcante característica dos contratos de direito público, marcando, assim, a supremacia da administração contratante, já mencionada.

Nessa conceituação de Celso Antônio, fica claro que cabe à administração, como contratante, estabelecer previamente as condições da pactuação. E o faz através do instrumento convocatório de uma licitação ou de uma contratação sem licitação, através da minuta do futuro instrumento contratual, parte integrante obrigatória, como bem dispõem as Leis nº 8.666, de 21 de junho de 1993, e nº 14.133, de 1º de abril de 2021.

Essas condições estabelecidas podem, no entanto, sofrer modificações ao longo da execução da avença, alterações essas sempre fundadas no interesse público, respeitando-se, sempre, os interesses patrimoniais do contratado.

---

[1] Mello, Celso Antônio Bandeira de. *Curso de direito administrativo.* 8. ed. São Paulo: Malheiros, 1996.

Nem todos os contratos dos quais participa a administração, no entanto, possuem essa mesma característica. Significa dizer, não é a simples presença da administração que faz o contrato tornar-se administrativo. Existem avenças nas quais a administração participa, porém, em igualdade de direitos e obrigações com a outra parte.

Alguns contratos, por força de disposições específicas constantes do ordenamento jurídico pátrio, não permitem que a administração pública neles atue com superioridade jurídica. São exemplos os contratos relativos a seguro patrimonial e contratos de locação predial, estes nos quais a administração esteja presente como locatária. Não são contratos de direito público; as condições pactuadas são de direito privado, caracterizando-se pela igualdade entre os contratantes. A estes preferimos denominar de contratos da administração, para estabelecer diferença em relação aos contratos administrativos. Aqueles, com prevalência das regras de direito privado; estes, com prevalência das regras de direito público.

Outra situação em que não temos desigualdade entre os contratantes, mesmo com a presença da administração pública, são os contratos decorrentes da Lei nº 13.303, de 30 de junho de 2016, que estabelece o estatuto jurídico das contratações das empresas estatais. O próprio diploma legal encarregou-se de assim dispor, retirando da administração, *in casu*, indireta, representada pelas sociedades de economia mista e pelas empresas públicas, o direito ao exercício de cláusulas exorbitantes.

Temos, assim, três espécies de contratos para a administração pública no ordenamento jurídico brasileiro, com direito e deveres específicos a cada uma delas:

1. os contratos administrativos, destinados objetivamente à administração direta fundamentalmente dispostos na Lei nº 8.666/1993 e na Lei nº 14.133, de 2021;

2. os contratos da administração, de direito privado, que seguem regras próprias do ordenamento jurídico, regras essas que valem tanto nas hipóteses em que a administração pública está presente como naqueles firmados entre particulares; e,

3. os contratos, também de direito privado, firmados pela administração pública indireta, com fundamento na Lei nº 13.303, de 2016.

Os primeiros são contratos regidos fundamentalmente por regras de direito público, com aplicação apenas supletiva das regras do direito privado. O art. 54 da Lei nº 8.666/1993 é muito claro:

> **Art. 54.** Os contratos administrativos de que trata esta Lei regulam-se pelas suas cláusulas e pelos preceitos de direito público, aplicando-se-lhes, supletivamente, os princípios da teoria geral dos contratos e as disposições de direito privado.
>
> §1º Os contratos devem estabelecer com clareza e precisão as condições para sua execução, expressas em cláusulas que definam os direitos, obrigações e responsabilidades das partes, em conformidade com os termos da licitação e da proposta a que se vinculam.

Disposição semelhante encontramos na nova Lei de Licitações e Contratos, a Lei nº 14.133, de 1º de abril de 2021, em seu art. 89:

> **Art. 89.** Os contratos de que trata esta Lei regular-se-ão pelas suas cláusulas e pelos preceitos de direito público, e a eles serão aplicados, supletivamente, os princípios da teoria geral dos contratos e as disposições de direito privado.
>
> §1º Todo contrato deverá mencionar os nomes das partes e os de seus representantes, a finalidade, o ato que autorizou sua lavratura, o número do processo da licitação ou da contratação direta e a sujeição dos contratantes às normas desta Lei e às cláusulas contratuais.

Para os pactos de que trata o item 2, acima, a Lei nº 8.666, de 1993, traz uma disposição expressa:

> Art. 62. (...)
> (...)
> §3º Aplica-se o disposto nos arts. 55 e 58 a 61 desta Lei e demais normas gerais, no que couber:
> I – aos contratos de seguro, de financiamento, de locação em que o Poder Público seja locatário, e aos demais cujo conteúdo seja regido, predominantemente, por norma de direito privado;
> II – aos contratos em que a Administração for parte como usuária de serviço público.

Nos casos expressamente citados no inciso I, temos objetos que possuem legislação específica em nosso país. Quedou-se o legislador da Lei de Licitações e Contratos à regra de que lei especial prevalece em relação à lei geral. O Decreto-Lei nº 73, de 21 de novembro de

1966, dispõe sobre o Sistema Nacional de Seguros Privados e regula as operações de seguro em nosso país. É, assim, lei especial na matéria, razão pela qual os contratos firmados devem seguir suas disposições específicas. Situação semelhante temos nos casos de locação predial em que a administração figura como locatária. A Lei nº 8.245, de 18 de outubro de 1991, dispõe sobre as locações de imóveis urbanos, determinando regras próprias para os contratos dela decorrentes. Vemos que o art. 62 da Lei nº 8.666/1993, em seu §3º, determina a aplicação aos assim denominados contratos da administração das disposições dos arts. 55 e 58 a 61. Ficaram, dessa maneira, excepcionadas de aplicação a esses contratos as disposições dos arts. 56 e 57. O primeiro trata da exigência de garantia contratual, realmente inaplicável a essas avenças. O segundo trata dos prazos de vigência dos contratos. Neste caso, tanto o seguro como a locação predial não podem ficar adstritos aos prazos determinados para os contratos administrativos, por serem matérias que precisam atender exigências próprias dos mercados a que se vinculam.[2]

Finalmente, os contratos firmados pelas empresas estatais, muito embora registrem a presença neles da administração pública indireta, usualmente como contratante, regulam-se pelo direito privado, como expressamente disposto na Lei nº 13.303, de 2016:

> Art. 68. Os contratos de que trata esta Lei regulam-se pelas suas cláusulas, pelo disposto nesta Lei e pelos preceitos de direito privado.

Uma falha que observamos rotineiramente na administração pública é a confusão entre os termos "contrato" e "instrumento de contrato". É comum a referência ao segundo como sendo O CONTRATO, quando, na realidade, trata-se, apenas, do documento no qual o contrato foi formalizado. Contrato é o acordo de interesses opostos. Na administração pública brasileira, esse acordo, como regra, deve ser formalizado em um documento, que recebe a denominação de instrumento de contrato ou termo de contrato.

---

[2] A Lei nº 14.133/2021 traz condição semelhante em seu art. 3º, dispondo sobre a não aplicação de suas disposições aos contratos para os quais exista legislação própria e nem tampouco naqueles que tenham por objeto operação de crédito e gestão de dívida pública.

A Lei nº 8.666/1993, em seu art. 60, estabelece essa regra, que traz uma única exceção:

> Art. 60. (...)
> Parágrafo único. É nulo e de nenhum efeito o contrato verbal com a Administração, salvo o de pequenas compras de pronto pagamento, assim entendidas aquelas de valor não superior a 5% (cinco por cento) do limite estabelecido no art. 23, inciso II, alínea "a" desta Lei, feitas em regime de adiantamento.

Disposição no mesmo sentido encontramos na Lei nº 13.303, de 2016:

> Art. 73. A redução a termo do contrato poderá ser dispensada no caso de pequenas despesas de pronta entrega e pagamento das quais não resultem obrigações futuras por parte da empresa pública ou da sociedade de economia mista.

Já a Lei nº 14.133, de 2021, mantém o mesmo entendimento, mas incluindo a possibilidade de contratos verbais também no caso de prestação de serviços:

> Art. 91. Os contratos e seus aditamentos terão forma escrita e serão juntados ao processo que tiver dado origem à contratação, divulgados e mantidos à disposição do público em sítio eletrônico oficial.

> Art. 95. (...)
> (...)
> §2º É nulo e de nenhum efeito o contrato verbal com a Administração, salvo o de pequenas compras ou o de prestação de serviços de pronto pagamento, assim entendidos aqueles de valor não superior a R$10.000,00 (dez mil reais).

A regra, expressamente disposta nas leis citadas, é o contrato devidamente formalizado através de um instrumento contratual. A exceção está, exclusivamente, nos casos de contratações de pequeno valor, de pronta entrega e pronto pagamento ou, no caso da nova lei, de avenças até um valor fixo, determinado.

Na administração direta, autárquica e fundacional, tanto a Lei nº 8.666/1993, como a Lei nº 14.133/2021 estão se referindo especificamente às aquisições de bens que não sejam rotineiras, excepcionais, portanto, isoladas, sem perspectivas de se tornarem comuns, usualmente realizadas através de um suprimento de fundos. A Lei nº 8.666/1993 estabelece, inclusive, um limite de valor para essas contratações, hoje correspondente a R$8.800,00. No caso das estatais, a lei se refere a pequenas despesas, tornando mais genérica a situação, mas não estabelece o limite de valor, mencionando tratar-se de "pequenas despesas". O regulamento de cada estatal deve estabelecer formalmente esse limite de valor, levando em conta suas especificidades.

CAPÍTULO 2

DA ELABORAÇÃO DA MINUTA DO INSTRUMENTO CONTRATUAL

Como em todas as atividades que desenvolvemos ao longo de nossa vida, em um processo de contratação na administração pública há o momento de pensar e há o momento de executar. O momento de pensar é a fase de planejamento, que alguns preferem chamar de fase preparatória ou fase interna do processo. Podemos afirmar que é nesse momento que a administração decide se quer fazer um processo em condições favoráveis, com grandes possibilidades de um resultado final exitoso, ou se, ao revés, deseja enfrentar problemas de toda ordem, com enorme tendência de um resultado pouco vantajoso ou, até mesmo, de não conseguir chegar a qualquer resultado.

Pois bem, é, também, nesse momento que a administração precisa decidir o que pretende em relação à avença. Muito embora a execução do contrato venha efetivamente a ocorrer muito tempo depois, pois o processo ainda precisa passar pela fase de definição da proposta mais vantajosa, que usualmente não consegue ser concluída em curto espaço de tempo, tudo o que ali vai ocorrer será, inexoravelmente, um reflexo do que foi planejado. Isso porque a Lei nº 8.666/1993 exige que a minuta do instrumento contratual componha o ato convocatório, como anexo obrigatório do edital:

> Art. 40. O edital conterá no preâmbulo o número de ordem em série anual, o nome da repartição interessada e de seu setor, a modalidade, o regime de execução e o tipo da licitação, a menção de que será regida por esta Lei, o local, dia e hora para recebimento da documentação e

> proposta, bem como para início da abertura dos envelopes, e indicará, obrigatoriamente, o seguinte:
>
> (...)
>
> §2º Constituem anexos do edital, dele fazendo parte integrante:
>
> I – o projeto básico e/ou executivo, com todas as suas partes, desenhos, especificações e outros complementos;
>
> II – orçamento estimado em planilhas de quantitativos e preços unitários;
>
> III – a minuta do contrato a ser firmado entre a Administração e o licitante vencedor;
>
> IV – as especificações complementares e as normas de execução pertinentes à licitação.
>
> (...)

Dessa forma, a minuta do instrumento de contrato é elaborada dentro da fase de planejamento, como parte integrante do instrumento convocatório. Isso é fundamental para que, ao participar da licitação, o interessado já conheça perfeitamente as condições a que estará submetido acaso venha a ser declarado o adjudicatário, nada podendo ser alegado posteriormente em relação a surpresas ou a possíveis omissões em suas propostas.

Na Lei nº 14.133/2021, essa fase do processo é denominada de fase preparatória. É nela que deverá ser elaborada a minuta do futuro instrumento contratual, que também deverá ser divulgada como anexo do edital da licitação:

> Art. 18. A fase preparatória do processo licitatório é caracterizada pelo planejamento e deve compatibilizar-se com o plano de contratações anual de que trata o inciso VII do *caput* do art. 12 desta Lei, sempre que elaborado, e com as leis orçamentárias, bem como abordar todas as considerações técnicas, mercadológicas e de gestão que podem interferir na contratação, compreendidos:
>
> (...)
>
> VI – a elaboração de minuta de contrato, quando necessária, que constará obrigatoriamente como anexo do edital de licitação;

Do lado da administração, ao dar conhecimento da minuta do futuro instrumento contratual, ela está se vinculando a esse documento. Nada poderá ser exigido, na fase de execução da avença, que não esteja nele formalmente previsto. Igualmente, nada que ali conste poderá deixar de ser exigido. Tudo isso mostra bem o quanto é fundamental o trabalho cauteloso e correto nesse momento do processo. Não será possível omitir condições fundamentais, sob o pressuposto de que, no momento adequado, essas omissões seriam corrigidas. Só poderão ser corrigidas através de uma alteração contratual, a qual, ainda que possa ser feita por iniciativa da administração contratante, unilateralmente, implicará custos que podem até mesmo distorcer um bom resultado obtido no certame licitatório.

Tal fato ganha uma importância ainda maior no caso dos contratos regulados pela Lei nº 13.303/2016. Em se tratando de contratos de direito privado, como já visto alhures, qualquer alteração futura só poderá ocorrer por acordo entre as partes. Não tenhamos dúvidas de que o contratado só concordará com alterações propostas pela estatal contratante se delas não resultar prejuízo para seus interesses. Aqui, portanto, a situação é ainda mais grave: o contratado pode não aceitar alteração decorrente de omissão contratual, alteração essa que seja fundamental para a consecução do objeto da avença, criando um imbróglio sério e desgastante.

É necessário, assim, toda cautela no momento da elaboração da minuta do termo de contrato, atividade que deve ser cometida a profissionais devidamente qualificados, competentes, com o tempo necessário para que o trabalho seja de qualidade.

Como já vimos no capítulo anterior, o parágrafo único do art. 60 da Lei nº 8.666/1993 dispõe que os contratos administrativos devem possuir cláusulas que definam os direitos, as obrigações e as responsabilidades das partes, vinculando-se às condições estabelecidas no edital e na proposta do adjudicatário. A grande base para a elaboração da minuta do instrumento contratual é o art. 55 da Lei nº 8.666, de 1993, que traz a relação das cláusulas necessárias nos contratos administrativos. Na Lei das Estatais, o art. 69 possui disposição semelhante.

Dispõe o art. 55 da Lei de Licitações e Contratos:

> Art. 55. São cláusulas necessárias em todo contrato as que estabeleçam:
> I – o objeto e seus elementos característicos;
> II – o regime de execução ou a forma de fornecimento;
> III – o preço e as condições de pagamento, os critérios, data-base e periodicidade do reajustamento de preços, os critérios de atualização monetária entre a data do adimplemento das obrigações e a do efetivo pagamento;
> IV – os prazos de início de etapas de execução, de conclusão, de entrega, de observação e de recebimento definitivo, conforme o caso;

V – o crédito pelo qual correrá a despesa, com a indicação da classificação funcional programática e da categoria econômica;
VI – as garantias oferecidas para assegurar sua plena execução, quando exigidas;
VII – os direitos e as responsabilidades das partes, as penalidades cabíveis e os valores das multas;
VIII – os casos de rescisão;
IX – o reconhecimento dos direitos da Administração, em caso de rescisão administrativa prevista no art. 77 desta Lei;
X – as condições de importação, a data e a taxa de câmbio para conversão, quando for o caso;
XI – a vinculação ao edital de licitação ou ao termo que a dispensou ou a inexigiu, ao convite e à proposta do licitante vencedor;
XII – a legislação aplicável à execução do contrato e especialmente aos casos omissos;
XIII – a obrigação do contratado de manter, durante toda a execução do contrato, em compatibilidade com as obrigações por ele assumidas, todas as condições de habilitação e qualificação exigidas na licitação.
§1º (Vetado).
§2º Nos contratos celebrados pela Administração Pública com pessoas físicas ou jurídicas, inclusive aquelas domiciliadas no estrangeiro, deverá constar necessariamente cláusula que declare competente o foro da sede da Administração para dirimir qualquer questão contratual, salvo o disposto no §6º do art. 32 desta Lei.
§3º No ato da liquidação da despesa, os serviços de contabilidade comunicarão, aos órgãos incumbidos da arrecadação e fiscalização de tributos da União, Estado ou Município, as características e os valores pagos, segundo o disposto no art. 63 da Lei nº 4.320, de 17 de março de 1964.

Na Lei nº 14.133, de 2021, também encontramos a relação das cláusulas necessárias, a saber:

Art. 92. São necessárias em todo contrato cláusulas que estabeleçam:
I – o objeto e seus elementos característicos;
II – a vinculação ao edital de licitação e à proposta do licitante vencedor ou ao ato que tiver autorizado a contratação direta e à respectiva proposta;
III – a legislação aplicável à execução do contrato, inclusive quanto aos casos omissos;
IV – o regime de execução ou a forma de fornecimento;
V – o preço e as condições de pagamento, os critérios, a data-base e a periodicidade do reajustamento de preços e os critérios de atualização monetária entre a data do adimplemento das obrigações e a do efetivo pagamento;
VI – os critérios e a periodicidade da medição, quando for o caso, e o prazo para liquidação e para pagamento;

VII – os prazos de início das etapas de execução, conclusão, entrega, observação e recebimento definitivo, quando for o caso;

VIII – o crédito pelo qual correrá a despesa, com a indicação da classificação funcional programática e da categoria econômica;

IX – a matriz de risco, quando for o caso;

X – o prazo para resposta ao pedido de repactuação de preços, quando for o caso;

XI – o prazo para resposta ao pedido de restabelecimento do equilíbrio econômico-financeiro, quando for o caso;

XII – as garantias oferecidas para assegurar sua plena execução, quando exigidas, inclusive as que forem oferecidas pelo contratado no caso de antecipação de valores a título de pagamento;

XIII – o prazo de garantia mínima do objeto, observados os prazos mínimos estabelecidos nesta Lei e nas normas técnicas aplicáveis, e as condições de manutenção e assistência técnica, quando for o caso;

XIV – os direitos e as responsabilidades das partes, as penalidades cabíveis e os valores das multas e suas bases de cálculo;

XV – as condições de importação e a data e a taxa de câmbio para conversão, quando for o caso;

XVI – a obrigação do contratado de manter, durante toda a execução do contrato, em compatibilidade com as obrigações por ele assumidas, todas as condições exigidas para a habilitação na licitação, ou para a qualificação, na contratação direta;

XVII – a obrigação de o contratado cumprir as exigências de reserva de cargos prevista em lei, bem como em outras normas específicas, para pessoa com deficiência, para reabilitado da Previdência Social e para aprendiz;

XVIII – o modelo de gestão do contrato, observados os requisitos definidos em regulamento;

XIX – os casos de extinção.

§1º Os contratos celebrados pela Administração Pública com pessoas físicas ou jurídicas, inclusive as domiciliadas no exterior, deverão conter cláusula que declare competente o foro da sede da Administração para dirimir qualquer questão contratual, ressalvadas as seguintes hipóteses:

I – licitação internacional para a aquisição de bens e serviços cujo pagamento seja feito com o produto de financiamento concedido por organismo financeiro internacional de que o Brasil faça parte ou por agência estrangeira de cooperação;

II – contratação com empresa estrangeira para a compra de equipamentos fabricados e entregues no exterior precedida de autorização do Chefe do Poder Executivo;

III – aquisição de bens e serviços realizada por unidades administrativas com sede no exterior.

§2º De acordo com as peculiaridades de seu objeto e de seu regime de execução, o contrato conterá cláusula que preveja um período antecedente à expedição da ordem de serviço para verificação de pendências, liberação de áreas ou adoção de outras providências cabíveis para a regularidade do início da sua execução.

§3º Independentemente do prazo de duração, o contrato deverá conter cláusula que estabeleça o índice de reajustamento de preço, com database vinculada à data do orçamento estimado, e poderá ser estabelecido mais de um índice específico ou setorial, em conformidade com a realidade de mercado dos respectivos insumos.

§4º Nos contratos de serviços contínuos, observado o interregno mínimo de 1 (um) ano, o critério de reajustamento de preços será por:

I – reajustamento em sentido estrito, quando não houver regime de dedicação exclusiva de mão de obra ou predominância de mão de obra, mediante previsão de índices específicos ou setoriais;

II – repactuação, quando houver regime de dedicação exclusiva de mão de obra ou predominância de mão de obra, mediante demonstração analítica da variação dos custos.

§5º Nos contratos de obras e serviços de engenharia, sempre que compatível com o regime de execução, a medição será mensal.

§6º Nos contratos para serviços contínuos com regime de dedicação exclusiva de mão de obra ou com predominância de mão de obra, o prazo para resposta ao pedido de repactuação de preços será preferencialmente de 1 (um) mês, contado da data do fornecimento da documentação prevista no §6º do art. 135 desta Lei.

A primeira condição que precisa ser analisada é a disposição do *caput* do artigo nas duas normas. Dispõem as leis que as cláusulas relacionadas, consideradas "necessárias", como sinônimo de importantes, fundamentais, devem ser estabelecidas em TODOS OS CONTRATOS. Essa disposição é fundamental quando analisada concomitantemente com o que consta do *caput* e do §1º do art. 62 da Lei nº 8.666/1993, ou no art. 95 da Lei nº 14.133/2021:

Art. 62. O instrumento de contrato é obrigatório nos casos de concorrência e de tomada de preços, bem como nas dispensas e inexigibilidades cujos preços estejam compreendidos nos limites destas duas modalidades de licitação, e facultativo nos demais em que a Administração puder substituí-lo por outros instrumentos hábeis, tais como carta-contrato, nota de empenho de despesa, autorização de compra ou ordem de execução de serviço.

§1º A minuta do futuro contrato integrará sempre o edital ou ato convocatório da licitação.

Art. 95. O instrumento de contrato é obrigatório, salvo nas seguintes hipóteses, em que a Administração poderá substituí-lo por outro instrumento hábil, como carta-contrato, nota de empenho de despesa, autorização de compra ou ordem de execução de serviço:

I – dispensa de licitação em razão de valor;

II – compras com entrega imediata e integral dos bens adquiridos, dos quais não resultem obrigações futuras, inclusive quanto a assistência técnica, independentemente de seu valor.

§1º Às hipóteses de substituição do instrumento de contrato, aplica-se, no que couber, o disposto no art. 92 desta Lei.

§2º É nulo e de nenhum efeito o contrato verbal com a Administração, salvo o de pequenas compras ou o de prestação de serviços de pronto pagamento, assim entendidos aqueles de valor não superior a R$10.000,00 (dez mil reais).

Em algumas situações, as normas legais permitem que o termo de contrato seja substituído por outros instrumentos hábeis, citando como exemplos a carta-contrato, a nota de empenho de despesa, a autorização de fornecimento e a ordem de execução de serviço. Essas situações ocorrem nas contratações cujo valor esteja dentro do limite da modalidade licitatória Convite (na Lei nº 8.666/1993), ainda que realizadas por dispensa ou por inexigibilidade de licitação, hoje correspondente a R$330.000,00 para obras e serviços de engenharia e R$176.000,00 para as compras e para os demais serviços. Na nova lei, não existe mais a modalidade Convite. Dessa forma, a substituição do instrumento de contrato por outro instrumento hábil pode ocorrer nos casos de dispensa de licitação em razão do valor da contratação (valor inferior a R$100.000,00, na engenharia, ou inferior a R$50.000,00, nas demais situações) e nas compras de bens com entrega imediata e integral, das quais não resultem as chamadas obrigações futuras, inclusive a assistência técnica, nesse caso, qualquer que seja o valor envolvido na contratação.

Ao contrário do que é muitas vezes interpretado no âmbito da administração pública, a lei não está dizendo que, nessas hipóteses, não temos contrato. Já vimos no capítulo anterior que o contrato sempre existirá, salvo aquela única exceção prevista no art. 60, parágrafo único, da Lei nº 8.666/1993, ou no art. 95, §2º, da nova lei. O que as leis estão admitindo, nos acima transcritos art. 62 (Lei nº 8.666/1993) e 95 (Lei nº 14.133/2021), é a substituição do termo de contrato por um instrumento equivalente, mais simples e mais compatível com o valor mais reduzido da contratação. Mas o contrato formal sempre existirá, repetimos, salvo a exceção indicada. Interpretar de forma diferente seria derrogar as disposições legais expressas, que vedam o contrato verbal com a administração.

Em assim sendo, na situação prevista no art. 62 do antigo regime ou no art. 95 da nova lei, o instrumento hábil fará, para todos os efeitos legais, o papel de instrumento de contrato. E, dessa forma, dele devem constar todas as cláusulas necessárias relacionadas no art. 55. Afinal, são cláusulas necessárias EM TODO CONTRATO, independentemente, assim, do instrumento adotado para sua formalização.

De outra banda, e dentro do mesmo tema, o art. 62, §1º, da Lei nº 8.666/1993,[3] dispõe que a minuta do futuro contrato sempre integrará o instrumento convocatório da licitação, confirmando, assim, tratar-se de anexo obrigatório do edital, como disposto no art. 40, §2º. SEMPRE integrará, dispõe a lei. Está claro que a minuta estará no instrumento convocatório qualquer que seja sua forma. Desse modo, se a administração, em determinado processo, resolver adotar como instrumento de contrato, por exemplo, a nota de empenho de despesas, utilizando-se da faculdade expressamente prevista, duas cautelas devem ser observadas:

1. nela devem constar as cláusulas necessárias. Muitas vezes, por economia das formas, a administração dispõe sobre essas cláusulas no instrumento convocatório, fazendo, então, na Nota de Empenho (o instrumento contratual), apenas remissão a essa disposição editalícia; e
2. a minuta da Nota de Empenho será anexo obrigatório do edital.

Diversas cláusulas contratuais necessárias citadas nas leis já constam basicamente do corpo do edital. A cautela que a administração precisa ter é, ao repeti-las na minuta do termo de contrato, não fazer qualquer alteração. Não é muito raro encontrarmos instrumentos convocatórios nos quais, por exemplo, os percentuais de multa constantes do corpo do edital (art. 40, III, da Lei nº 8.666/1993) e do termo de contrato (art. 55, VII, da antiga norma) são diferentes. Qual deverá prevalecer nessa hipótese? Isso deve ser evitado, claro. Mas, na hipótese de vir a ocorrer, o próprio instrumento convocatório deve esclarecer formalmente qual a disposição que prevalecerá.

Dentre as cláusulas necessárias, temos a definição do objeto e seus elementos característicos.

---

[3]   Art. 18, inc. VI, da Lei nº 14.133/2021.

Esse objeto já foi perfeitamente definido no edital, consoante disposição do art. 40, I, da Lei nº 8.666/1993.[4] Em relação à definição do objeto, aliás, preferimos nos ater às disposições da Lei nº 10.520, de 17 de julho de 2002, que instituiu o pregão como modalidade licitatória na administração pública, a qual, em seu art. 3º, II, é mais enfática e objetiva em relação ao assunto:

> Art. 3º A fase preparatória do pregão observará o seguinte:
> (...)
> II – a definição do objeto deverá ser precisa, suficiente e clara, vedadas especificações que, por excessivas, irrelevantes ou desnecessárias, limitem a competição;

O objeto estará definido no edital de forma precisa, suficiente e clara. Da mesma maneira deverá constar da minuta do instrumento de contrato. No momento da formalização da avença, essa informação será complementada pelas condições constantes da proposta declarada vencedora, elaborada pelo adjudicatário, que terá indicado, por exemplo, marca e modelo e outras especificações compatíveis com a sua oferta.

Em relação ao regime de execução (inc. II do art. 55 ou inc. IV do art. 92, conforme a norma adotada), trata-se de condição fundamental para a elaboração da proposta e para a atuação futura da fiscalização, no momento da execução da avença, especialmente nos contratos cujo objeto seja uma obra ou um serviço de engenharia. Em nosso livro *Obras públicas – manual de planejamento, contratação e fiscalização*, fazemos uma abordagem detalhada a respeito.[5]

As demais cláusulas necessárias serão objeto de análise específica nos próximos capítulos desta obra.

Na Lei das Estatais, encontramos disposição semelhante a respeito das cláusulas necessárias:

> Art. 69. São cláusulas necessárias nos contratos disciplinados por esta Lei:
> I – o objeto e seus elementos característicos;

---

[4] Na nova lei, a definição do objeto deverá constar expressamente do termo de referência, anteprojeto, projeto básico ou projeto executivo, como se vê nas disposições do art. 18, inc. II.

[5] REIS, Paulo Sérgio de Monteiro. *Obras públicas*: manual de planejamento, contratação e fiscalização. 2. ed. rev, ampl e atual. Belo Horizonte: Fórum, 2019.

II – o regime de execução ou a forma de fornecimento;

III – o preço e as condições de pagamento, os critérios, a data-base e a periodicidade do reajustamento de preços e os critérios de atualização monetária entre a data do adimplemento das obrigações e a do efetivo pagamento;

IV – os prazos de início de cada etapa de execução, de conclusão, de entrega, de observação, quando for o caso, e de recebimento;

V – as garantias oferecidas para assegurar a plena execução do objeto contratual, quando exigidas, observado o disposto no art. 68;

VI – os direitos e as responsabilidades das partes, as tipificações das infrações e as respectivas penalidades e valores das multas;

VII – os casos de rescisão do contrato e os mecanismos para alteração de seus termos;

VIII – a vinculação ao instrumento convocatório da respectiva licitação ou ao termo que a dispensou ou a inexigiu, bem como ao lance ou proposta do licitante vencedor;

IX – a obrigação do contratado de manter, durante a execução do contrato, em compatibilidade com as obrigações por ele assumidas, as condições de habilitação e qualificação exigidas no curso do procedimento licitatório;

X – matriz de riscos.

§1º (VETADO).

§2º Nos contratos decorrentes de licitações de obras ou serviços de engenharia em que tenha sido adotado o modo de disputa aberto, o contratado deverá reelaborar e apresentar à empresa pública ou à sociedade de economia mista e às suas respectivas subsidiárias, por meio eletrônico, as planilhas com indicação dos quantitativos e dos custos unitários, bem como do detalhamento das Bonificações e Despesas Indiretas (BDI) e dos Encargos Sociais (ES), com os respectivos valores adequados ao lance vencedor, para fins do disposto no inciso III do caput deste artigo.

A grande novidade está na exigência da matriz de riscos. Todas essas disposições também serão examinadas nos próximos capítulos desta obra.

CAPÍTULO 3

DOS PRAZOS CONTRATUAIS

Tema ainda bastante controvertido na seara dos contratos firmados pela administração pública brasileira é a questão dos prazos, que constituem cláusula necessária, nos termos do inciso IV do art. 55 da Lei nº 8.666/1993, do inciso IV do art. 69 da Lei nº 13.303/2016, bem como no inciso VII do art. 92 da Lei nº 14.133, de 2021.

Vale lembrar, inicialmente, que existem fundamentalmente dois tipos de contratos: contratos por escopo e contratos a termo, também denominados de contratos a prazo. Conforme Marçal Justen Filho, contratos por escopo são aqueles que impõem à parte o dever de realizar uma conduta específica e definida. Uma vez cumprida a prestação, o contrato se exaure e nada mais pode ser exigido do contratante (excluídas as hipóteses de vícios redibitórios, evicção etc.). São aqueles, portanto, que possuem um objeto perfeitamente definido na relação espaço-tempo, os quais, como regra, são considerados concluídos quando da perfeita e acabada execução desse objeto.

Especificamente na administração pública, precisamos trabalhar com a devida cautela em relação a essa conclusão do contrato. Se a avença for entre particulares, a extinção se dará pelo cumprimento das obrigações das partes e ponto final. A administração pública, no entanto, trabalha sob outros parâmetros, que precisam ser devidamente observados, para atendimento ao princípio da legalidade.

Na Lei nº 8.666/1993, encontramos o art. 57, que, na parte que ora nos interessa, assim dispõe:

> Art. 57. A duração dos contratos regidos por esta Lei ficará adstrita à vigência dos respectivos créditos orçamentários, exceto quanto aos relativos:

(...)
§3º É vedado o contrato com prazo de vigência indeterminado.

Significa dizer que, mesmo se estivermos diante de um contrato por escopo, o qual, por tradição, se extingue com o cumprimento das respectivas obrigações, em sendo um contrato administrativo torna-se indispensável que o termo de contrato estabeleça o seu prazo de vigência, o prazo durante o qual existirá um relacionamento jurídico entre contratante e contratado, apto a produzir efeitos.

Imaginemos, por exemplo, que a administração formalize uma contratação por escopo, cujo objeto fosse a execução de uma obra de engenharia, a ser construída no prazo de dois anos. Seria possível, considerando que o prazo de execução da obra está fixado, omitir-se nessa avença o prazo de vigência? A resposta é negativa. Estaríamos infringindo expressamente o princípio da legalidade, por descumprimento das disposições do §3º do art. 57 da Lei nº 8.666, de 1993. Poderiam argumentar alguns mais afoitos no sentido de que, estando estabelecido o prazo de execução e em se tratando de um contrato por escopo, não existiria a indeterminação que pudesse levar ao descumprimento das disposições legais. Engano. Seria possível, por qualquer motivo, existirem fatos concretos que impedissem a obra de estar concluída no prazo previsto? Sim, é a resposta. Por fatores endógenos ou por fatores exógenos, o prazo pode não vir a ser cumprido. Como ficaríamos diante dessa situação? No mundo privado, considerando tratar-se de contrato por escopo, o mesmo prosseguiria produzindo efeitos normalmente, tendo em vista que o objeto não havia sido concluído. Mas, na administração pública, considerando a vedação expressa a contratos com vigência indeterminada, teríamos uma ilegalidade. Dessa forma, mesmo nos contratos por escopo, há que se definir, no instrumento de contrato, sua vigência formal.

Nesse sentido, encontramos a Súmula nº 191, do TCU, que assim dispõe:

> Torna-se, em princípio, indispensável a fixação dos limites de vigência dos contratos administrativos, de forma que o tempo não comprometa as condições originais da avença, não havendo, entretanto, obstáculo jurídico à devolução do prazo, quando a Administração mesma

concorre, em virtude da própria natureza do avençado, para interrupção da sua execução pelo contratante.

Exatamente por esse mesmo motivo, é vedado à administração estabelecer, em suas contratações, prazo de vigência coincidente com a conclusão do objeto. Da mesma forma, teríamos uma situação de contrato com vigência indeterminada, pois, muito embora haja uma data prevista para a conclusão do objeto, trata-se de mera previsão, que pode não ser concretizada. Neste sentido:

> O Tribunal tem expedido determinações às empresas do setor elétrico para que não vinculem a vigência de seus contratos ao término dos serviços pactuados e atentem para a necessidade de estabelecer, em cláusula específica, esse prazo, sob pena de infringir o disposto no art. 57, §3º, da Lei 8.666/93, valendo mencionar a Decisão 999/02-Plenário e o Acórdão 956/03-Plenário).[6]

E nos contratos firmados pelas estatais, que, como visto, são de direito privado, haveria ou não a necessidade de estabelecer o prazo de vigência? A resposta é positiva. Não podemos esquecer que, mesmo sendo geridos por preceitos de direito privado, esses contratos têm a presença da administração pública, ainda que indireta. Então, realisticamente, nunca serão contratos puramente de direito privado, possuindo, sempre, algumas condições que os tornam diferentes. Esta é uma delas. Dispõe a Lei nº 13.303, de 2016:

> Art. 71. (...)
> (...)
> Parágrafo único. É vedado o contrato por prazo indeterminado.

Em relação a esse assunto, o Tribunal de Contas da União já o analisou, como podemos ver no excerto do Voto do Relator no Acórdão nº 399/2004-P, *verbis*:

> 35. Em que pese o fato de o art. 173, §1º, da Constituição Federal poder causar certa impressão contrária ao acenar com o regime jurídico de direito privado às sociedades de economia mista, na verdade tal

---

[6] BRASIL. Tribunal de Contas da União. Acórdão nº 1.130/03-P. Disponível em: http://www. tcu.gov.br. Acesso em: 3 set. 2020.

parágrafo deve ser interpretado em conjunto com os demais dispositivos constitucionais, em especial com o art. 37. As empresas estatais nunca estarão submetidas a um regime puramente de direito privado. O regime delas sempre será misto, com forte influência do direito público. 36. Renomados juristas, dentre eles Celso Antônio Bandeira de Mello, Hely Lopes Meirelles, Caio Tácito, Themístocles Brandão Cavalcanti, defendem que as sociedades de economia mista, como é o caso do Banco do Brasil S.A., são criadas por lei, não têm o mesmo regime das empresas privadas em geral, visam interesses públicos, integram a administração pública indireta, os atos de seus dirigentes são equiparáveis a atos administrativos em sentido lato, seguem os princípios gerais estabelecidos na Constituição para a administração pública, sujeitam-se ao controle financeiro do Estado, inclusive o Controle Externo e seu patrimônio tem natureza pública, sendo a parcela pertencente ao Poder Público enquadrável na categoria de bens públicos, uma vez que se reincorporam ao instituidor, no caso de extinção da sociedade.[7]

Posicionamento interessante e eficaz foi assumido pela nova Lei nº 14.133/2021, que, claramente, quedou-se às regras existentes no mundo privado, o mundo real. Pela nova norma, efetivamente, os contratos por escopo só serão considerados encerrados quando da conclusão da execução de seu objeto. Como o legislador solucionou a questão relativa à impossibilidade de termos, na administração pública, contratos com vigência indeterminada? A regra veio no art. 11:

> Art. 111. Na contratação que previr a conclusão de escopo predefinido, o prazo de vigência será automaticamente prorrogado quando seu objeto não for concluído no período firmado no contrato.
> Parágrafo único. Quando a não conclusão decorrer de culpa do contratado:
> I – o contratado será constituído em mora, aplicáveis a ele as respectivas sanções administrativas;
> II – a Administração poderá optar pela extinção do contrato e, nesse caso, adotará as medidas admitidas em lei para a continuidade da execução contratual.

A prorrogação automática do prazo de vigência mantém a regra da continuidade da execução até a conclusão do objeto, como

---

[7] BRASIL. Tribunal de Contas da União. Acórdão nº 499/04-P. Disponível em: http://www. tcu.gov.br. Acesso em: 3 set. 2020.

prevalece no mundo privado, e, ao mesmo tempo, evita a realização dos trabalhos sem contrato.

Essa regra em relação ao prazo de vigência se mostra igualmente fundamental nos contratos a termo. Trata-se de contratos cujo objeto é a prestação continuada de serviços ou o fornecimento de materiais durante um determinado período, previamente definido de forma objetiva no instrumento convocatório. Neste, o prazo de vigência funciona como marco efetivo da data final do cumprimento de obrigações.

Indaga-se: seria possível, em alguma situação, a administração pública trabalhar com contratos com vigência indeterminada? Lembrando que toda regra tem exceção, também aqui a resposta é positiva. Existem situações fáticas em que o estabelecimento de uma data final da avença não se mostra vantajosa e nem indispensável para o atendimento ao interesse público. Tal situação está expressamente prevista na Orientação Normativa nº 36, da Advocacia Geral da União:

> A Administração pode estabelecer a vigência por prazo indeterminado nos contratos em que seja usuária de serviços públicos essenciais de energia elétrica, água e esgoto, serviços postais monopolizados pela ECT (Empresa Brasileira de Correios e Telégrafos) e ajustes firmados com a Imprensa Nacional, desde que no processo da contratação estejam explicitados os motivos que justificam a adoção do prazo indeterminado e comprovadas, a cada exercício financeiro, a estimativa de consumo e a existência de previsão de recursos orçamentários.

São situações efetivamente excepcionais, que tratam de necessidades permanentes da administração, não havendo sentido em, por simples formalismo, estabelecer um determinado prazo de vigência, sabendo-se de antemão que o mesmo precisaria ser posteriormente renovado indefinidamente.

Como a nova Lei de Licitações e Contratos tratou desse tema? Em relação à vigência por prazo indeterminado, assim dispõe:

> Art. 109. A Administração poderá estabelecer a vigência por prazo indeterminado nos contratos em que seja usuária de serviço público oferecido em regime de monopólio, desde que comprovada, a cada exercício financeiro, a existência de créditos orçamentários vinculados à contratação.

Basicamente, a lei manteve a regra estabelecida pela ON nº 36, da AGU, generalizando-a para todos os contratos relativos a serviços públicos ofertados em regime de monopólio. Quando a lei estabelece situações específicas nas quais poderá existir contrato com vigência indeterminada, deve-se entender que, nas demais situações, isso é vedado.

Além do prazo de vigência, em todo contrato, a administração pública precisa trabalhar com outro prazo, distinto: o prazo de execução do objeto.

Este é uma decorrência das demais condições estabelecidas no instrumento convocatório. Se estivermos tratando de uma avença que objetiva o fornecimento de um determinado objeto, o prazo de execução é aquele necessário para que o contratado cumpra com a sua obrigação de fornecer. Se estivermos diante da contratação de um serviço, podemos ter duas situações: serviço contratado por escopo, também conhecido como serviço não continuado, ou serviço contínuo. Na primeira hipótese, o prazo de execução é aquele necessário para que o serviço seja executado pelo contratado; na segunda, será o prazo durante o qual a administração pretende que aquela avença perdure.[8] Finalmente, se o objeto do contrato for uma obra de engenharia, o prazo de execução será aquele necessário para a conclusão completa da obra.

O prazo de execução do objeto está sempre contido dentro do prazo de vigência contratual. Isso porque a vigência da relação jurídica entre os contratantes precisa se estender para abranger todos os fatos e atos decorrentes da avença, aí incluídos os pagamentos devidos, os recebimentos provisório e definitivo e todos os demais.

Em seu art. 40, ao tratar do conteúdo do edital, a Lei de Licitações e Contratos assim dispõe:

> Art. 40. O edital conterá no preâmbulo o número de ordem em série anual, o nome da repartição interessada e de seu setor, a modalidade, o regime de execução e o tipo da licitação, a menção de que será regida por esta Lei, o local, dia e hora para recebimento da documentação e proposta, bem como para início da abertura dos envelopes, e indicará, obrigatoriamente, o seguinte:

---

[8] Contrato de serviço não continuado é um contrato de escopo. Contrato de serviço continuado é um contrato a termo.

(...)

II – prazo e condições para assinatura do contrato ou retirada dos instrumentos, como previsto no art. 64 desta Lei, para execução do contrato e para entrega do objeto da licitação;

A norma legal está se referindo nessa disposição, especificamente, a dois prazos: aquele que é dado ao adjudicatário do processo de contratação para que ele compareça perante a administração para formalizar o contrato e o prazo de execução. O prazo de vigência é tratado no art. 57, como veremos em seguir.

A nova Lei de Licitações dispõe que o prazo de execução do objeto deverá constar obrigatoriamente do termo de referência, como se vê no art. 6º, inc. XXIII, alínea "a", ou no projeto básico, nos casos que envolvam engenharia (art. 6º, inc. XXV).

O prazo para assinatura do termo de contrato ou o recebimento do instrumento equivalente tem relação direta com as disposições do art. 64 do diploma legal mais antigo:

> Art. 64. A Administração convocará regularmente o interessado para assinar o termo de contrato, aceitar ou retirar o instrumento equivalente, dentro do prazo e condições estabelecidos, sob pena de decair o direito à contratação, sem prejuízo das sanções previstas no art. 81 desta Lei.
> §1º O prazo de convocação poderá ser prorrogado uma vez, por igual período, quando solicitado pela parte durante o seu transcurso e desde que ocorra motivo justificado aceito pela Administração.
> §2º É facultado à Administração, quando o convocado não assinar o termo de contrato ou não aceitar ou retirar o instrumento equivalente no prazo e condições estabelecidos, convocar os licitantes remanescentes, na ordem de classificação, para fazê-lo em igual prazo e nas mesmas condições propostas pelo primeiro classificado, inclusive quanto aos preços atualizados de conformidade com o ato convocatório, ou revogar a licitação independentemente da cominação prevista no art. 81 desta Lei.
> §3º Decorridos 60 (sessenta) dias da data da entrega das propostas, sem convocação para a contratação, ficam os licitantes liberados dos compromissos assumidos.

O adjudicatário deverá firmar o termo de contrato no prazo estabelecido no edital, consoante disposições do art. 40, II, c/c o art. 64. Quando houver solicitação, devidamente motivada, a administração poderá prorrogar esse prazo por igual período, uma única vez.

Disposições semelhantes encontramos na Lei das Estatais. O art. 69, IV, c/c o art. 75 trazem disposições bem semelhantes àquelas acima comentadas:

> **Art. 75.** A empresa pública e a sociedade de economia mista convocarão o licitante vencedor ou o destinatário de contratação com dispensa ou inexigibilidade de licitação para assinar o termo de contrato, observados o prazo e as condições estabelecidos, sob pena de decadência do direito à contratação.
>
> §1º O prazo de convocação poderá ser prorrogado 1 (uma) vez, por igual período.
>
> §2º É facultado à empresa pública ou à sociedade de economia mista, quando o convocado não assinar o termo de contrato no prazo e nas condições estabelecidos:
>
> I – convocar os licitantes remanescentes, na ordem de classificação, para fazê-lo em igual prazo e nas mesmas condições propostas pelo primeiro classificado, inclusive quanto aos preços atualizados em conformidade com o instrumento convocatório;
>
> II – revogar a licitação.

Observe-se que, para prorrogação do prazo, a Lei das Estatais não exige nem a solicitação por parte do futuro contratado e nem tampouco a motivação para essa solicitação.

Fazemos uma crítica especial às disposições do §2º, nas duas leis. Ele traz duas opções para a administração contratante adotar, na hipótese de o adjudicatário não comparecer para assinar o instrumento contratual. Na primeira, a contratante deveria "convocar" os licitantes remanescentes, na ordem de classificação, para assinatura do termo contratual. Discordamos desse verbo "convocar". Consideramos tratar-se de um "convite". Isso porque há uma condição imposta a esses licitantes remanescentes: eles precisam, necessariamente, aceitar a execução da avença nas mesmas condições propostas pelo primeiro classificado no certame realizado, inclusive em relação ao preço proposto, se for o caso, devidamente atualizado. Precisarão concordar, portanto, com a redução dos valores por eles propostos, mais elevados, por certo. E, como não podem ser a isso obrigados, poderão simplesmente recusar a oferta. Então, não se trata de ato impositivo a ser praticado pela administração, como seria o caso de uma convocação; trata-se efetivamente de uma oferta, um convite, que pode ser aceita ou não.

Se nenhum dos remanescentes aceitar, dizem as leis que a administração deverá "revogar" a licitação. Consideramos que aqui, igualmente, foi utilizado um termo inadequado. Na administração pública, a revogação se faz quando existe mudança no interesse determinado, que venha a ocorrer de modo superveniente. No caso concreto, o desinteresse do adjudicatário e dos remanescentes não implica, em nosso entendimento, revogação do processo, pois o interesse na contratação permanece e não pode ser ali concretizado por fatos alheios à vontade do poder público. Parece-nos mais adequado, nesse caso, declarar a licitação fracassada, recordando-se que esta significa um procedimento de contratação no qual, apesar do comparecimento de interessados, não resulta uma contratação.

A recusa do primeiro classificado no certame em assinar o termo de contrato ou retirar o instrumento equivalente só poderá ser aceita se a validade de sua proposta já estiver expirada. Afinal, como dispõe a Lei nº 10.406, de 10 de janeiro de 2020, o Código Civil brasileiro, em seu art. 427:

> Art. 427. A proposta de contrato obriga o proponente, se o contrário não resulta dos termos dela, da natureza do negócio, ou das circunstâncias do caso.

Se, ao revés, a proposta ainda estiver válida, a recusa deverá ser interpretada como inexecução total da obrigação, sujeitando ao autor da proposta a aplicação de penalidades, mediante a instauração do devido processo. No caso da Lei nº 8.666/1993, o prazo de validade de propostas é de, no máximo, 60 dias, o que justifica a disposição encontrada no §3º do art. 64. Mas se a licitação for realizada por pregão ou nas estatais, o prazo de validade será o estabelecido no instrumento convocatório.

A Lei nº 14.133, de 2021, trouxe inovações a respeito desse tema, corrigindo as falhas anteriormente comentadas em relação à possibilidade de aproveitamento do certame licitatório na hipótese de desistência do licitante declarado vencedor e adjudicatário. São estas as disposições da nova lei:

> Art. 90. A Administração convocará regularmente o licitante vencedor para assinar o termo de contrato ou para aceitar ou retirar o instrumento equivalente, dentro do prazo e nas condições estabelecidas no edital de

licitação, sob pena de decair o direito à contratação, sem prejuízo das sanções previstas nesta Lei.

§1º O prazo de convocação poderá ser prorrogado 1 (uma) vez, por igual período, mediante solicitação da parte durante seu transcurso, devidamente justificada, e desde que o motivo apresentado seja aceito pela Administração.

§2º Será facultado à Administração, quando o convocado não assinar o termo de contrato ou não aceitar ou não retirar o instrumento equivalente no prazo e nas condições estabelecidas, convocar os licitantes remanescentes, na ordem de classificação, para a celebração do contrato nas condições propostas pelo licitante vencedor.

§3º Decorrido o prazo de validade da proposta indicado no edital sem convocação para a contratação, ficarão os licitantes liberados dos compromissos assumidos.

§4º Na hipótese de nenhum dos licitantes aceitar a contratação nos termos do §2º deste artigo, a Administração, observados o valor estimado e sua eventual atualização nos termos do edital, poderá:

I – convocar os licitantes remanescentes para negociação, na ordem de classificação, com vistas à obtenção de preço melhor, mesmo que acima do preço do adjudicatário;

II – adjudicar e celebrar o contrato nas condições ofertadas pelos licitantes remanescentes, atendida a ordem classificatória, quando frustrada a negociação de melhor condição.

§5º A recusa injustificada do adjudicatário em assinar o contrato ou em aceitar ou retirar o instrumento equivalente no prazo estabelecido pela Administração caracterizará o descumprimento total da obrigação assumida e o sujeitará às penalidades legalmente estabelecidas e à imediata perda da garantia de proposta em favor do órgão ou entidade licitante.

§6º A regra do §5º não se aplicará aos licitantes remanescentes convocados na forma do inciso I do §4º deste artigo.

§7º Será facultada à Administração a convocação dos demais licitantes classificados para a contratação de remanescente de obra, de serviço ou de fornecimento em consequência de rescisão contratual, observados os mesmos critérios estabelecidos nos §§2º e 4º deste artigo.

Na hipótese de recusa do adjudicatário, a regra será a administração convocar os remanescentes, obedecida a ordem de classificação, para assinatura do contrato nas mesmas condições propostas pelo primeiro classificado e desistente. Em não havendo concordância, no entanto, já fica a administração autorizada a realizar uma negociação com os demais licitantes que participaram do certame, sempre atendida a ordem ali definida, para obtenção de preço mais vantajoso, tendo como limite máximo o valor estimado e sua eventual atualização na forma prevista no instrumento convocatório. Não fica claro o texto legal, especificamente no §4º do art. 90, ao contrário do §2º, cuja regra é simples e objetiva. Como deve ser feita essa "negociação" com os licitantes remanescentes, mencionada no §4º? Qual seria a base para negociar? Lembremos que já foi ofertada a eles a possibilidade de assumirem o contrato, desde que aceitem o mesmo valor proposto pelo 1º classificado no certame, como disposto no §2º, tendo a oferta sido recusada. O mais lógico seria adotar procedimento semelhante ao previsto na Lei do RDC (Lei nº 12.462/2011), isto é, convocá-los novamente, dessa vez acenando com a possibilidade de assinatura do contrato desde que mantivessem o valor apresentado na licitação e este fosse compatível com o valor estimado. Mas, não. A nova lei determina a realização de uma "negociação" com vistas à obtenção de preço melhor, obedecida a ordem de classificação. O que seria um "preço melhor"? Bastaria o licitante aceitar um valor inferior ao que ele mesmo havia apresentado? Ou todos teriam que ser consultados, para que se obtivesse o preço mais baixo possível? Para melhor esclarecer, exemplifiquemos:

  – valor estimado pela administração: R$100,00
  – valor cotado pelo adjudicatário: R$90,00
  – valor cotado pelo 2º classificado: R$93,00
  – valor cotado pelo 3º classificado: R$95,00
  – valor cotado pelo 4º classificado: R$97,00

A administração deverá convocar o 2º classificado, propondo a ele firmar o contrato pelo valor de R$90,00. Se aceitar, estará firmada a avença. Em havendo recusa, todos os demais deverão ser consultados, obedecida a ordem classificatória, no mesmo sentido. Se algum deles aceitar, resolvida estará a questão.

No entanto, se todos recusarem, o 2º classificado será novamente convocado, para negociação em torno de um valor que, ainda que superior ao adjudicado, seja inferior ao que ele propôs. Imaginemos que ele aceite o encargo pelo valor de R$92,00. Não deixa de ser um "preço melhor" do que aquele que ele mesmo havia proposto. Se assim for entendido, estará resolvida a questão. Mas se o entendimento for o de que a administração deve procurar obter o valor mais baixo possível, o 3º colocado deverá ser consultado, pois ele poderá aceitar, por exemplo, o valor de R$91,50. E assim sucessivamente. Neste caso, será contratado aquele que oferecer o melhor preço. Se, na segunda convocação, nenhum dos remanescentes aceitar reduzir o valor proposto na licitação, será contratado o 2º colocado, pelo valor de R$93,00.

A respeito dessa disposição do §4º do art. 90 da nova lei, parece-nos ser uma boa ideia a aplicação do denominado "leilão holandês", também conhecido como "leilão alemão" ou "leilão de preço descendente". Nesse procedimento, aproveitando o exemplo numérico acima, seria estabelecido um preço máximo inicial de R$92,99 (imediatamente abaixo, portanto, do valor cotado pelo 2º colocado). E um preço mínimo de R$90,01 (imediatamente acima do valor cotado pelo adjudicatário e que não foi aceito por nenhum dos remanescentes). Progressivamente, o valor irá sendo reduzido durante determinado prazo previamente estabelecido pela administração, até que um deles aceite o preço mínimo ou, alternativamente, até que seja completado o prazo. Nessa última hipótese, em havendo interesse da administração, o procedimento poderia ser repetido. Em caso de ofertas empatadas, a preferência será de quem ficou em posição mais alta na classificação das propostas no certame licitatório.

Para que esse tipo de procedimento possa ser efetivamente aplicado, é indispensável que todas as regras constem expressamente do instrumento convocatório.

O prazo de vigência do contrato deverá estar de acordo com as disposições do art. 57 da Lei de Licitações e Contratos, ou do art. 71 da Lei das Estatais. Comecemos pela primeira. Esse art. 57 já teve, desde 1993, diversas redações com disposições bem distintas. Trata-se de uma das disposições de mais difícil interpretação na Lei de Licitações, com entendimentos bem distintos no mundo jurídico. Dispõe o art. 57, *verbis*:

> Art. 57. A duração dos contratos regidos por esta Lei ficará adstrita à vigência dos respectivos créditos orçamentários, exceto quanto aos relativos:
> I – aos projetos cujos produtos estejam contemplados nas metas estabelecidas no Plano Plurianual, os quais poderão ser prorrogados se houver interesse da Administração e desde que isso tenha sido previsto no ato convocatório;

II – à prestação de serviços a serem executados de forma contínua, que poderão ter a sua duração prorrogada por iguais e sucessivos períodos com vistas à obtenção de preços e condições mais vantajosas para a administração, limitada a sessenta meses;

III – (Vetado).

IV – ao aluguel de equipamentos e à utilização de programas de informática, podendo a duração estender-se pelo prazo de até 48 (quarenta e oito) meses após o início da vigência do contrato.

V – às hipóteses previstas nos incisos IX, XIX, XXVIII e XXXI do art. 24, cujos contratos poderão ter vigência por até 120 (cento e vinte) meses, caso haja interesse da administração.

Não parece difícil entender que o art. 57 traz uma regra geral, no seu *caput*, e algumas exceções, nos seus incisos. A regra geral determina que os contratos administrativos têm sua duração adstrita à vigência dos créditos orçamentários.

Dispõe a Lei nº 4.320/1964, em seu art. 34:

Art. 34. O exercício financeiro coincidirá com o ano civil.

Significa dizer que, em nosso país, a vigência dos créditos orçamentários vai de 1º de janeiro até 31 de dezembro de cada ano. Assim, a regra geral constante do *caput* do art. 57 da Lei de Licitações e Contratos Administrativos determina que os contratos de que ela trata não podem ter duração superior a 31 de dezembro do ano em que foram firmados. Vamos adiante nessa interpretação. Qual a motivação para que a lei traga essa disposição?

Tal condição está em perfeita consonância com a Constituição Federal vigente, que em seu art. 167 assim dispõe:

Art. 167. São vedados:
(...)
II – a realização de despesas ou a assunção de obrigações diretas que excedam os créditos orçamentários ou adicionais;

Ora, se a Carta Magna veda, peremptoriamente, a assunção de obrigações diretas que excedam os créditos orçamentários e como estes têm vigência até 31 de dezembro, o que a CF está vedando, no caso concreto, é que a administração pública firme compromissos que gerem obrigações de pagamento a serem realizados por conta de créditos orçamentários futuros. Veda-se, assim, o comprometimento de orçamentos futuros. Contratou na vigência de determinado exercício financeiro, então, deve-se pagar pelos créditos vigentes nesse mesmo exercício. Na realidade, é necessário interpretar corretamente a legislação. E a interpretação principiológica, a interpretação sistemática, continua conduzindo aos melhores resultados. A Lei nº 8.666/1993, na regra do *caput* do art. 57, não está simplesmente proibindo a administração de firmar contratos que venham a exceder a 31 de dezembro do mesmo ano em que foram firmados. Está, isso sim, vedando que a administração firme compromissos que só possam ser cumpridos com o comprometimento de orçamentos futuros, exatamente para cumprir as disposições constitucionais.

A antiga Lei de Licitações traz expressão vedação para a administração pública dar início a processos de contratação sem a prévia comprovação da existência de recursos orçamentários disponíveis para a realização dos pagamentos devidos, em perfeita harmonia com a Carta Magna. Assim dispõe a lei, em relação a obras, serviços e compras:

Art. 7º (...)
§2º As obras e os serviços somente poderão ser licitados quando:
I – houver projeto básico aprovado pela autoridade competente e disponível para exame dos interessados em participar do processo licitatório;
II – existir orçamento detalhado em planilhas que expressem a composição de todos os seus custos unitários;
III – houver previsão de recursos orçamentários que assegurem o pagamento das obrigações decorrentes de obras ou serviços a serem executadas no exercício financeiro em curso, de acordo com o respectivo cronograma;
IV – o produto dela esperado estiver contemplado nas metas estabelecidas no Plano Plurianual de que trata o art. 165 da Constituição Federal, quando for o caso.
Art. 14. Nenhuma compra será feita sem a adequada caracterização de seu objeto e indicação dos recursos orçamentários para seu pagamento, sob pena de nulidade do ato e responsabilidade de quem lhe tiver dado causa.

Por sua vez, a Lei nº 4.320, de 1964, dispõe:

Art. 60. É vedada a realização de despesa sem prévio empenho.

O empenho, realizado de forma prévia, caracteriza exatamente a existência de disponibilidade orçamentária.

O *caput* do art. 57 da Lei nº 8.666/1993 traz a regra. Não é, no entanto, regra absoluta. Há exceções que a relativizam, expressamente dispostas na própria lei. A cautela que precisamos adotar, no entanto, é a de interpretar essas exceções de acordo com as disposições constitucionais. Não fazê-lo significaria derrogar a Carta Magna, o que é absolutamente inimaginável em um país como o nosso, onde predomina o estado de direito democrático.

São quatro as exceções previstas na norma legal, considerando que aquela prevista no inciso III foi vetada quando da promulgação da Lei nº 8.883, de 8 de junho de 1994, que alterou a Lei nº 8.666, de 1993. Vamos analisa-las *de per si*.

O inc. I do art. 57 traz a exceção relativa às metas estabelecidas no Plano Plurianual, expressamente disposto no art. 165 da CF:

> Art. 165. Leis de iniciativa do Poder Executivo estabelecerão:
> I – o plano plurianual;

Esses projetos envolvem, rotineiramente, grandes investimentos da administração pública, na maioria das vezes representados por obras de engenharia, os quais não conseguem ser completamente realizados no prazo de um ano. Há necessidade, assim, de sua inclusão no PPA, para evitar que sua execução completa fique inviabilizada, em função do que dispõe o art. 167, II, da CF. É uma situação tão excepcional que a própria Constituição estabelece condição peremptória:

> Art. 167. (...)
> (...)
> §1º Nenhum investimento cuja execução ultrapasse um exercício financeiro poderá ser iniciado sem prévia inclusão no plano plurianual, ou sem lei que autorize a inclusão, sob pena de crime de responsabilidade.

Nenhum investimento, portanto, nenhuma obra de grande porte, sem exceção, poderá ser iniciada sem prévia inclusão no PPA, ou sem lei que autorize sua futura inclusão, quando da revisão do Plano, sob pena de crime de responsabilidade.

Se estivermos tratando de um investimento incluído no PPA, o art. 57, I, da Lei nº 8.666/1993 permite, expressamente, a prorrogação do prazo de vigência contratual. Situação que não demanda maiores discussões: para ser realizado completamente, o investimento necessita de um prazo que ultrapassa a vigência do crédito orçamentário. A própria CF trouxe a solução, ao criar a figura do PPA e estabelecer que, obrigatoriamente, sem exceções, esse investimento seja previamente incluído no Plano Plurianual ou, alternativa e excepcionalmente, tenha expressa autorização por lei para futura inclusão, a ser feita quando da revisão do Plano.

Não foi esse o entendimento adotado na nova Lei nº 14.133/2021, no entanto. Expressamente, a norma permite que seja extrapolada a vigência dos créditos orçamentários, o que nos parece, como demonstrado, contrariar as disposições constitucionais. Deixaremos de lado, no entanto, essa questão, tendo em vista que não há manifestação do STF a respeito, até o momento. Assim dispõe a nova lei:

> Art. 105. A duração dos contratos regidos por esta Lei será a prevista em edital, e deverão ser observadas, no momento da contratação e a cada exercício financeiro, a disponibilidade de créditos orçamentários, bem como a previsão no plano plurianual, quando ultrapassar 1 (um) exercício financeiro.

A exigência legal é a de que, no momento da contratação e em cada exercício financeiro, a administração verifique a existência de disponibilidade orçamentária. Se for o caso de investimentos, havendo inscrição no PPA, verifica-se apenas a disponibilidade.

O inc. II do art. 57 da Lei nº 8.666/1993 trata dos contratos relativos aos chamados serviços continuados. Para estes, há uma regra própria. Vamos começar lembrando o que são esses serviços. Genericamente, os serviços contratados pela administração pública podem ser divididos em continuados e não continuados. Valemo-nos das disposições da Instrução Normativa nº 5, de 26 de maio de 2017, do então Ministério do Planejamento, Desenvolvimento e Gestão, para trazer a conceituação correspondente:

> Art. 15. Os serviços prestados de forma contínua são aqueles que, pela sua essencialidade, visam atender à necessidade pública de forma permanente e contínua, por mais de um exercício financeiro, assegurando a integridade do patrimônio público ou o funcionamento das atividades finalísticas do órgão ou entidade, de modo que sua

interrupção possa comprometer a prestação de um serviço público ou o cumprimento da missão institucional.

Art. 16. Os serviços considerados não continuados ou contratados por escopo são aqueles que impõem aos contratados o dever de realizar a prestação de um serviço específico em um período predeterminado, podendo ser prorrogado, desde que justificadamente, pelo prazo necessário à conclusão do objeto, observadas as hipóteses previstas no §1º do art. 57 da Lei nº 8.666, de 1993.

Serviços contínuos ou continuados são, então, aqueles essenciais para o funcionamento da administração pública. Tão essenciais que a necessidade dos mesmos é permanente e contínua, pois a interrupção de sua prestação comprometeria o próprio cumprimento da missão institucional do órgão ou entidade. Por tudo isso, a sua contratação deve prolongar-se por período superior ao exercício financeiro.

Por sua vez, os serviços não continuados são aqueles que impõem ao contratado o dever de realizá-lo em um lapso de tempo predeterminado, preestabelecido.

Para evitar dúvidas, vamos exemplificar. E o faremos com o mesmo tipo de serviço, até para demonstrar que não é isso que determina seu enquadramento, mas, sim, sua essencialidade para a administração pública naquele caso concreto. Imaginemos o serviço de limpeza e conservação dos prédios da administração. Em uma primeira situação, vamos imaginar o serviço rotineiro, realizado diariamente. Esse serviço é efetivamente essencial, considerando os aspectos de higiene e limpeza, questão de saúde, portanto. Como a administração utiliza seus imóveis permanentemente, há circulação de pessoas, há a geração de descartáveis, tudo isso criando a necessidade de limpeza e asseio realizados diariamente. Isso é um serviço a ser enquadrado como continuado.

Imaginemos, agora, outra situação. Órgão/entidade da administração pública resolve realizar uma exposição de livre acesso ao público, para demonstrar à sociedade quais as atividades que realiza e qual sua importância nesse contexto. Resolve fazer essa exposição em um estande instalado em uma praça pública, para facilitar o acesso dos cidadãos, pelo prazo de 30 dias. Tratando-se de um local público, haverá acesso de pessoas, haverá geração de descartáveis, haverá, enfim, necessidade de limpeza e asseio diários, o que parece indicar tratar-se de um serviço a ser enquadrado como contínuo. Existe, no entanto, uma diferença fundamental: esse serviço não é permanente. Será necessário apenas durante o prazo em que a exposição esteja aberta, um período de tempo predeterminado, no caso do exemplo que estamos tratando, 30 dias. Findo esse prazo, não há mais sentido em manter o serviço.

Todas as vezes que estivermos diante de um serviço cuja necessidade se faz por um período de tempo predeterminado, ele deve ser enquadrado como não continuado, como dispõe o art. 16 da IN nº 5, de 2017. Embora o tipo de serviço seja o mesmo, na primeira situação ele é enquadrado como contínuo e na segunda, como não contínuo. A situação precisa ser examinada em cada caso concreto, para que o enquadramento correto possa ser feito.

No âmbito da jurisprudência do TCU, encontramos deliberação que bem trata desse assunto:

> 2.1.4 Os serviços de fornecimento de passagens aéreas não foram considerados de natureza contínua por esta Corte de Contas no âmbito do TC 250.226/1997-9, que trata da prestação de contas da Universidade Federal da Bahia relativas ao exercício de 1996, pois entendeu-se que a supressão de tais serviços não iria ocasionar a suspensão ou o comprometimento das atividades da referida Universidade (Acórdão n.º 87/2000-Segunda Câmara).
> 2.1.5 Contudo, no caso do Ministério da Saúde, órgão responsável, dentre tantas outras atividades, pela coordenação e fiscalização do Sistema Único de Saúde, percebe-se que a realização de viagens faz parte das atividades de seus servidores. Assim, no caso concreto, entende-se que o fornecimento de passagens deva ser considerado como um serviço de natureza continuada."[9]

O mesmo serviço, no caso concreto o de emissão de bilhetes de passagem, ora foi considerado como continuado, ora foi considerado como não continuado.

Em se tratando de serviço não continuado, a vigência do respectivo contrato deve ser enquadrada na regra geral do *caput* do art. 57 da Lei nº 8.666/1993. A duração do contrato, portanto, não deve ultrapassar 31 de dezembro do ano de sua assinatura, considerando-se a análise que vai ser feita adiante.

---

[9] BRASIL. Tribunal de Contas da União. Acórdão nº 1.196/06-1ªC. Disponível em: http://www.tcu.gov.br. Acesso em: 3 set. 2020.

Já a Lei nº 14.133/2021, além de manter a hipótese de serviços contínuos, ainda criou a figura, inexistente na Lei nº 8.666/1993, dos fornecimentos contínuos, em contratos cuja duração poderá chegar a até 5 anos:

> Art. 106. A Administração poderá celebrar contratos com prazo de até 5 (cinco) anos nas hipóteses de serviços e fornecimentos contínuos, observadas as seguintes diretrizes:
> I – a autoridade competente do órgão ou entidade contratante deverá atestar a maior vantagem econômica vislumbrada em razão da contratação plurianual;
> II – a Administração deverá atestar, no início da contratação e de cada exercício, a existência de créditos orçamentários vinculados à contratação e a vantagem em sua manutenção;
> III – a Administração terá a opção de extinguir o contrato, sem ônus, quando não dispuser de créditos orçamentários para sua continuidade ou quando entender que o contrato não mais lhe oferece vantagem.
> §1º A extinção mencionada no inciso III do *caput* deste artigo ocorrerá apenas na próxima data de aniversário do contrato e não poderá ocorrer em prazo inferior a 2 (dois) meses, contado da referida data.
> §2º Aplica-se o disposto neste artigo ao aluguel de equipamentos e à utilização de programas de informática.

A lei não trouxe a definição do que seria fornecimento contínuo. Por analogia com os serviços, podemos entender que se referem aos bens essenciais para o funcionamento da administração, representando uma necessidade permanente. Também nesse caso, essa essencialidade deverá ser demonstrada, no caso concreto, em cada órgão ou entidade. Podemos ter determinado bem que seja essencial para um órgão/entidade, podendo, para este, a contratação do seu fornecimento ser considerada como contínua, e não essencial para outro setor da administração. Por exemplo: se estamos tratando de um insumo hospitalar, será essencial para uma atividade na área de saúde, mas não essencial para um órgão/entidade que exerça atividades puramente administrativas.

Já está expressamente prevista a possibilidade de extinção do contrato, sem qualquer ônus para a administração, nas hipóteses em que não existir disponibilidade orçamentária ou simplesmente quando entender que aquela avença não lhe traz vantagens. Essa extinção está condicionada às condições estabelecidas no §1º do art. 106.

Questão rotineiramente levantada é aquela referente às contratações realizadas próximo ao final do exercício. Imaginemos, por exemplo, que a administração faça determinada aquisição de bens, com empenho emitido no mês de dezembro, sendo o prazo de entrega de 60 dias. A aquisição é feita com base na vigência de determinado crédito orçamentário, mas a efetiva entrega do bem e, como consequência, o pagamento devido será feito já na vigência do crédito orçamentário subsequente. Como fica essa situação diante da vedação imposta no art. 167, II, da Constituição? Estaria a administração infringindo essa disposição? A resposta é negativa. Tal situação é resolvida com a aplicação da figura dos Restos a Pagar.

Como vimos anteriormente, é vedado o contrato sem prévio empenho. A emissão do empenho significa não só a existência de crédito orçamentário suficiente, naquele exercício, para absorver o compromisso que está sendo firmado, como, igualmente, significa que esse valor ficará reservado para ser utilizado especificamente no pagamento desse compromisso.

Assim, quando estamos no final do exercício e verificamos que a concretização do cumprimento das obrigações contratuais por parte do contratado não ocorrerá até 31 de dezembro, deve a administração providenciar a inscrição do valor correspondente em Restos a Pagar. Dessa forma dispõe a Lei nº 4.320, de 1964:

> Art. 36. Consideram-se Restos a Pagar as despesas empenhadas mas não pagas até o dia 31 de dezembro distinguindo-se as processadas das não processadas.
> Parágrafo único. Os empenhos que sorvem a conta de créditos com vigência plurienal, que não tenham sido liquidados, só serão computados como Restos a Pagar no último ano de vigência do crédito.
> Art. 37. As despesas de exercícios encerrados, para as quais o orçamento respectivo consignava crédito próprio, com saldo suficiente para atendê-las, que não se tenham processado na época própria, bem como os Restos a Pagar com prescrição interrompida e os compromissos reconhecidos após o encerramento do exercício correspondente poderão ser pagos à conta de dotação específica consignada no orçamento, discriminada por elementos, obedecida, sempre que possível, a ordem cronológica.

Efetivamente, paga-se no ano seguinte, tendo em vista que o pagamento, como regra, só é realizado após o cumprimento das obrigações contratuais por parte do contratado.[10] Mas, esse pagamento não vai comprometer o orçamento do ano em que está sendo realizado, pois isso iria contrariar a CF. O pagamento é feito à conta de crédito de exercício anterior, utilizando o valor que está inscrito em Restos a Pagar, para o pleno atendimento às disposições do art. 35 da Lei nº 4.320/1964:

> Art. 35. Pertencem ao exercício financeiro:
> I – as receitas nele arrecadadas;
> II – as despesas nele legalmente empenhadas.

Nesse mesmo sentido, temos a Orientação Normativa nº 39 da Advocacia Geral da União (AGU):

> A vigência dos contratos regidos pelo art. 57, *caput*, da Lei 8.666, de 1993, pode ultrapassar o exercício financeiro em que celebrados, desde que as despesas a eles referentes sejam integralmente empenhadas até 31 de dezembro, permitindo-se, assim, sua inscrição em Restos a Pagar.

Pergunta-se: mas se a vigência do contrato não pode ultrapassar 31 de dezembro, como iremos permitir a continuidade da sua prestação após essa data e pagar normalmente o seu produto? Aí está a fundamental importância de uma correta interpretação das disposições legais. Interpretação que vai muito além da mera literalidade. Sempre se falou, e é uma verdade absoluta, que a interpretação literal é a pior forma de interpretar normas legais. A interpretação sistemática, a interpretação principiológica são armas muito importantes para se chegar aos melhores resultados.

No caso concreto, a regra geral constante do *caput* do art. 57 da Lei nº 8.666, de 1993, não estatui vedação a que a vigência dos contratos administrativos ultrapasse o final de exercício, a data de 31 de dezembro. O objeto é outro, é fazer cumprir os ditames constitucionais do já citado art. 167, II, da Carta Magna. Esses, sim, não podem ser ignorados e nem tampouco descumpridos, sob pena de colocar em risco o próprio ordenamento jurídico brasileiro. O que a regra quer impor é a necessidade de a administração pública não

---

[10] Ver art. 62, da Lei nº 4.320, de 1964.

assumir compromissos que só possa pagar com fundamento nos orçamentos futuros. Contratou, assumiu o compromisso de pagar, tem que fazê-lo, obrigatoriamente, com base no orçamento vigente no momento da contratação. Esse é o objetivo e assim precisa ser entendido.

Não há, assim, impedimento à formalização de um contrato administrativo que ultrapasse a vigência do crédito orçamentário, desde que, no momento da contratação, a administração contratante faça o empenho referente ao valor total do contrato, englobando, dessa maneira, as parcelas que só serão efetivamente executadas no ano seguinte. Nada impede, portanto, que seja feita, em outubro de determinado ano, a contratação de um objeto (obra, bem ou serviço) cuja execução completa dar-se-á no prazo de 6 meses. Empenha-se o valor global da contratação, paga-se rotineiramente as parcelas executadas no mesmo ano e inscreve-se o saldo em Restos a Pagar, para quitação no momento devido, já no exercício seguinte. Assim deve ser interpretada a regra constante do *caput* do art. 57 da Lei Geral de Licitações e Contratos.

Normalmente, no entanto, salvo alguns tipos de contratos por escopo, a administração não tem disponibilidade orçamentária suficiente para empenhar o valor global do contrato, incluindo, assim, as parcelas que só serão executadas no exercício seguinte.

Vamos, agora, tratar da exceção contida no inc. II do art. 57 da Lei nº 8.666, de 1993. Talvez o de mais difícil interpretação em toda esta matéria. Para fazê-lo, precisamos começar nos lembrando das disposições da Lei Complementar nº 95, de 26 de fevereiro de 1998, que dispõe sobre a elaboração, a redação, a alteração e a consolidação das leis, conforme determina o parágrafo único do art. 59 da Constituição Federal, consoante expressa disposição de sua ementa. Sua Seção II trata da articulação e da redação das leis em nosso país. Dela, destacamos o art. 10, *verbis*:

> Art. 10. Os textos legais serão articulados com observância dos seguintes princípios:
> I – a unidade básica de articulação será o artigo, indicado pela abreviatura "Art.", seguida de numeração ordinal até o nono e cardinal a partir deste;
> II – os artigos desdobrar-se-ão em parágrafos ou em incisos; os parágrafos em incisos, os incisos em alíneas e as alíneas em itens;

Para a adequada e mais correta interpretação do art. 57, II, da Lei de Licitações, o intérprete precisa se ater, especialmente, às disposições do art. 10, II, da Lei Complementar nº 95, de 1998. Parágrafos e incisos não passam de desdobramentos, detalhamentos, da regra contida no *caput* do artigo. Significa dizer, parágrafos e incisos não possuem vida própria. Precisam da existência do artigo, que será por eles detalhado, para que possam ter uma razão de existência.[11]

Dessa forma, para o perfeito entendimento das disposições da Lei nº 8.666/1993 a respeito da vigência dos contratos relativos a serviços contínuos, vamos transcrever, a seguir, o *caput* do art. 57, seguido do inciso II. A interpretação conjunta é fundamental para o entendimento dessas disposições.

> Art. 57. A duração dos contratos regidos por esta Lei ficará adstrita à vigência dos respectivos créditos orçamentários, exceto quanto aos relativos:
> (...)
> II – à prestação de serviços a serem executados de forma contínua, que poderão ter a sua duração prorrogada por iguais e sucessivos períodos com vistas à obtenção de preços e condições mais vantajosas para a administração, limitada a sessenta meses;

O inciso II não mudou a regra do *caput*; apenas, desdobrou-a, para criar uma situação de excepcionalidade, relativa aos contratos cujo objeto é constituído por um serviço continuado, aquele essencial para o funcionamento da administração pública, tão essencial que a interrupção pode ocasionar, até mesmo, o comprometimento da sua missão institucional, e que, por isso mesmo, precisa se estender por um prazo mais longo, englobando mais de um exercício financeiro. A pergunta que se faz é a seguinte: como conciliar essa situação com a expressa vedação constante do art. 167, II, da Constituição Federal,

---

[11] De forma inexplicável, o ordenamento jurídico brasileiro possui normas legais nas quais existem parágrafos/incisos sem artigos a serem desdobrados. Tal condição viola expressamente as disposições do art. 10 da LC nº 95/1998, e, consequentemente, sequer deveriam existir. Sua existência representa absoluta distorção nas regras do ordenamento jurídico. Um bom exemplo dessa situação é encontrado na Lei nº 10.520, de 17 de julho de 2002, que instituiu o pregão. Nela, o art. 2º não existe, pois foi vetado quando da sua promulgação. No entanto, permaneceram os parágrafos do artigo, como se fosse possível sua existência independente.

relativa à assunção de compromissos que excedam os créditos orçamentários? Afinal, é questão indiscutível que a interpretação de normas legais infraconstitucionais deve ser feita, obrigatoriamente, em perfeita consonância com as disposições constitucionais. Entender de forma diversa seria admitir a existência de regras no ordenamento jurídico que possam contrariar a Constituição, o ápice da Pirâmide de Kelsen, que tão bem define a hierarquia das normas jurídicas. Nenhuma norma do ordenamento jurídico pode se opor à Constituição.[12]

Vamos à interpretação, sempre buscando conciliar as disposições infraconstitucionais com as disposições da Carta Magna. Como já vimos, o *caput* do art. 57 traz uma regra que objetiva fazer cumprir os ditames do art. 167, II, da CF: a administração não pode firmar compromissos que comprometam orçamentos futuros, devendo ater-se à disponibilidade orçamentária vigente no momento da contratação. Mas também é inegável que essa regra não é absoluta, pois o próprio texto legal deixa claro existirem exceções. A grande questão interpretativa está na aplicação dessas exceções. O que, de fato, a lei excepcionou nessa regra? Teria sido excepcionada a regra de não comprometimento dos orçamentos futuros? Claro que não! Entender desse modo seria admitir que a Constituição foi alterada por uma lei ordinária. A regra continua a mesma. O que foi excepcionado, então?

A exceção está na possibilidade de, em sendo o objeto da avença um serviço continuado, que, como vimos anteriormente, é essencial para o próprio exercício da atividade público, esse contrato não precisa terminar definitivamente em 31 de dezembro do ano de sua assinatura. O inc. II do art. 57 passa a permitir a possibilidade de **prorrogação** do mesmo contrato, para que ele continue a ter vigência por um novo período, sem a necessidade de realização de um novo certame licitatório. Isso é a exceção legal, considerando que a regra do *caput* não admite tal situação. As avenças enquadradas na regra terminam no final do ano (ou, excepcionalmente, logo depois, desde que o valor total tenha sido empenhado na contratação e o saldo inscrito em Restos a Pagar). Se a administração necessitar

---

[12] Hans Kelsen, jurista e filósofo austríaco, reescreveu a *Teoria Pura do Direito*. Seu amigo Adolf Merckl criou a famosa Pirâmide e o homenageou com seu nome (fonte: Wikipédia).

do mesmo objeto por um novo período, deverá contratar sempre mediante prévio processo de licitação, dispensa ou inexigibilidade, conforme o caso. O mesmo contrato não pode continuar, estará extinto definitivamente. Mas nas situações enquadradas no inc. II do art. 57, que tratam especificamente dos contratos relativos a serviços continuados, existe a possibilidade de continuidade da vigência do **mesmo contrato**, através de uma prorrogação formal.

Essa excepcionalidade, na Lei nº 8.666/1993, destina-se exclusivamente aos contratos relativos a serviços a serem prestados de forma contínua. Observe-se que não existe nessa norma legal possibilidade de prorrogar a duração para contratos de fornecimento. Estes terminam definitivamente e, em havendo necessidade de continuidade do fornecimento, nova licitação deverá ser providenciada tempestivamente, para que seja firmada nova avença. Os contratos de fornecimento continuado só passaram a existir a partir da nova Lei nº 14.133/2021.

Neste momento, é oportuno observar que o Tribunal de Contas da União criou uma excepcionalidade para contratos de fornecimento, admitindo seu prolongamento. No Acórdão nº 766/2010-P, o E. Tribunal analisou a situação referente à aquisição de hemoderivados, dentro da ação Atenção aos Pacientes Portadores de Doenças Hematológicas, gerenciada pela Coordenação-Geral de Sangue e Hemoderivados (CGSH), vinculada à Secretaria de Atenção à Saúde do Ministério da Saúde (SAS). Nos termos do Decreto nº 3.990, de 30 de outubro de 2001:

> Art. 4º. Ao Ministério da Saúde, por intermédio da área específica da ANVISA, objetivando a gestão e a coordenação do SINASAN, compete:
> (...)
> X – planejar e coordenar a política de medicamentos estratégicos imprescindíveis a assistência hemoterápica e hematológica;

Diante das rotineiras dificuldades que o país vinha encontrando na aquisição de hemoderivados, especialmente os fatores de coagulação (medicamentos necessários para o tratamento dos pacientes portadores de coagulopatias), o Tribunal deliberou:

> 9.3. admitir, em caráter excepcional, com base em interpretação extensiva do disposto no inciso II do artigo 57 da Lei n.º 8.666, de 21 de junho de

1993, que as contratações para aquisição de fatores de coagulação sejam consideradas como serviços de natureza contínua.[13]

Tratando-se de fornecimento, foi criada uma excepcionalidade na Lei nº 8.666/1993, como bem dispõe a deliberação do TCU. É a única situação possível de "fornecimento continuado", que, para ser concretizada, foi enquadrada pelo Tribunal como sendo um serviço de natureza contínua, nos termos do inc. II do art. 57 da Lei nº 8.666/1993. Desse modo, os contratos relativos ao fornecimento dessas proteínas não precisam ser encerrados definitivamente em 31 de dezembro do ano de sua assinatura, podendo estender-se além dessa data, através de uma prorrogação.

Nas demais contratações relativas a fornecimentos no âmbito da Lei nº 8.666/1993, não existem outras exceções: o contrato fica adstrito à vigência do respectivo crédito orçamentário, não existindo, assim, a figura do fornecimento contínuo. Na jurisprudência do TCU, encontramos o seguinte exemplo de deliberação a respeito dessa situação:

1. Determinar à entidade que:
1.1 Evite realizar prorrogações indevidas em contratos e observe rigorosamente o disposto no art. 57, inciso II, da Lei nº 8.666/93, considerando que a excepcionalidade de que trata o aludido dispositivo está adstrita à prestação de serviços a serem executados de forma contínua, não se aplicando aos contratos de aquisição de bens de consumo.[14]

Retornando à análise da exceção criada pelo inciso II, observe-se que a lei não permite que o contrato já seja firmado por um período superior ao da vigência do respectivo crédito orçamentário, muito embora existam interpretações nesse sentido, que respeitamos, mas com as quais não concordamos. A lei, claramente, fala na necessidade de ser praticado o ato de prorrogação da vigência da avença. Como fazer essa prorrogação? Mais uma vez, valemonos da interpretação sistemática, da interpretação principiológica das disposições legais. Diz a lei que as prorrogações devem ser feitas "por iguais e sucessivos

---

[13] BRASIL. Tribunal de Contas da União. Acórdão nº 766/10-P. Disponível em: http://www.tcu.gov.br. Acesso em: 3 set. 2020.

[14] BRASIL. Tribunal de Contas da União. Acórdão de Relação nº 1.512/04-1ªC. Disponível em: http://www.tcu.gov.br. Acesso em: 3 set. 2020.

períodos com vistas à obtenção de preços e condições mais vantajosas para a administração, limitada a sessenta meses".

Para interpretarmos corretamente, vamos nos recordar das disposições da LC nº 95, de 1998. O inciso é, apenas, um desdobramento do artigo, não tendo, assim, poderes para alterá-lo. Assim, interpretamos o conteúdo do inc. II em consonância com a regra geral constante do *caput*.

Quando a lei fala em "iguais e sucessivos períodos", devemos parcelar essa regra, para melhor entendimento. Comecemos pelo mais simples: sucessivos – um após o outro, sucessivamente. A lei está falando em diversas prorrogações. A questão que parece gerar maiores dúvidas está na disposição legal que fala em "iguais períodos". Qual seria, então, o período efetivo a ser considerado e a ser igualado nas prorrogações? Fica fácil o entendimento à medida que examinamos a lei na sua completude, na parte que interessa:

> Art. 57. **A duração dos contratos regidos por esta Lei ficará adstrita à vigência dos respectivos créditos orçamentários**, exceto quanto aos relativos:
>
> (...)
>
> II – à prestação de serviços a serem executados de forma contínua, que **poderão ter a sua duração prorrogada por iguais** e sucessivos **períodos** com vistas à obtenção de preços e condições mais vantajosas para a administração, limitada a sessenta meses; (grifamos)

Pedimos ao leitor que atente para a parte destacada do trecho. Quando a norma fala em "iguais períodos", está se referindo, por óbvio, ao ÚNICO período até então mencionado no próprio texto: a vigência dos créditos orçamentários. Não há outro período até então mencionado. Poderia o legislador ter dito que "poderão ter sua duração prorrogada por períodos sucessivos adstritos à vigência dos créditos orçamentários". Mas a redação ficou diferente e, em nosso entendimento, mais adequada, pois evitou-se repetir o que já estava na regra do *caput*.

O legislador foi coerente, adotando um procedimento único em todo o texto legal. Veja-se, por exemplo, o art. 64 e seu §1º, na parte que ora nos interessa analisar:

> Art. 64. (...), dentro do prazo (...) estabelecidos, (...)
>
> §1º (...) poderá ser prorrogado uma vez, por igual período, (...)

A interpretação é a mesma: qual o único período anteriormente mencionado no artigo? O prazo estabelecido. No parágrafo, a lei diz que o prazo poderá ser prorrogado por igual período: aquele estabelecido no *caput*.

No caso do prazo de vigência, a prorrogação poderá ser feita por períodos iguais àquele estabelecido no *caput*, ou seja, sempre adstrito à vigência dos respectivos créditos orçamentários, sucessivamente. Qual o limite dessas prorrogações? Sessenta meses, diz a lei.

Vamos a um exemplo com datas reais: imaginemos um contrato relativo a serviço continuado, firmado por órgão/entidade da administração pública, com vigência a partir de 02 de março de 2020. Esse contrato terá vigência até 31 de dezembro de 2020. Em se tratando de objeto excepcional, essa avença poderá ser prorrogada. A prorrogação terá início em 1º de janeiro de 2021, para que não haja solução de continuidade, tendo vigência até 31 de dezembro de 2021. E assim sucessivamente, até completar o limite máximo de 60 meses.

Veja-se que, nesse exemplo, o contrato não foi assinado para ter vigência por 10 meses; foi assinado para ter vigência até 31 de dezembro de 2020, ou seja, adstrito à vigência do respectivo crédito orçamentário. Quando da prorrogação, a administração estará vinculada a esse mesmo prazo e não aos 10 meses, que podem ser 9, 11 ou qualquer outra quantidade.

Se utilizadas as prorrogações permitidas por lei, qual será a data final desse contrato? Vamos nos valer das disposições da Lei nº 10.406, de 10 de janeiro de 2002, o Código Civil vigente:

> Art. 132. Salvo disposição legal ou convencional em contrário, computam-se os prazos, excluído o dia do começo, e incluído o do vencimento.
> §1º Se o dia do vencimento cair em feriado, considerar-se-á prorrogado o prazo até o seguinte dia útil.
> §2º Meado considera-se, em qualquer mês, o seu décimo quinto dia.
> §3º Os prazos de meses e anos expiram no dia de igual número do de início, ou no imediato, se faltar exata correspondência.
> §4º Os prazos fixados por hora contar-se-ão de minuto a minuto.

Segundo o §3º do art. 132 do Código Civil Brasileiro, os prazos de meses e anos expiram no dia de igual número do de início. Se, no exemplo citado, o contrato teve sua vigência iniciada em 02 de março de 2020, a última prorrogação deverá expirar em 02 de março de 2025. Lembrando, adicionalmente, as disposições do art. 110 da Lei nº 8.666/1993:

> Art. 110. Na contagem dos prazos estabelecidos nesta Lei, excluir-se-á o dia do início e incluir-se-á o do vencimento, e considerar-se-ão os dias consecutivos, exceto quando for explicitamente disposto em contrário.
> Parágrafo único. Só se iniciam e vencem os prazos referidos neste artigo em dia de expediente no órgão ou na entidade.

Se, eventualmente, o dia 02 de março de 2025 não for dia útil, prorroga-se o vencimento da vigência para o dia subsequente em que haja expediente no órgão/entidade contratante. Em tendo o período inicial vigência de 02.02.2020 até 31.12.2020, qual seria a vigência da primeira prorrogação? Recomendamos a leitura do texto integral do Parecer nº 00085/2019/DECOR/CGU/AGU, da Advocacia Geral da União, cuja ementa é esta:

> EMENTA: LICITAÇÕES E CONTRATOS. CONTAGEM DE PRAZO DE VIGÊNCIA DE DATA A DATA. CONTRATOS E TERMOS ADITIVOS. PRORROGAÇÃO. PARECER N. 35/2013/DECOR/CGU/AGU. DATA DE ASSINATURA. DATA DE VIGÊNCIA.
> 1. Nos termos do PARECER n. 35/2013/DECOR/CGU/AGU, a contagem dos prazos de vigência dos contratos administrativos segue a regra do art. 132, §3º do Código Civil e a disciplina da Lei nº 810, de 1949, conforme determina o art. 54 da Lei nº 8.666, de 1993. A contagem deve ser feita de data a data, incluindo-se o dia da assinatura e o dia de igual número ao de início, ou no imediato, se faltar exata correspondência.
> 2. Excepcionalmente, os prazos de vigências previstos em termos aditivos de prorrogação são iniciados no dia subsequente ao do término da vigência do contrato original, ainda que a sua assinatura e formalização ocorra último momento da vigência do contrato originário.

O TCU já adotou interpretação similar, como vemos no Acórdão nº 420/2003-P, do qual extraímos o seguinte excerto:

> 10.1.5.2.1. De maneira diversa compreende Jorge Ulisses Jacoby Fernandes, em obra já mencionada, o qual assevera que a exegese deste dispositivo deve ser exercida sob a ótica do art. 167, inciso II, da Constituição Federal de 1988, 'cabendo ao intérprete a tarefa de harmonizar a legislação infraconstitucional com o alicerce fundamental do Direito Positivo pátrio', *verbis*. Ressalta ainda que 'Qualquer interpretação do art. 57, inc. II, da Lei no 8.666, de 21 de junho de 1993, deve resultar em um contrato limitada a vigência do crédito

orçamentário. O que o legislador infraconstitucional autoriza são as sucessivas prorrogações, sempre, porém, com respeito àquele princípio insculpido na Constituição Federal.', *ipsis litteris*.

10.1.5.2.2 Com as devidas vênias em imiscuir-me em tão delicada controvérsia, entendo que a melhor doutrina é a que preceitua a interpretação do art. 57, inc. II da Lei das Licitações de acordo com o art. 167, inciso II, da Constituição Federal de 1988. A única exceção admitida pela Carta Magna à vedação quanto à realização de despesas ou a assunção de obrigações diretas que excedam os créditos orçamentários ou adicionais, consiste a do parágrafo 1o do mesmo artigo, atinente aos investimentos contemplados no Plano Plurianual. De acordo com o Princípio da Hierarquia das Normas, não cabe a uma lei estabelecer exceções a uma regra geral assentada pela Constituição, a não ser que esta assim determine. Desta forma, diante do comando constitucional em apreço, o referido art. 57 fixa que a duração do contrato deverá estar limitada à vigência do crédito orçamentário, mas nos casos especiais estabelecidos nos incisos I, II e IV, poderá ter sua duração prorrogada. Findo o prazo inicialmente determinado no contrato, ou seja, correspondente à vigência do respectivo crédito orçamentário, o administrador estará autorizado a prorrogar o contrato, com o mesmo contratado e nas mesmas condições fixadas no ajuste inicial, sem necessidade de se promover nova licitação.

Mais recentemente, no entanto, passamos a ter interpretações diferentes em relação a esste assunto. Tomamos como ponto de partida para essa divergência a Orientação Normativa nº 1, de 1º de abril de 2009, que assim dispõe:

A vigência do contrato de serviço contínuo não está adstrita ao exercício financeiro.

Na fundamentação dessa ON nº 1, encontramos a seguinte análise:

A outra interpretação dada à norma foi a adotada pela Nota/DECOR/CGU/AGU no 298/2006, aprovada pelo Advogado Geral da União em 27 de fevereiro de 2007.

A referida Nota analisa, inicialmente, as normas constitucionais de direito financeiro, concluindo que as mesmas intencionam resguardar a devida contrapartida de toda a despesa empenhada e não a duração das obrigações. Assinala, ainda, que a legislação infraconstitucional (Lei Complementar nº 101, de 2000, e Lei nº 4.320, de 1964) não traz esta restrição, mas apenas regulamentação de obrigações que ultrapassem o exercício financeiro. Por fim, refere que o Decreto nº 93.872, de 1986, estabelece especificamente o regramento adequado para as obrigações firmadas pelo Poder Público que ultrapassem um exercício financeiro. Posteriormente, demonstra que a atual redação do inc. II do art. 57 da Lei de Licitações e Contratos afasta a interpretação de que a prorrogação da vigência de contratos estaria limitada aos respectivos créditos orçamentários.

Com todo o respeito à percuciente análise, dela discordamos totalmente. A uma, considerando que, ao contrário do que está ali afirmado, a redação do art. 57, II, da Lei nº 8.666/1993 é clara no sentido de que a prorrogação da vigência dos contratos administrativos está limitada à vigência dos respectivos créditos orçamentários, conforme interpretação feita acima. A duas, porque o Decreto nº 93.872, de 23 de dezembro de 1986, em seu art. 30, §1º, realmente trata das hipóteses de contratos cuja duração ultrapassa o final do exercício financeiro. No entanto, tal disposição está contrariando expressamente o que consta do art. 167, II, da CF vigente. Como o decreto é de 1986 e a CF é de 1988, entendemos que tal disposição não foi recepcionada pela Carta Magna, estando tacitamente derrogada.

Precisamos levar em consideração, no entanto, que o próprio TCU tem acolhido a tese constante da ON nº 1 da AGU, como vemos, por exemplo, no Acórdão nº 766/2010-P:

> 30. Nessa busca por soluções, a equipe de auditoria apresentou propostas, sendo que a mais importante, no meu entender, é, justamente, permitir a aplicação, em caráter excepcional, do inciso II do art. 57 da Lei n.º 8.666/1993. O citado inciso possibilita que, nos casos de prestação de serviços executados de forma contínua, seja viável a celebração de contratos com vigência superior aos respectivos créditos orçamentários.

Assim, muito embora não consideremos ser a melhor interpretação, somos obrigados a admitir que grande parte da administração pública tem adotado procedimento compatível com a ON nº 1-AGU, sendo a solução aceita pelos órgãos de controle.

Ainda no âmbito da AGU, encontramos mais as seguintes orientações normativas sobre este tema:

> 1. Orientação Normativa nº 35
> Nos contratos cuja duração ultrapasse o exercício financeiro, a indicação do crédito orçamentário e do respectivo empenho para atender despesa relativa ao exercício futuro poderá ser formalizada por aditamento.

2. Orientação Normativa nº 38

Nos contratos de prestação de serviços de natureza continuada deve-se observar que: a) o prazo de vigência originário, de regra, é de até 12 meses; b) excepcionalmente, este prazo poderá ser fixado por período superior a 12 meses nos casos em que, diante da peculiaridade e/ou complexidade do objeto, fique tecnicamente demonstrado o benefício advindo para a administração; e c) é juridicamente possível a prorrogação do contrato por prazo diverso do contratado originariamente.

Para quem começar a adotar a nova Lei nº 14.133/2021, não haverá preocupação com o assunto acima, pois, como já visto, a norma permite expressamente que a duração do contrato ultrapasse a vigência do crédito orçamentário.

Também em relação ao prazo de vigência dos contratos relativos a serviços contínuos, temos na Lei nº 8.666/1993 uma disposição adicional, que consideramos curiosa, na medida em que não encontramos uma base realística para sua existência. Essa disposição consta do §4º do art. 57, a saber:

Art. 57. (...)
(...)
§4º Em caráter excepcional, devidamente justificado e mediante autorização da autoridade superior, o prazo de que trata o inciso II do *caput* deste artigo poderá ser prorrogado por até doze meses.

Como dispõe o próprio texto legal, trata-se de situação excepcional, que necessitará de uma justificativa nos autos do processo. A competência para a autorização é dada para uma autoridade superior àquela que está fazendo a proposição. A lei está permitindo a prorrogação dos contratos de serviços continuados por até mais 12 meses, além dos 60 meses já previstos no inc. II. A situação de absoluta excepcionalidade para essa disposição legal está bem definida, por exemplo, na seguinte deliberação do TCU:

9.5.2. adote as medidas necessárias a fim de evitar a prorrogação de contratos de prestação de serviços contínuos, com amparo no art. 57, §4º, da Lei n. 8.666/1993, quando já transcorridos 60 (sessenta) meses, por ser esse dispositivo de aplicação apenas em casos excepcionais;[15]

---

[15] BRASIL. Tribunal de Contas da União. Acórdão nº 645/07-P. Disponível em: http://www. tcu.gov.br. Acesso em: 3 set. 2020.

A Lei nº 14.133/2021 foi além. Os contratos relativos a serviços e fornecimentos continuados poderão ser prorrogados até o prazo máximo de 10 anos, bastando, para tanto, haver expressa previsão editalícia e a atestação, pela autoridade competente, de que as condições e os preços praticados permanecem vantajosos para a administração contratante, sendo, ainda, permitida negociação em relação aos valores praticados. Assim dispõe o art. 107:

> Art. 107. Os contratos de serviços e fornecimentos contínuos poderão ser prorrogados sucessivamente, respeitada a vigência máxima decenal, desde que haja previsão em edital e que a autoridade competente ateste que as condições e os preços permanecem vantajosos para a Administração, permitida a negociação com o contratado ou a extinção contratual sem ônus para qualquer das partes.

No entanto, todas as vezes em que pretender prorrogar a vigência de um contrato, de acordo com a Lei nº 14.133, de 2021, a administração precisa ficar atenta à seguinte disposição legal:

> Art. 91. Os contratos e seus aditamentos terão forma escrita e serão juntados ao processo que tiver dado origem à contratação, divulgados e mantidos à disposição do público em sítio eletrônico oficial.
>
> §1º Será admitida a manutenção em sigilo de contratos e de termos aditivos quando imprescindível à segurança da sociedade e do Estado, nos termos da legislação que regula o acesso à informação.
>
> §2º Contratos relativos a direitos reais sobre imóveis serão formalizados por escritura pública lavrada em notas de tabelião, cujo teor deverá ser divulgado e mantido à disposição do público em sítio eletrônico oficial.
>
> §3º Será admitida a forma eletrônica na celebração de contratos e de termos aditivos, atendidas as exigências previstas em regulamento.
>
> §4º Antes de formalizar ou prorrogar o prazo de vigência do contrato, a Administração deverá verificar a regularidade fiscal do contratado, consultar o Cadastro Nacional de Empresas Inidôneas e Suspensas (Ceis) e o Cadastro Nacional de Empresas Punidas (Cnep), emitir as certidões negativas de inidoneidade, de impedimento e de débitos trabalhistas e juntá-las ao respectivo processo.

Estamos nos referindo especificamente ao conteúdo do §4º do art. 91 da nova lei, que dispõe sobre a verificação das condições de regularidade da empresa cujo contrato será aditado, inclusive trabalhista. Tal condição está em consonância com o contido no art. 92, inc. XVI, que fala da obrigatoriedade de o contratado de manter, durante toda a execução contratual, as condições de habilitação exigidas na licitação ou de qualificação, no caso de contratação sem licitação.

Outra exceção à regra do *caput* do art. 57 encontramos no inc. IV da Lei nº 8.666/1993. Este trata especificamente do aluguel de equipamentos e da utilização de programas de informática. São duas situações distintas: aluguel de equipamentos em geral e utilização de programas de TI. O raciocínio a ser desenvolvido em relação a esse inc. IV do art. 57 da Lei de Licitações é o mesmo desenvolvido em relação ao inc. II. A diferença fundamental está no prazo máximo da contratação, que é de 48 meses, em lugar dos 60 meses previsto para os serviços continuados. No restante, permanece nosso entendimento no sentido de que a contratação inicial deve estar adstrita à vigência do crédito orçamentário, com prorrogações por períodos iguais e sucessivos. Também nesse caso, usualmente a administração pública tem adotado contratação até pelo prazo máximo permitido na lei, fazendo analogia com o entendimento da AGU em relação aos serviços contínuos.

Na nova lei, os contratos relativos ao aluguel de equipamentos em geral e à utilização de programas de informática igualam-se, em termos de vigência, aos serviços e fornecimentos continuados, como disposto no §2º do art. 106, acima transcrito.

Finalmente, temos a exceção prevista no inc. V do art. 57 da Lei nº 8.666/1993, que permite estender a vigência dos contratos por até 120 meses, em havendo interesse da administração contratante, quando o objeto:

1. envolver situação que possa comprometer a segurança nacional, em casos estabelecidos em decreto do Presidente da República (situação prevista no inc. IX do art. 24);

2. for a compra de materiais de uso das Forças Armadas, nas situações em que houver necessidade de manter a padronização requerida pela estrutura de apoio logístico dos meios navais, aéreos e terrestres (situação prevista no inc. XIX do art. 24);

3. envolver o fornecimento de bens e serviços, produzidos ou prestados no Brasil, que abranjam, cumulativamente,

alta complexidade tecnológica e defesa nacional (situação prevista no inc. XXVIII do art. 24); e,

4. se referir às contratações que envolvam inovação e pesquisa científica e tecnológica no ambiente produtivo, de que trata a Lei nº 10.973, de 2 de dezembro de 2004,

São situações bem específicas, que mereceram do legislador um enquadramento excepcional, de tal forma que a vigência contratual é permitida por um prazo mais longo.

Para situações da espécie, a Lei nº 14.133/2021 traz disposição mais explícita, como se vê no art. 108:

> Art. 108. A Administração poderá celebrar contratos com prazo de até 10 (dez) anos nas hipóteses previstas nas alíneas "f" e "g" do inciso IV e nos incisos V, VI, XII e XVI do *caput* do art. 75 desta Lei.

O mencionado art. 75 da nova lei trata dos casos de licitação dispensável. As hipóteses que permitem a celebração de contratos com vigência de até 10 anos são as seguintes:

> Art. 75. É dispensável a licitação:
> (...)
> IV – para contratação que tenha por objeto:
> (...)
> f) bens ou serviços produzidos ou prestados no País que envolvam, cumulativamente, alta complexidade tecnológica e defesa nacional;
> g) materiais de uso das Forças Armadas, com exceção de materiais de uso pessoal e administrativo, quando houver necessidade de manter a padronização requerida pela estrutura de apoio logístico dos meios navais, aéreos e terrestres, mediante autorização por ato do comandante da força militar;
> (...)
> V – para contratação com vistas ao cumprimento do disposto nos arts. 3º, 3º-A, 4º, 5º e 20 da Lei nº 10.973, de 2 de dezembro de 2004, observados os princípios gerais de contratação constantes da referida Lei;
> VI – para contratação que possa acarretar comprometimento da segurança nacional, nos casos estabelecidos pelo Ministro de Estado da Defesa, mediante demanda dos comandos das Forças Armadas ou dos demais ministérios;
> (...)
> XII – para contratação em que houver transferência de tecnologia de produtos estratégicos para o Sistema Único de Saúde (SUS), conforme elencados em ato da direção nacional do SUS, inclusive por ocasião da aquisição desses produtos durante as etapas de absorção tecnológica, e

em valores compatíveis com aqueles definidos no instrumento firmado para a transferência de tecnologia;

(...)

XVI – para a aquisição, por pessoa jurídica de direito público interno, de insumos estratégicos para a saúde produzidos por fundação que, regimental ou estatutariamente, tenha por finalidade apoiar órgão da Administração Pública direta, sua autarquia ou fundação em projetos de ensino, pesquisa, extensão, desenvolvimento institucional, científico e tecnológico e de estímulo à inovação, inclusive na gestão administrativa e financeira necessária à execução desses projetos, ou em parcerias que envolvam transferência de tecnologia de produtos estratégicos para o SUS, nos termos do inciso XII do *caput* deste artigo, e que tenha sido criada para esse fim específico em data anterior à entrada em vigor desta Lei, desde que o preço contratado seja compatível com o praticado no mercado.

São, portanto, situações bem específicas, envolvendo a área de saúde pública ou a segurança e defesa nacional.

Em qualquer caso, é pacífico o entendimento de que, em se tratando a prorrogação do prazo de vigência uma mera possibilidade legal, é indispensável que o instrumento convocatório traga expressamente disposição nesse sentido, para que ela possa ser aplicada. Assim, se a administração pretender se valer das excepcionalidades constantes dos incisos do art. 57 da antiga Lei de Licitações, deve fazer constar do edital a possibilidade da vigência contratual vir a ser prorrogada, claro, desde que atendida a conveniência e o interesse da administração contratante. Se houver silêncio a respeito no instrumento convocatório, presume-se que não existirá a possibilidade de prorrogação, extinguindo-se o contrato ao final do primeiro e único período de vigência. A única exceção a respeito está nas disposições do §4º do art. 57. Tratando-se de situação que exige a demonstração da existência de um caráter absolutamente excepcional, não poderá estar prevista no edital. Afinal, não se pode prever rotineiramente em um termo de contrato uma situação que é imprevista e que só acontecerá excepcionalmente. Dessa maneira, se a administração quiser valer-se dessa permissão legal, deverá fazê-lo no caso concreto, sempre fundamentada no que consta do §4º do art. 57 da lei, e não no edital.

A respeito da necessidade de disposição editalícia em relação às prorrogações rotineiras, temos:

d) abstenha-se imediatamente de prorrogações contratuais indevidas, não previstas no Edital de licitação nem na minuta inicial do contrato, a exemplo do ocorrido com o Contrato 8/2001 do Porto de Maceió – AL;[16]

Na nova lei, podemos entender que, igualmente, há necessidade de expressa previsão editalícia a respeito da possibilidade de prorrogação. Essa interpretação deriva da seguinte disposição legal:

> Art. 107. Os contratos de serviços e fornecimentos contínuos poderão ser prorrogados sucessivamente, respeitada a vigência máxima decenal, **desde que haja previsão em edital** e que a autoridade competente ateste que as condições e os preços permanecem vantajosos para a Administração, permitida a negociação com o contratado ou a extinção contratual sem ônus para qualquer das partes. (destacamos)

Como fica a questão dos prazos de vigência nos contratos firmados pelas empresas estatais? A situação é bem diferente daquela analisada para a administração pública direta, autárquica e fundacional, considerando que, no caso da Lei nº 13.303, de 2016, os contratos são de direito privado e devem se ater às regras previstas no respectivo mercado.

A Lei das Estatais dispõe:

> Art. 71. A duração dos contratos regidos por esta Lei não excederá a 5 (cinco) anos, contados a partir de sua celebração, exceto:
> I – para projetos contemplados no plano de negócios e investimentos da empresa pública ou da sociedade de economia mista;
> II – nos casos em que a pactuação por prazo superior a 5 (cinco) anos seja prática rotineira de mercado e a imposição desse prazo inviabilize ou onere excessivamente a realização do negócio.
> Parágrafo único. É vedado o contrato por prazo indeterminado.

Aqui, a regra do *caput* do art. 71 da legislação específica das estatais é bem distinta em relação à da Lei nº 8.666/1993. A regra é que a vigência dos contratos seja de até 5 anos. Não fica o prazo de vigência adstrito ao crédito orçamentário tendo em vista que as estatais não possuem esse tipo de vínculo. Quem vai, realisticamente, ditar o prazo é o mercado.

---

[16] BRASIL. Tribunal de Contas da União. Acórdão nº 1.774/11-2ªC. Disponível em: http://www.tcu.gov.br. Acesso em: 3 set. 2020.

Os incisos do art. 71 preveem a possibilidade de os contratos das estatais serem firmados por prazos superiores a 5 anos. É uma perfeita adequação a regras de mercado. Projetos contemplados no plano de negócios e investimentos requerem, usualmente, um prazo superior a 5 anos para que os resultados comecem a ser usufruídos. Igualmente, em outras situações, o mercado trabalha rotineiramente com prazos superiores a esse limite constante do *caput*, devendo a estatal compatibilizar suas avenças a essas regras.

Além do prazo de vigência, é indispensável estabelecer o prazo de execução do objeto. São prazos distintos, o de vigência englobando o de execução.

O prazo de execução é decorrente das regras de mercado e do interesse da administração. Rotineiramente, cabe ao órgão/entidade verificar qual o prazo que o mercado usualmente adota para a execução do que será objeto de contratação. No caso de uma obra de engenharia, o prazo será uma decorrência do cronograma físico-financeiro elaborado, que é parte integrante obrigatória do projeto básico. No caso de fornecimentos, deve-se levar em consideração se estamos diante de um objeto "de prateleira", isto é, aquele que o mercado normalmente possui em estoque ou que pode ser reposto em prazo reduzido, ou de um objeto a ser fabricado especificamente para o atendimento ao interesse público. Neste último caso, também teremos um cronograma determinando os prazos necessários para a fabricação; no primeiro caso, os prazos de execução/fornecimento são mais curtos. Finalmente, temos os contratos que envolvem a prestação de serviços. Se for um contrato a ser executado por escopo, a administração deverá mensurar o prazo rotineiramente adotado para a execução daquele trabalho. Se for um contrato a termo, deve-se dimensionar o prazo conveniente, levando em conta a vigência admitida legalmente, conforme analisado acima.

O prazo de execução estabelecido admite prorrogação. Mas, exclusivamente se a não execução tempestiva não for decorrente de culpa do contratado. Se for, a execução prossegue, mas não se prorroga o prazo de execução, para que fique caracterizado o atraso que pode vir a gerar aplicação de penalidade, como veremos adiante.

As hipóteses de prorrogação do prazo de execução são exclusivamente aquelas constantes do art. 57, §1º, da Lei nº 8.666, de 1993, a saber:

Art. 57. (...)

(...)

§1º Os prazos de início de etapas de execução, de conclusão e de entrega admitem prorrogação, mantidas as demais cláusulas do contrato e assegurada a manutenção de seu equilíbrio econômico-financeiro, desde que ocorra algum dos seguintes motivos, devidamente autuados em processo:

I – alteração do projeto ou especificações, pela Administração;

II – superveniência de fato excepcional ou imprevisível, estranho à vontade das partes, que altere fundamentalmente as condições de execução do contrato;

III – interrupção da execução do contrato ou diminuição do ritmo de trabalho por ordem e no interesse da Administração;

IV – aumento das quantidades inicialmente previstas no contrato, nos limites permitidos por esta Lei;

V – impedimento de execução do contrato por fato ou ato de terceiro reconhecido pela Administração em documento contemporâneo à sua ocorrência;

VI – omissão ou atraso de providências a cargo da Administração, inclusive quanto aos pagamentos previstos de que resulte, diretamente, impedimento ou retardamento na execução do contrato, sem prejuízo das sanções legais aplicáveis aos responsáveis.

§2º Toda prorrogação de prazo deverá ser justificada por escrito e previamente autorizada pela autoridade competente para celebrar o contrato.

Traço comum a todas as hipóteses é a inexistência de culpa do contratado pelo atraso na execução. Ou a culpa é da própria administração, como no caso dos incisos I, III, IV e VI, ou a culpa é decorrente de fato alheio à vontade das partes, como no inc. II, ou a culpa é decorrente de ato ou fato de terceiro, como no caso do inc. V.

Não existem outras situações que possam servir de fundamento para prorrogação do prazo de execução. Trata-se, portanto, de uma relação exaustiva. Não encontramos na nova Lei nº 14.133/2021 disposição equivalente, limitando a prorrogação a situações expressamente relacionadas. Desse modo, a análise será feita em cada caso concreto.

Em todos os casos, é indispensável a justificativa nos autos do processo e a prévia autorização da autoridade que tiver sido competente para celebrar o contrato.

Se o prazo de execução vier a ser prorrogado, pelo enquadramento da situação fática a uma das hipóteses previstas no art. 57, §1º, da Lei nº 8.666/1993, a administração deverá fazê-lo formalmente, através de termo aditivo ao contrato, recompondo o cronograma de execução. Nesse momento, não pode a administração contratante esquecer-se de, no mesmo aditivo, promover também a prorrogação do prazo de vigência contratual, considerando que este engloba o prazo de execução. Prorrogar a execução sem prorrogar a vigência implica o risco de esta vir a alcançar seu término antes da conclusão do objeto. Como deveria agir a administração se essa falha vier a ocorrer? Lembremo-nos de que, mesmo quando se tratar de contrato por escopo, na administração pública não se admite a existência de contratos com vigência indeterminada, nos termos do art. 57, §3º, da Lei nº 8.666/1993. Desse modo, a regra, nessa hipótese, seria considerar o contrato encerrado, mesmo sem a conclusão do objeto. Assim, para evitar essa situação, o aditivo de prorrogação de prazo deverá ser firmado, obrigatoriamente, antes da expiração da vigência. Nesse sentido:

> 9.3. determinar ao Tribunal Regional do Trabalho da 1ª Região que adote as seguintes providências:
> (...)
> 9.3.14. celebrar o correspondente termo aditivo previamente à expiração do prazo contratual, de modo a evitar a execução de serviços sem cobertura contratual, nos termos do art. 60, da Lei nº 8.666/93;[17]

Entendem alguns autores que, em função das disposições do art. 79, §5º, da Lei nº 8.666, de 1993, a seguir transcritas, o prazo de vigência também estaria automaticamente prorrogado:

> Art. 79. (...)
> (...)
> §5º Ocorrendo impedimento, paralisação ou sustação do contrato, o cronograma de execução será prorrogado automaticamente por igual tempo.

Na realidade, essa regra existe para impedir que a administração venha a considerar o contratado como inadimplente quando, em ocorrendo prorrogação do prazo de execução, haja defasagem em

---

[17] BRASIL. Tribunal de Contas da União. Acórdão nº 740/04-P. Disponível em: http://www.tcu.gov.br. Acesso em: 3 set. 2020.

relação ao cronograma inicialmente estabelecido. Tanto que ela está inserida no art. 79, que trata das hipóteses de rescisão contratual, como veremos no capítulo correspondente. Mas não existe o pressuposto da prorrogação automática do prazo de vigência da avença, que, em nenhuma hipótese, pode ser indeterminado.

Na jurisprudência do TCU, encontramos várias deliberações a respeito. Vamos começar transcrevendo excertos de duas decisões em sentidos opostos. A primeira é o Acórdão nº 1.674/2014-P:

> 9. No tocante à retomada da avença, a unidade técnica e a Procuradoria acreditam ser possível, por se tratar de contrato por escopo, cuja extinção ocorreria apenas com a conclusão do objeto. Para fundamentar essa posição, foram mencionados o Acórdão 778/2012 – Plenário e a Decisão 732/1999 – Plenário. Reproduzo trecho dos votos condutores de dois acórdãos que descrevem esse entendimento:
>
> – Acórdão 2.068/2004 – Plenário:
>
> "O voto acima demonstra a tendência doutrinária de diferenciar entre os efeitos da extinção dos prazos nos contratos de obra e nos de prestação de serviços. Nos primeiros, em razão da natureza de seu objeto, a extinção do prazo não acarretaria, de imediato, a extinção do contrato, eis que essa somente ocorreria com a entrega do objeto. O término do prazo não teria por efeito a extinção do contrato, mas sim a caracterização de mora, se fosse o caso, do contratado. Já nos segundos como, por exemplo, contrato de prestação de serviço de limpeza, o término do prazo teria o condão de encerrar o contrato. É que, nesses contratos, o lapso temporal previsto no contrato integraria o seu objeto, de modo que, terminado o prazo, terminado o contrato. Seguindo essa linha de raciocínio, vale trazer a lume Hely Lopes Meirelles (Licitação e Contrato Administrativo, 10ª ed., p. 230):
>
> 'A extinção do contrato pelo término de seu prazo é a regra dos ajustes por tempo determinado. Necessário é, portanto, distinguir os contratos que se extinguem pela conclusão de seu objeto e os que terminam pela expiração do prazo de sua vigência: nos primeiros, o que se tem em vista é a obtenção de seu objeto concluído, operando o prazo como limite de tempo para a entrega da obra, do serviço ou da compra sem sanções contratuais; nos segundos, o prazo é de eficácia do negócio jurídico contratado, e assim sendo, expirado o prazo, extingue-se o contrato, qualquer que seja a fase de execução de seu objeto, como ocorre na concessão de serviço público, ou na simples locação de coisa por tempo determinado. Há, portanto, prazo de execução e prazo extintivo do contrato'."
>
> – Acórdão 5.466/2011 – 2ª Câmara:
>
> "Como demonstrou a Srª Abreu, a doutrina e a jurisprudência dividem os contratos públicos em duas espécies: 1) por prazo determinado, que se extinguem pela expiração do prazo de sua vigência; e 2) 'por escopo',

que se extinguem pela conclusão de seu objeto. No caso dos segundos, expirado o prazo de sua vigência sem a conclusão do respectivo objeto, seria permitida a devolução do prazo, como previsto no art. 79, §5º, da Lei nº 8.666/1993, in verbis:

'Art. 79 (...)

§5º Ocorrendo impedimento, paralização ou sustação do contrato, o cronograma de execução será prorrogado automaticamente por igual tempo.'

A jurisprudência do TCU também se postou nesse sentido, como se observa no voto condutor da Decisão 732/1999 – Plenário, de que se extraiu o trecho a seguir:

'No entanto, ao meu ver, inexistindo motivos para sua rescisão ou anulação, a extinção de contrato pelo término de seu prazo somente se opera nos ajustes celebrados por tempo determinado, nos quais o prazo constitui elemento essencial e imprescindível para a consecução ou eficácia do objeto avençado, o que não é o caso do contrato firmado pelo DER/MG, no qual a execução prévia é o seu objetivo principal. Dessa forma, não havendo motivos para a cessação prévia do ajuste, a extinção do contrato firmado com o DER/MG operar-se-ia apenas com a conclusão de seu objeto e recebimento pela Administração, o que ainda não ocorreu'."

10. Observo que não há, nos autos, notícia da rescisão do ajuste; consta apenas o documento por meio do qual o Presidente da Comissão de Fiscalização determinou a paralisação das obras para o dia 23/4/2002, em decorrência da "insuficiência de recursos financeiros" – Memorando 01/2002, de 18/4/2002 (peça 3, p. 95).

11. Adicionalmente, verifico que o art. 79, §5º, da Lei 8.666/1993 fixa que, em casos de paralisação do contrato, o cronograma de execução deve ser prorrogado automaticamente por igual tempo e que o art. 57, §1º, inciso III, da mesma norma prevê a possibilidade de prorrogação dos prazos para a execução contratual quando a Administração tenha provocado sua interrupção.

12. Assim, creio que, para o caso em exame, a reativação do contrato pode ser aceita como legítima, com o consequente acolhimento das alegações de defesa dos responsáveis, tendo em vista a natureza do seu objeto e o fato de que, conforme as informações disponíveis, a suspensão da execução não foi causada pela contratada."[18]

No caso concreto, o Tribunal acatou o entendimento da prorrogação automática da vigência, considerando tratar-se de um contrato de escopo, que, como se vê na área privada, só pode

---

[18] BRASIL. Tribunal de Contas da União. Acórdão nº 1.674/14-P. Disponível em: http://www. tcu.gov.br. Acesso em: 3 set. 2020.

ser considerado efetivamente extinto quando da conclusão do seu objeto.

Já no Acórdão nº 1.936/2014-P, o entendimento foi este:

> Observa-se que, apesar do Contrato 001/1999 não estar anulado, as obras não poderão ser executadas por meio do referido instrumento, tendo em vista a expiração da vigência contratual, sob pena de se configurar recontratação sem licitação, o que infringe a Lei 8.666/1993, art. 2° e 3°, e a Constituição Federal/88, art. 37, inciso XXI.
>
> Nesse sentido, Hely Lopes Meirelles em seu livro Licitação e Contrato Administrativo, 2010, Malheiros Editores, 15ª edição, p. 314 explica o seguinte:
>
> "A expiração do prazo de vigência, sem prorrogação, opera de pleno direito a extinção do ajuste, exigindo novo contrato para continuação das obras, serviços ou compras anteriormente contratados. O contrato extinto não se prorroga, nem se renova: é refeito e formalizado em novo instrumento, inteiramente desvinculado do anterior" (sublinhados acrescidos).
>
> Cita-se ainda trecho do Acórdão 1.335/2009-TCU-Plenário, com entendimento deste Tribunal sobre a impossibilidade de execução de serviços por meio de contratos com vigência expirada:
>
> "9.9. determinar à Infraero que:
>
> 9.9.5. não realize serviços sem a devida cobertura contratual e não celebre contratos e aditivos com prazos de vigência retroativos, evitando situações irregulares semelhantes às dos Contratos 029-ST/2004/0001, firmado com a empresa Artplan Comunicação S.A., e 030-ST/2004/0001, com a Signo Comunicação Ltda.".
>
> (...)
>
> Ante o exposto, apesar de o Contrato 001/1999 não ter sido formalmente rescindido, entende-se que deixou de existir risco de dano ao erário, tendo em vista que se encontra extinto o prazo de vigência contratual, o que implica necessariamente na realização de nova licitação e consequente assinatura de novo contrato para a execução do remanescente das obras, sendo possível, portanto, alterar a classificação do presente achado de IG-P para IG-C, sem prejuízo de continuidade à Tomada de Contas Especial instaurada por meio do TC 009.046/2012-7 para apurar o montante do débito e ressarcir o erário do dano já ocasionado.[19]

Enquanto no citado Acórdão nº 1.674/2014-P o Tribunal considerou que, em se tratando de contrato por escopo, a inexistência de prorrogação formal do prazo de vigência não serviria para

---

[19] BRASIL. Tribunal de Contas da União. Acórdão nº 1.936/14-P. Disponível em: http://www. tcu.gov.br. Acesso em: 3 set. 2020.

obstar a continuidade da execução, no Acórdão nº 1.936/2014-P, pouquíssimo tempo posterior ao anterior, o entendimento foi modificado, passando a considerar o contrato extinto pela expiração do prazo de vigência, mesmo se tratando, aqui também, de contrato por escopo. Deve prevalecer o entendimento mais recente.

Alertamos que, no Acórdão nº 127/2016-P, o TCU voltou a tratar do assunto. E uma leitura menos atenta pode parecer indicar o retorno ao entendimento anterior, no sentido de que, em se tratando de contrato por escopo, seria desnecessária a prorrogação formal do prazo de vigência:

> 7. Exibe-se flagrante contradição quando, ao mesmo tempo, a interessada recorre à distinção doutrinária de 'contratos a prazo certo' e 'contratos por escopo', bem como à Ementa do Parecer 13/2013/CPCL/DEPCONSU/PGF/AGU. Dizemos isso com segurança porque nos enunciados dos itens I e III da Ementa do Parecer supracitado (peça 254, p. 1) estão fixados entendimento de que 'os contratos administrativos classificados como de escopo sujeitam-se a prazos determinados de vigência, assim como todo e qualquer contrato administrativos' e que 'não se admite prorrogação de contrato administrativo depois de encerrada sua vigência, ainda que se trate de contrato de escopo', respectivamente.
>
> 18. Por outro lado, a referência ao Acórdão 3131/2010-TCU-Plenário não lhe é aproveitável porque os casos examinados na auditoria não se amoldam à situação objeto daquele aresto. No item 7 do Voto que integra o *decisum*, o Relator pondera para aquele caso concreto que a celebração de aditivos após o prazo vigencial ocorreu em apenas um contrato, de baixíssimo valor, sem consequência mais grave para quaisquer das partes, acrescentando que a Auditoria Interna e a Procuradoria Jurídica da entidade emitiram pareceres favoráveis, embora alertando para a intempestividade dos ajustes.
>
> (...)
>
> 51. Por último, fazendo uma revisão de alguns dos ritos administrativos da Sesau/TO que culminaram com rescisões (peça 46, p. 12-15; peça 78, p. 12-15) e aditamentos (peça 224, p. 28-43, 55-61 e 74-78) de contratos cujos prazos vigenciais já haviam sido inteiramente exauridos, operando a extinção de tais ajustes, avaliamos, de boa-fé, que há um equivocado e arraigado entendimento das assessorias jurídicas auxiliares de diversas autoridades e órgãos vinculados ao Poder Executivo do Estado do Tocantins, relacionada à confusão entre 'prazo de vigência contratual' e 'prazo de execução de obra ou de serviços de engenharia', inclusive quando tais prazos são expressamente distinguidos em disposições contratuais.
>
> 52. Os desacertos nessa confusão ou fusão de institutos ocorrem porque, com as corriqueiras suspensões e autorizações de reinício para

execução de obras ou serviços, as quais devem afetar somente o controle dos 'prazos de execução' contratualmente acordados, estão sendo considerados pelas assessoria jurídicas em questão como circunstâncias que, automaticamente, suspendem e devolvem os prazos de paralisação aos 'prazos de vigência', deturpando a definição jurídica e a concepção jurisprudencial pertinentes e fazendo com que, não raras vezes, certos contratos se perpetuem ilicitamente.

(...)

VOTO

Com efeito, a jurisprudência desta Corte de Contas se consolidou ao longo do tempo no sentido de considerar irregular o aditamento feito após o término da vigência contratual, ainda que amparado em um dos motivos do art. 57, §1º, da Lei nº 8.666, de 1993, uma vez que o contrato original estaria formalmente extinto, de sorte que não seria juridicamente cabível a sua prorrogação ou a continuidade da sua execução (**v.g.:** Acórdãos 66/2004, 1.717/2005, 216/2007, 1.335/2009, 1.936/2014 e 2.143/2015, todos do Plenário do TCU).

Como se sabe, a Lei de Licitações e Contratos permite a prorrogação do contrato nas situações em que a contratante determina a paralisação da obra, autorizando, inclusive, a prorrogação do cronograma de execução, por igual período, contudo, tal previsão não dispensa a formalização do aditamento, a fim de ajustar os prazos de conclusão das etapas e de entrega da obra, até porque toda e qualquer prorrogação de prazo deve ser previamente justificada e autorizada (§2º, do art. 57, da Lei nº 8.666, de 1993).

Nessa esteira também é o entendimento consubstanciado na Súmula nº 191 do TCU, segundo a qual é indispensável a fixação dos limites de vigência dos contratos administrativos, de forma que o tempo não comprometa as condições originais da avença, bem como na Orientação Normativa nº 3/2009 da Advocacia-Geral da União (AGU), que aduz: "na análise dos processos relativos à prorrogação de prazo, cumpre aos órgãos jurídicos verificar se não há extrapolação do atual prazo de vigência, bem como eventual ocorrência de solução de continuidade nos aditivos precedentes, hipóteses que configuram a extinção do ajuste, impedindo a sua prorrogação".

Ocorre que, nos chamados contratos por escopo (em que o objeto consistiria na obtenção de um bem ou na construção de uma obra), o prazo de execução só seria extinto quando o objeto fosse definitivamente entregue à administração e as demais obrigações fixadas no ajuste fossem plenamente satisfeitas, de modo que, inexistindo motivos para rescisão ou anulação, a extinção desse tipo de ajuste somente se operaria com a conclusão do objeto e com o seu recebimento definitivo pela administração, diferentemente do que ocorreria nas avenças por tempo determinado (em que o objeto consistiria na prestação de serviços contínuos), nos quais o prazo constituiria elemento essencial e imprescindível para a consecução ou a eficácia do objeto avençado.

Considerando tal raciocínio, o TCU tem acolhido, em caráter excepcional, na análise de alguns casos concretos, a tese de diferenciar os efeitos da extinção do prazo de contratos de obra, como se verifica nos seguintes julgados: Decisão 606/1996-Plenário; Decisão 732/1999-Plenário; Acórdão 1.740/2003-Plenário; Acórdão 1.980/2004-1ª Câmara; Acordão 2.068/2004-Plenário; Acórdão 1.808/2008-Plenário; Acórdão 3.131/2010-Plenário; Acórdão 5.466/2011-2ª Câmara; e Acórdão 778/2012-Plenário; e Acórdão 1.674/2014-Plenário.

Importa destacar que nesses casos o Tribunal identificou a presença de circunstâncias objetivas atenuantes da conduta dos gestores, tais como: descontinuidade na liberação de recursos orçamentários; paralisação da obra motivada pela contratante; aplicabilidade do art. 57 da Lei nº 8.666, de 1993, inclusive a contrato celebrado sob a égide do Decreto-Lei nº 2.300, de 21 de novembro de 1986; fundamentação do aditamento em parecer jurídico; prorrogação do cronograma de execução por tempo igual ao da paralisação, com suporte no art. 79, §5º, da Lei nº 8.666, de 1993; e adoção de providências para o cumprimento do contrato, evitando prorrogação indefinida ou abusiva.

Bem se vê que neste caso concreto também estão presentes algumas dessas circunstâncias pontuadas na jurisprudência do Tribunal, em especial, o fato de os aditamentos considerados ilegais (posteriores ao término de vigência da avença) terem decorrido da premissa equivocada do governo estadual no sentido de que os prazos de vigência dos contratos por escopo seriam prorrogados automaticamente em decorrência dos sucessivos períodos de paralisação, com espeque nos arts. 57, §1º, inciso III, e 79, §5º, da Lei nº 8.666, de 1993, sem a necessidade do tempestivo aditamento.

Assim, mostra-se adequada a solução proposta pelo dirigente da unidade técnica, a fim de autorizar, em caráter excepcional e em sintonia com os precedentes mencionados, a continuidade dos aludidos contratos, **isso porque, como se sabe, a regra é a prorrogação do contrato administrativo mediante a formalização do respectivo termo aditivo, antes do término do prazo de vigência do ajuste, já que o aditamento não pode produzir efeitos retroativos,** mas a falta dessa providência tempestiva deve ser analisada sob a ótica do interesse público, mesmo porque não seria razoável prejudicar a comunidade destinatária do investimento estatal em razão da inércia do agente em evitar a execução do objeto de inquestionável interesse social sem a devida cobertura contratual formal.[20] (destacamos)

No caso em questão, o Tribunal admitiu a continuidade da execução mesmo sem a formalização da prorrogação do prazo de

---

[20] BRASIL. Tribunal de Contas da União. Acórdão nº 127/16-P. Disponível em: http://www.tcu.gov.br. Acesso em: 3 set. 2020.

vigência. Mas o fez em caráter absolutamente excepcional, para privilegiar o interesse público. O entendimento sobre a imperiosa necessidade de formalização continuou vigente.

Mais recentemente, o Tribunal voltou a apreciar o assunto, mantendo o entendimento anterior da necessidade de formalização do aditivo de prorrogação de prazo, sob pena de o contrato ser considerado extinto:

> 20. Com relação à celebração de termos aditivos de reajustamento, sem ter havido aditivo de prorrogação de vigência, incide em situação irregular, consoante disposto no Voto condutor do Acórdão 195/2005-Plenário (Rel. Min. Benjamin Zymler):
> *"36. A continuidade da execução dos serviços após esgotado o prazo de vigência contratual não encontra amparo na legislação que rege as contratações no âmbito da administração pública, por desrespeitar o art. 60 da Lei nº 4.320/64, que veda a realização de despesa sem prévio empenho, e por caracterizar hipótese não admitida de contratação verbal, vedada pelo parágrafo único do art. 60 da Lei nº 8.666/93."*
> 21. Por ocasião do julgado acima, o Tribunal limitou-se a expedir determinação corretiva para que fosse observado o disposto no art. 60 da Lei 8.666/1993, tendo deixado, assim, de aplicar reprimenda pecuniária ao gestor. Por isonomia, prescrevo a mesma solução ao presente caso, alterando a medida, entretanto, para ciência do Município sobre a ocorrência, para fins de evitar a repetição da falha, nos termos da Resolução TCU 315/2020.
> **Acórdão:**
> 9.5. dar ciência à Prefeitura Municipal de Portel/PA das seguintes ocorrências verificadas nestes autos, de modo a prevenir a repetição de falhas e/ou impropriedades semelhantes:
> 9.5.1. a ausência de formalização prévia e por escrito de alterações contratuais mediante termos de aditamento aos contratos iniciais nos convênios está em desacordo com o disposto no art. 60 da Lei 8.666/1993;[21]

Como vimos anteriormente, as leis permitem que os contratos relativos à prestação de serviços contínuos (no caso da nova lei, também os relativos a fornecimentos contínuos) possam ter sua duração prorrogada. Essas prorrogações também precisam ser devidamente formalizadas, sempre antes da expiração da vigência contratual. Existem algumas condições a serem necessariamente observadas por

---

[21] BRASIL. Tribunal de Contas da União. Acórdão nº 9.749/20-1ªC. Disponível em: http://www.tcu.gov.br. Acesso em: 6 out. 2020.

ocasião dessas prorrogações, tendo em vista que as mesmas não são automáticas e devem passar, necessariamente, pelo atendimento ao interesse público. A primeira e mais simples delas, como já vimos anteriormente, é a existência, no instrumento convocatório da licitação que gerou a contratação, de previsão da possibilidade de prorrogação. Em não existindo, restará, apenas, a situação excepcional prevista no art. 57, §4º, da Lei de Licitações mais antiga.

Para a administração federal, a Instrução Normativa nº 5, de 26 de maio de 2017, do então existente Ministério do Planejamento, Desenvolvimento e Gestão, em seu Anexo IX, traz algumas condições a serem observadas por ocasião das prorrogações do prazo de vigência dos contratos relativos a serviços a serem prestados de forma contínua:

> 3. Nas contratações de serviços continuados, o contratado não tem direito subjetivo à prorrogação contratual que objetiva a obtenção de preços e condições mais vantajosas para a Administração, podendo ser prorrogados, a cada 12 (doze) meses, até o limite de 60 (sessenta) meses, desde que a instrução processual contemple:
> a) estar formalmente demonstrado que a forma de prestação dos serviços tem natureza continuada;
> b) relatório que discorra sobre a execução do contrato, com informações de que os serviços tenham sido prestados regularmente;
> c) justificativa e motivo, por escrito, de que a Administração mantém interesse na realização do serviço;
> d) comprovação de que o valor do contrato permanece economicamente vantajoso para a Administração;
> e) manifestação expressa da contratada informando o interesse na prorrogação; e
> f) comprovação de que o contratado mantém as condições iniciais de habilitação.

> 4. A comprovação de que trata a alínea "d" do item 3 acima deve ser precedida de análise entre os preços contratados e aqueles praticados no mercado de modo a concluir que a continuidade da contratação é mais vantajosa que a realização de uma nova licitação, sem prejuízo de eventual negociação com a contratada para adequação dos valores àqueles encontrados na pesquisa de mercado.

Na jurisprudência do TCU, encontramos:

> 9.10. dar ciência à Superintendência Regional do DNIT em Goiás e no Distrito Federal (SR/DNIT/GO-DF) de que foram detectadas

as impropriedades e irregularidades a seguir listadas, a fim de que promova o seu completo saneamento, se ainda não o fez:

(...)

9.10.6. ausência, quando de prorrogação de contrato de serviços terceirizados, de prévio exame das condições efetivas de mercado e da existência ou não de vantagens para a Administração, o que inclui a verificação dos preços efetivamente praticados por entes públicos e privados e não apenas simples cotações em empresas do ramo, descumprindo o disposto no inc. II e §2º do art. 57 da Lei 8.666/93 e §§2º e 3º do art. 30 da IN-SLTI/MPOG 2/2008, então em vigor;

(...)

9.10.8. nas contratações e renovações contratuais dos serviços de terceirização: inclusão e manutenção de parentes consanguíneos ou afins dos servidores nos quadros das prestadoras; falta de motivação para renovação dos quadros da contratada ou para manutenção do quadro de uma contratada na contratação subsequente, indiciando direcionamento; atribuição aos terceirizados de atividades fim e típicas dos servidores do Órgão ou que importem posição de chefia sobre os servidores e vice-versa; práticas essas que atentam contra o disposto nos inc. I e III ("a" e "d") do art. 9º, e nos inc. I e II do art. 10 da IN-SLTI-MPOG 2/2008, então vigente, e na jurisprudência desta Corte (itens 9.2.1 e 9.2.2 do Acórdão 864/05-P, item 9.2.3 do Acórdão 2632/07-P, etc.);[22]

Na nova Lei nº 14.133/2021, além do já transcrito art. 107, que determina a atestação de que o preço e as condições permanecem vantajosos, temos, no art. 91, um alerta para os órgãos/entidades, a ser observado nos casos de prorrogação de prazo de vigência contratual:

Art. 91. Os contratos e seus aditamentos terão forma escrita e serão juntados ao processo que tiver dado origem à contratação, divulgados e mantidos à disposição do público em sítio eletrônico oficial.

(...)

§4º Antes de formalizar ou prorrogar o prazo de vigência do contrato, a Administração deverá verificar a regularidade fiscal do contratado, consultar o Cadastro Nacional de Empresas Inidôneas e Suspensas (Ceis) e o Cadastro Nacional de Empresas Punidas (Cnep), emitir as certidões negativas de inidoneidade, de impedimento e de débitos trabalhistas e juntá-las ao respectivo processo.

---

[22] BRASIL. Tribunal de Contas da União. Acórdão nº 1.093/15-P. Disponível em: http://www.tcu.gov.br. Acesso em: 3 set. 2020.

A AGU tem interessante orientação normativa sobre prorrogação de prazos contratuais, que serve de alerta para as assessorias jurídicas:

> Na análise dos processos relativos à prorrogação de prazo, cumpre aos órgãos jurídicos verificar se não há extrapolação do atual prazo de vigência, bem como eventual ocorrência de solução de continuidade nos aditivos precedentes, hipóteses que configuram a extinção do ajuste, impedindo a sua prorrogação.

São dois os cuidados especiais a serem observados. Em primeiro lugar, se o processo que está sendo submetido à análise jurídica contém minuta de prorrogação de contrato ainda vigente. Em segundo, deve o órgão jurídico examinar as prorrogações realizadas anteriormente, para verificar se, naqueles momentos, o contrato ainda estava vigente. A resposta negativa a qualquer dessas situações configura a extinção do ajuste, como bem diz a ON, impedindo a prorrogação solicitada.

Como visto anteriormente, na Lei nº 14.133/2021, encontramos oportuna disposição a respeito da prorrogação automática do prazo de vigência, nos casos dos contratos por escopo:

> Art. 111. Na contratação que previr a conclusão de escopo predefinido, o prazo de vigência será automaticamente prorrogado quando seu objeto não for concluído no período firmado no contrato.
> Parágrafo único. Quando a não conclusão decorrer de culpa do contratado:
> I – o contratado será constituído em mora, aplicáveis a ele as respectivas sanções administrativas;
> II – a Administração poderá optar pela extinção do contrato e, nesse caso, adotará as medidas admitidas em lei para a continuidade da execução contratual.

Com isso, elimina-se o risco de, nos contratos por escopo, a vigência ser ultrapassada, sem prorrogação, por descuido da administração, o que geraria uma situação de extinção do contrato. Não fica eliminada, entretanto, a necessidade da devida formalização, tão logo a situação seja constatada, para que não se caracterize a existência de um contrato administrativo com vigência indeterminada, em hipótese não prevista na nova lei.

Finalmente, vale lembrar a existência, no âmbito da administração pública, de contratos que, muito embora tenham a sua participação, não se enquadram como administrativos, sendo conhecidos como "contratos da administração". São aqueles que se referem a objetos específicos, que contam com legislação própria, legislação especial que prevalece em relação à norma geral quando houver contradição. A Lei nº 8.666/1993 tratou deles no art. 62, §3º:

> Art. 62. O instrumento de contrato é obrigatório nos casos de concorrência e de tomada de preços, bem como nas dispensas e inexigibilidades cujos preços estejam compreendidos nos limites destas duas modalidades de licitação, e facultativo nos demais em que a Administração puder substituí-lo por outros instrumentos hábeis, tais como carta-contrato, nota de empenho de despesa, autorização de compra ou ordem de execução de serviço.
> (...)
> §3º Aplica-se o disposto nos arts. 55 e 58 a 61 desta Lei e demais normas gerais, no que couber:
> I – aos contratos de seguro, de financiamento, de locação em que o Poder Público seja locatário, e aos demais cujo conteúdo seja regido, predominantemente, por norma de direito privado;
> II – aos contratos em que a Administração for parte como usuária de serviço público.
> (...)

Observe-se que a lei excluiu desses contratos a obrigatoriedade de cumprimento das disposições do art. 57, exatamente aquele que trata dos prazos, tendo em vista a necessidade de respeito à legislação específica. Mesmo procedimento foi adotado na Lei nº 14.133/2021, como se vê no art. 112:

> Art. 112. Os prazos contratuais previstos nesta Lei não excluem nem revogam os prazos contratuais previstos em lei especial.

Por exemplo, em se tratando de um contrato de locação predial, no qual a administração pública seja locatária, as regras em relação aos prazos contratuais devem ser aqueles dispostos na Lei nº 8.245, de 18 de outubro de 1991, conhecida como Lei do Inquilinato, que dispõe sobre a locação dos imóveis urbanos, considerada Lei Especial sobre o tema.

CAPÍTULO 4

GARANTIAS CONTRATUAIS

A Lei nº 8.666, de 1993, dispõe expressamente sobre a possibilidade de a administração pública exigir a apresentação de garantias em suas contratações. A norma legal fala de garantias em dois momentos distintos: o art. 31, inc. III, e o art. 56. No primeiro caso, a lei está tratando do que se convencionou denominar de garantia de proposta, que poderá ser exigida nas licitações, como condição para comprovação da qualificação econômico-financeira. Não é o tema que nos interessa nesta obra. Vamos tratar, a seguir, da garantia de execução contratual, que é aquela disposta no art. 56 da mais antiga Lei Geral de Licitações e Contratos.

Assim dispõe o art. 56:

> Art. 56. A critério da autoridade competente, em cada caso, e desde que prevista no instrumento convocatório, poderá ser exigida prestação de garantia nas contratações de obras, serviços e compras.
> §1º Caberá ao contratado optar por uma das seguintes modalidades de garantia:
> I – caução em dinheiro ou em títulos da dívida pública, devendo estes ter sido emitidos sob a forma escritural, mediante registro em sistema centralizado de liquidação e de custódia autorizado pelo Banco Central do Brasil e avaliados pelos seus valores econômicos, conforme definido pelo Ministério da Fazenda;
> II – seguro-garantia;
> III – fiança bancária.
> §2º A garantia a que se refere o *caput* deste artigo não excederá a cinco por cento do valor do contrato e terá seu valor atualizado nas mesmas condições daquele, ressalvado o previsto no parágrafo 3º deste artigo.
> §3º Para obras, serviços e fornecimentos de grande vulto envolvendo alta complexidade técnica e riscos financeiros consideráveis, demonstrados através de parecer tecnicamente aprovado pela autoridade competente,

> o limite de garantia previsto no parágrafo anterior poderá ser elevado para até dez por cento do valor do contrato.
>
> §4º A garantia prestada pelo contratado será liberada ou restituída após a execução do contrato e, quando em dinheiro, atualizada monetariamente.
>
> §5º Nos casos de contratos que importem na entrega de bens pela Administração, dos quais o contratado ficará depositário, ao valor da garantia deverá ser acrescido o valor desses bens.

A primeira condição a ser observada é que a legislação faculta à administração a exigência de garantia. Se resolver fazê-lo, deverá fazer constar, obrigatoriamente, do instrumento convocatório essa exigência. Ao reverso, se o edital for silente, não haverá a possibilidade de exigência de garantia durante a execução do contrato.

Em segundo lugar, desde que conste do instrumento convocatório a exigência, cabe ao contratado optar pela modalidade da garantia. Deverá, assim, o adjudicatário ser consultado, previamente à formalização da avença, sobre a modalidade que deseja adotar. A lei lhe faculta 3 opções para essa escolha:

– caução em dinheiro ou em título da dívida pública;

– seguro-garantia;

– fiança bancária.

Optando pela caução em dinheiro, deverá fazer o respectivo depósito em instituição financeira indicada pela administração contratante. No caso da administração federal, nos contratos de serviços continuados, a caução em dinheiro deverá ser feita na Caixa Econômica Federal, empresa pública federal, consoante indicação constante da IN nº 05/2017-MPDG, em seu Anexo VII-F, item 3.1.a. Discute-se no âmbito doutrinário se esse depósito deve ser feito em uma conta bancária comum ou em uma conta especial. Duas observações fazemos a respeito. A primeira é que, muito embora o recurso depositado em garantia esteja à disposição da administração pública, ela só poderá utilizá-lo em situações expressamente previstas, como veremos adiante. Assim, o valor depositado pertence efetivamente ao contratado, que, no entanto, não poderá movimentá-lo livremente. Como conciliar essas situações? Parece-nos indicado que o valor seja caucionado em uma conta corrente do contratado, vinculada à administração pública. Ou seja, a conta é dele, contratado, mas qualquer movimentação dependerá de expressa autorização da administração. A administração poderá fazer a devida movimentação, quando necessário, para utilização do valor caucionado como garantia, quando surgir a situação compatível.

O valor depositado em caução deve ser devidamente remunerado, atualizado, utilizando-se as mesmas condições previstas para atualização do valor contratado.

Existe, igualmente, a possibilidade de o futuro contratado optar pela modalidade de caução em título da dívida pública. Nesse caso, devem ser atendidas as condições estipuladas no art. 57, §1º, inc. I, da Lei nº 8.666/1993, acima transcritas. Tais condições tornam difícil, nos dias de hoje, a escolha dessa alternativa.

As outras modalidades opcionais são o seguro-garantia e a fiança bancária, as quais possuem regramentos próprios. A IN nº 05/2017 prevê formalmente que, nos casos de contratos relativos a serviços continuados com dedicação exclusiva de mão de obra, a garantia prestada, independentemente da modalidade escolhida, deverá assegurar o pagamento de:

– prejuízos advindos do não cumprimento do objeto do contrato;
– prejuízos diretos causados à Administração decorrentes de culpa ou dolo durante a execução do contrato;
– multas moratórias e punitivas aplicadas pela administração à contratada; e
– obrigações trabalhistas e previdenciárias de qualquer natureza, não adimplidas pela contratada, quando couber.

Essas condições devem ser observadas especialmente quando a modalidade escolhida for o seguro-garantia, tendo em vista que, usualmente, as seguradoras não cobrem as obrigações trabalhistas e previdenciárias. A administração contratante deverá exigir tal condição, expressamente no instrumento convocatório, e fazer a devida verificação quando do recebimento da apólice, para evitar problemas futuros.

A lei limita essa garantia ao correspondente a 5% do valor do contrato. Esse é o percentual máximo que, em regra, poderá ser adotado. Nada impede que a garantia seja estabelecida em valor inferior a esse limite máximo. Excepcionalmente, no entanto, esse percentual poderá ser elevado para até 10%, no caso de o objeto ser uma obra, um serviço ou um fornecimento considerado de grande vulto. A Lei nº 8.666/1993, em seu art. 6º, inc. V, define o que deve ser considerado como grande vulto:

> Art. 6º Para os fins desta Lei, considera-se:
> (...)
> V – Obras, serviços e compras de grande vulto – aquelas cujo valor estimado seja superior a 25 (vinte e cinco) vezes o limite estabelecido na alínea "c" do inciso I do art. 23 desta Lei;

Hoje, esse valor corresponde a R$82.500.000,00.

A garantia deve ser prestada no início da vigência contratual. Havia, no seio da administração pública, dúvida em relação ao momento exato. Muitas vezes, o instrumento convocatório falava na prestação da garantia **antes** da formalização da contratação. Isso, no entanto, acabava por causar uma dificuldade, de vez que, como regra, para obtenção do seguro-garantia e da fiança bancária, o contratado precisará já ter firmado o contrato com a administração. A regra contida na IN nº 5, de 2017, parece-nos bem interessante para resolver a questão:

> ANEXO VII-F
> 3. Garantia de execução do contrato:
> (...)
> a) A contratada deverá apresentar, no prazo máximo de 10 (dez) dias úteis, prorrogáveis por igual período, a critério do órgão contratante, contado da assinatura do contrato, comprovante de prestação de garantia, podendo optar por caução em dinheiro ou títulos da dívida pública, seguro-garantia ou fiança bancária, (...)
> (...)
> e) A inobservância do prazo fixado para apresentação da garantia acarretará a aplicação de multa de 0,07% (sete centésimos por cento) do valor do contrato por dia de atraso, observado o máximo de 2% (dois por cento);
> f) O atraso superior a 25 (vinte e cinco) dias autoriza a Administração a promover a rescisão do contrato por descumprimento ou cumprimento irregular de suas cláusulas, conforme dispõem os incisos I e II do art. 78 da Lei nº 8.666, de 1993;

Quando o objeto da contratação tratar de obra ou serviço de engenharia, a Lei nº 8.666/1993 traz uma disposição adicional em relação à garantia, a ser aplicada, quando o valor proposto e adjudicado assume determinada proporção. Tais disposições constam do art. 48 da norma, especialmente em seu §2º.

> Art. 48. Serão desclassificadas:
> I – as propostas que não atendam às exigências do ato convocatório da licitação;
> II – propostas com valor global superior ao limite estabelecido ou com preços manifestamente inexequíveis, assim considerados aqueles que não venham a ter demonstrada sua viabilidade através de documentação que comprove que os custos dos insumos são coerentes com os de mercado e que os coeficientes de produtividade são compatíveis com a execução do objeto do contrato, condições estas necessariamente especificadas no ato convocatório da licitação.
> §1º Para os efeitos do disposto no inciso II deste artigo consideram-se manifestamente inexequíveis, no caso de licitações de menor preço para obras e serviços de engenharia, as propostas cujos valores sejam inferiores a 70% (setenta por cento) do menor dos seguintes valores:
> a) média aritmética dos valores das propostas superiores a 50% (cinquenta por cento) do valor orçado pela administração, ou
> b) valor orçado pela administração.
> §2º Dos licitantes classificados na forma do parágrafo anterior cujo valor global da proposta for inferior a 80% (oitenta por cento) do menor valor a que se referem as alíneas "a" e "b", será exigida, para a assinatura do contrato, prestação de garantia adicional, dentre as modalidades previstas no §1º do art. 56, igual a diferença entre o valor resultante do parágrafo anterior e o valor da correspondente proposta.

Essa garantia adicional será somada à garantia principal, normalmente correspondente a 5% do valor do contratado, adotando-se a mesma modalidade escolhida pelo adjudicatário. As duas serão apresentadas em conjunto, no início do contrato.

Para o cálculo dessa garantia adicional, o TCU, em resposta à consulta formulada por autoridade competente, se posicionou recentemente. Em se tratando de resposta à consulta, a mesma passa a ter caráter normativo, tornando-se interessante reproduzir a seguir parte do acórdão:

> 9.2. nos termos do art. 1º, inciso XVII, da Lei 8.443/1992, responder ao consulente que, à luz das interpretações lógica e sistemática realizadas sobre o texto do §2º do art. 48 da Lei de Licitações, Lei 8.666/1993, o cálculo da garantia adicional disciplinada nesse parágrafo que mais se amolda à finalidade da licitação de atender ao interesse público na busca

da proposta mais vantajosa é a seguinte: Garantia Adicional = (80% do menor dos valores das alíneas "a" e "b" do §1º do art. 48) – (valor da correspondente proposta);[23]

No caso das estatais, o tratamento dado pela Lei nº 13.303, de 2016, a respeito da garantia foi muito semelhante ao da Lei nº 8.666, de 1993, com pequena e sutil diferença:

> Art. 70. Poderá ser exigida prestação de garantia nas contratações de obras, serviços e compras.
> §1º Caberá ao contratado optar por uma das seguintes modalidades de garantia:
> I – caução em dinheiro;
> II – seguro-garantia;
> III – fiança bancária.
> §2º A garantia a que se refere o *caput* não excederá a 5% (cinco por cento) do valor do contrato e terá seu valor atualizado nas mesmas condições nele estabelecidas, ressalvado o previsto no §3º deste artigo.
> §3º Para obras, serviços e fornecimentos de grande vulto envolvendo complexidade técnica e riscos financeiros elevados, o limite de garantia previsto no §2º poderá ser elevado para até 10% (dez por cento) do valor do contrato.
> §4º A garantia prestada pelo contratado será liberada ou restituída após a execução do contrato, devendo ser atualizada monetariamente na hipótese do inciso I do §1º deste artigo.

Nos contratos firmados pelas estatais, não existe, para o contratado, a opção da modalidade de caução em título da dívida pública. As demais condições são idênticas.

Todas as vezes em que a administração contratante formalizar um aditivo contratual que altere o valor da avença, deverá providenciar, junto ao contratado, a alteração proporcional do valor da garantia, de modo a manter vigente o percentual inicialmente estabelecido.

Qual o momento certo para devolução da garantia? As leis falam na liberação após a execução do contrato, ou seja, quando do recebimento definitivo do seu objeto. No caso de avenças que envolvam a prestação de serviços continuados com dedicação

---

[23] BRASIL. Tribunal de Contas da União. Acórdão nº 169/21-P. Disponível em: http://www.tcu.gov.br. Acesso em: 8 mar. 2020.

exclusiva de mão de obra, no entanto, cautelas adicionais devem ser tomadas pela administração contratante, tendo em vista a possibilidade de responsabilização subsidiária pelos encargos trabalhistas e solidária pelos encargos previdenciários decorrentes da contratação. Desse modo, a IN nº 05, de 2017, tratou especificamente do assunto, em seu Anexo VII-F, estabelecendo as seguintes condições:

> 3. Garantia de execução do contrato.
> (...)
> j) Deverá haver previsão expressa no contrato e seus aditivos de que a garantia prevista no subitem 3.1 acima somente será liberada mediante a comprovação de que a empresa pagou todas as verbas rescisórias trabalhistas decorrentes da contratação, e que, caso esse pagamento não ocorra até o fim do segundo mês após o encerramento da vigência contratual, a garantia será utilizada para o pagamento dessas verbas trabalhistas, conforme estabelecido na alínea "c" do subitem 1.2 do Anexo VII-B, observada a legislação que rege a matéria;

Muito se questiona se seria possível à administração estabelecer a vigência da garantia para data posterior à da vigência contratual. A resposta é positiva, encontrando-se amparo nos estudos realizados no âmbito da AGU, que resultaram na Orientação Normativa nº 51:

> A garantia legal ou contratual do objeto tem prazo de vigência próprio e desvinculado daquele fixado no contrato, permitindo eventual aplicação de penalidades em caso de descumprimento de alguma de suas condições, mesmo depois de expirada a vigência contratual.

Na Lei nº 14.133, de 2021, encontramos disposições básicas semelhantes àquelas constantes da Lei nº 8.666/1993, com alguns complementos importantes. Assim dispõe a nova lei:

> Art. 96. A critério da autoridade competente, em cada caso, poderá ser exigida, mediante previsão no edital, prestação de garantia nas contratações de obras, serviços e fornecimentos.
> §1º Caberá ao contratado optar por uma das seguintes modalidades de garantia:
> I – caução em dinheiro ou em títulos da dívida pública, emitidos sob a forma escritural, mediante registro em sistema centralizado de liquidação e de custódia autorizado pelo Banco Central do Brasil,

e avaliados por seus valores econômicos, conforme definido pelo Ministério da Economia;

II – seguro-garantia;

III – fiança bancária emitida por banco ou instituição financeira devidamente autorizada a operar no País pelo Banco Central do Brasil.

§2º Na hipótese de suspensão do contrato por ordem ou inadimplemento da Administração, o contratado ficará desobrigado de renovar a garantia ou de endossar a apólice de seguro até a ordem de reinício da execução ou o adimplemento pela Administração.

§3º O edital fixará prazo mínimo de 1 (um) mês, contado da data da homologação da licitação e anterior à assinatura do contrato, para a prestação da garantia pelo contratado quando optar pela modalidade prevista no inciso II do §1º deste artigo.

Art. 97. O seguro-garantia tem por objetivo garantir o fiel cumprimento das obrigações assumidas pelo contratado perante à Administração, inclusive as multas, os prejuízos e as indenizações decorrentes de inadimplemento, observadas as seguintes regras nas contratações regidas por esta Lei:

I – o prazo de vigência da apólice será igual ou superior ao prazo estabelecido no contrato principal e deverá acompanhar as modificações referentes à vigência deste mediante a emissão do respectivo endosso pela seguradora;

II – o seguro-garantia continuará em vigor mesmo se o contratado não tiver pago o prêmio nas datas convencionadas.

Parágrafo único. Nos contratos de execução continuada ou de fornecimento contínuo de bens e serviços, será permitida a substituição da apólice de seguro-garantia na data da renovação ou do aniversário, desde que mantidas as mesmas condições e coberturas da apólice vigente e desde que nenhum período fique descoberto, ressalvado o disposto no §2º do art. 95 desta Lei.

Art. 98. Nas contratações de obras, serviços e fornecimentos, a garantia poderá ser de até 5% (cinco por cento) do valor inicial do contrato, autorizada a majoração desse percentual para até 10% (dez por cento), desde que justificada mediante análise da complexidade técnica e dos riscos envolvidos.

Parágrafo único. Nas contratações de serviços e fornecimentos contínuos com vigência superior a 1 (um) ano, assim como nas subsequentes prorrogações, será utilizado o valor anual do contrato para definição e aplicação dos percentuais previstos no *caput* deste artigo.

Art. 99. Nas contratações de obras e serviços de engenharia de grande vulto, poderá ser exigida a prestação de garantia, na modalidade seguro-garantia, com cláusula de retomada prevista no art. 102 desta Lei, em percentual equivalente a até 30% (trinta por cento) do valor inicial do contrato.

Art. 100. A garantia prestada pelo contratado será liberada ou restituída após a fiel execução do contrato ou após a sua extinção por

CAPÍTULO 4
GARANTIAS CONTRATUAIS | 95

culpa exclusiva da Administração, e, quando em dinheiro, atualizada monetariamente.

Art. 101. Nos casos de contratos que impliquem a entrega de bens pela Administração, dos quais o contratado ficará depositário, o valor desses bens deverá ser acrescido ao valor da garantia.

Art. 102. Na contratação de obras e serviços de engenharia, o edital poderá exigir a prestação da garantia na modalidade seguro-garantia e prever a obrigação de a seguradora, em caso de inadimplemento pelo contratado, assumir a execução e concluir o objeto do contrato, hipótese em que:

I – a seguradora deverá firmar o contrato, inclusive os aditivos, como interveniente anuente, e poderá:

a) ter livre acesso às instalações em que for executado o contrato principal;

b) acompanhar a execução do contrato principal;

c) ter acesso a auditoria técnica e contábil;

d) requerer esclarecimentos ao responsável técnico pela obra ou pelo fornecimento;

II – a emissão de empenho em nome da seguradora, ou a quem ela indicar para a conclusão do contrato, será autorizada desde que demonstrada sua regularidade fiscal;

III – a seguradora poderá subcontratar a conclusão do contrato, total ou parcialmente.

Parágrafo único. Na hipótese de inadimplemento do contratado, serão observadas as seguintes disposições:

I – caso a seguradora execute e conclua o objeto do contrato, estará isenta da obrigação de pagar a importância segurada indicada na apólice;

II – caso a seguradora não assuma a execução do contrato, pagará a integralidade da importância segurada indicada na apólice.

As regras fundamentais são as mesmas: a exigência de garantia é uma faculdade de que dispõe a administração, não sendo, portanto, obrigatória em todos os contratos. Exigida, obrigatoriamente no instrumento convocatório, a modalidade da garantia será escolhida pelo contratado, que continua dispondo das mesmas três opções que já constavam da legislação antiga.

Mudança significativa é apresentada na nova lei em relação ao momento da prestação da garantia, caso o futuro contratado opte pela modalidade seguro-garantia. Dispõe o texto legal que a regra deve constar do edital da licitação realizada, estabelecendo prazo não inferior a um mês, contado da homologação da licitação, para a apresentação da apólice correspondente. Em qualquer hipótese, no entanto, essa apólice deverá ser apresentada à administração contratante antes da assinatura do instrumento contratual. Como a nova lei silenciou em relação às outras modalidades que o contratado poderá escolher, deve-se entender que a administração poderá estabelecer as condições a serem observadas, fazendo-o no instrumento convocatório.

Essa disposição legal poderá trazer algum tipo de embaraço na sua aplicação prática, pois, como comentado alhures, a regra é que o seguro-garantia só pode ser formalizado após a assinatura do contrato. Ou o mercado securitário se adapta a essa nova exigência, ou, na prática, a regra legal não poderá ser cumprida.

Ainda no caso específico do seguro-garantia, a lei exige que a apólice, expressamente, garanta à administração contratante o ressarcimento das multas, prejuízos e indenizações decorrentes do inadimplemento do contratado. Isso é muito importante em função da responsabilidade subsidiária pelos encargos trabalhistas, nos contratos com dedicação exclusiva de mão de obra.

O prazo de vigência da apólice deve, no mínimo, coincidir com o prazo de vigência do contrato (a lei fala exclusivamente em prazo. Deve-se entender que se trata do prazo de vigência do contrato, e não do prazo de execução do objeto). Havendo prorrogação do prazo de vigência contratual, o prazo de vigência da apólice deverá ser devidamente compatibilizado, com a emissão do endosso pela seguradora. A liberação da garantia deverá ocorrer após a plena execução do contrato ou no caso de extinção da avença por culpa da administração.

Questão interessante está posta no inc. II do art. 97 da nova lei. Imaginemos que a contratada acerte a contratação do seguro, mas, não faça o pagamento do prêmio nas datas aprazadas. Segundo a lei, nessa hipótese, o seguro-garantia continuará em vigor, consequentemente, obrigando a seguradora a arcar com suas obrigações perante a administração.

Finalmente, em relação ao seguro-garantia, nos casos de avenças relacionadas a serviços ou fornecimentos continuados, a lei permite a substituição da apólice, por decisão do contratado que, por exemplo, resolver optar por outra seguradora, desde que seja feita na data de renovação ou na data de aniversário, mantendo-se as mesmas condições estabelecidas na substituída e desde que nenhum período fique sem cobertura, salvo no caso de suspensão da execução do contrato por ordem da administração ou no caso de inadimplemento, por parte desta, no cumprimento de suas obrigações, especialmente em relação aos pagamentos. Nessa hipótese, o contratado ficará desobrigado de renovar a garantia até que a situação seja regularizada.

O percentual máximo da garantia continua, como regra, sendo de 5%, observando-se que, especificamente nos contratos de execução continuada, com prazo de vigência igual ou superior a um ano, esse percentual será aplicado sobre o valor anual da avença. Em ocorrendo prorrogação, a garantia adicional será implementada. A nova lei possibilita, como exceção, a elevação do percentual máximo para até 10%, desde que justificada em função da complexidade técnica do objeto ou de sua execução e dos riscos envolvidos para o interesse público ser plenamente atendido. É uma diferença em relação à legislação anterior, que só permitia a elevação do limite nos casos de obras, serviços ou fornecimentos de grande vulto.

Agora, a nova norma legal permite, no caso de obras e serviços de engenharia de grande vulto (ou seja, a partir de R$200.000.000,00), que seja estabelecido um percentual bem mais elevado, de, no máximo, 30% do valor inicial do contrato, para garantia.

Aliás, as obras e serviços de engenharia na administração pública mereceram um tratamento especial em relação à garantia. Torna-se bem evidente a intenção do legislador de tentar reduzir a quantidade de obras públicas não concluídas, que geram um enorme desperdício de recursos do erário, além de transtornos de toda conta, na medida em que são investimentos necessários para o atendimento ao interesse público e que acabam não se tornando realidade, com prejuízos para a sociedade.

Para começar, este é o único objeto em que a administração poderá, no instrumento convocatório, exigir a modalidade de seguro-garantia. Enquanto nos demais a escolha da modalidade é discricionária para o contratado, que poderá utilizar aquela que melhor lhe convier, no caso das obras, o edital poderá estabelecer a obrigatoriedade da utilização do seguro-garantia, como vemos no *caput* do art. 102. Adicionando-se as condições estabelecidas nos arts. 102 e 99, no caso de obras e serviços de engenharia de grande vulto, a administração poderá exigir seguro-garantia em percentual equivalente a 30% do valor inicial do contrato.

Além dessa obrigatoriedade, o seguro-garantia de obras públicas assume outras características diferenciadoras. A seguradora, escolhida pela contratada, assinará o termo de contrato e, se houver, todos os aditivos, na qualidade de interveniente anuente, assumindo, assim, as responsabilidades, de forma solidária, com a contratada. Por esse motivo, a legislação dá à seguradora alguns direitos que normalmente não lhe cabem, como o de ter livre acesso ao local da obra, acompanhando diretamente sua execução, podendo, inclusive, requerer esclarecimentos ao responsável técnico, tendo, ainda, pleno acesso às auditorias técnica e contábil relacionadas ao evento.

Em havendo inadimplemento por parte da contratada que leve à rescisão do contrato com ela firmado, a seguradora poderá utilizar a assim denominada cláusula de retomada, que lhe permitirá assumir a execução do objeto, de ora em diante, diretamente ou através de uma subcontratada por ela livremente escolhida. Após verificar a regularidade fiscal da seguradora ou de sua subcontratada, conforme o caso, a administração emitirá o competente empenho do valor correspondente ao saldo a executar.

Trata-se de procedimento já adotado em outros países, que, efetivamente, reduz a quantidade de obras paralisadas ou executadas apenas parcialmente. A presença da seguradora como interveniente anuente é uma garantia de que, mesmo que a construtora contratada não cumpra integralmente suas obrigações, a obra tende a ser completamente executada, pela responsabilidade solidária que assume.

Obviamente, se a própria seguradora assumir a execução do contrato e concluir a obra, estará desobrigada de pagar a importância correspondente ao prêmio do seguro realizado, constante da apólice. Se não o fizer, no entanto, tendo em vista a responsabilidade que assumiu, terá a obrigação de pagar o valor total indicado na apólice.

Acreditamos firmemente que a adoção desses procedimentos poderá levar à redução da quantidade de obras públicas não concluídas, até levando em consideração a experiência pela qual passam outros países que os adotam.

Finalmente, em relação às obras e serviços de engenharia, a nova lei manteve a exigência de garantia adicional, quando o valor proposto estiver dentro de certos limites que se aproximem das condições de risco à exequibilidade, alterando, no entanto, o percentual para cálculo desses limites. É o que vemos do art. 59:

> Art. 59. Serão desclassificadas as propostas que:
> (...)
> §5º Nas contratações de obras e serviços de engenharia, será exigida garantia adicional do licitante vencedor cuja proposta for inferior a 85% (oitenta e cinco por cento) do valor orçado pela Administração, equivalente à diferença entre este último e o valor da proposta, sem prejuízo das demais garantias exigíveis de acordo com esta Lei.

São mantidas as demais disposições em relação a essa garantia adicional, já analisadas anteriormente quando tratamos do mesmo assunto na Lei nº 8.666/1993.

Neste ensejo, aproveitamos para tecer comentários sobre determinada disposição da nova lei, que consideramos absolutamente desprovida de lógica e de difícil execução. Trata-se do art. 115, §6º, que, complementando o parágrafo anterior, assim dispõe:

> Art. 115. O contrato deverá ser executado fielmente pelas partes, de acordo com as cláusulas avençadas e as normas desta Lei, e cada parte responderá pelas consequências de sua inexecução total ou parcial.
> (...)
> §5º Em caso de impedimento, ordem de paralisação ou suspensão do contrato, o cronograma de execução será prorrogado automaticamente pelo tempo correspondente, anotadas tais circunstâncias mediante simples apostila.
> §6º Nas contratações de obras, verificada a ocorrência do disposto no §5º deste artigo por mais de 1 (um) mês, a Administração deverá divulgar, em sítio eletrônico oficial e em placa a ser afixada em local da obra de fácil visualização pelos cidadãos, aviso público de obra paralisada, com o motivo e o responsável da inexecução temporária do objeto do contrato e a data prevista para o reinício da sua execução.

Não há como duvidar da intenção do legislador ao estabelecer essa regra. Mas, considerando as circunstâncias que envolvem a atuação da administração pública em nosso país, acaba sendo comum a interrupção da execução de uma obra, por diversos fatores, como o contingenciamento de recursos e a própria burocracia interna, sempre causando lentidão nos procedimentos, independentemente da sua importância. Imaginar que, nessas hipóteses, a administração contratante da obra vai sempre providenciar uma placa, a ser afixada em local de fácil visualização pela coletividade, indicando o motivo da paralisação, parece-nos algo absolutamente irreal, até pela quantidade de placas que, em alguns casos, seriam necessárias. Mais ainda, indicar na placa o nome do responsável pela paralisação é submeter a um julgamento muitas vezes injusto da autoridade indicada, pois a paralisação pode ter sido provocada por um motivo plenamente justificado, como, por exemplo, a verificação, por um órgão de controle, da existência de irregularidades, como, por exemplo, sobrepreço ou superfaturamento. Será que a sociedade, genericamente, tem como julgar que a paralisação foi justa ou injusta? Ou teremos situações em que, muitas vezes, a autoridade indicada como mandante da paralisação será execrada sem motivo? É pagar para ver.

CAPÍTULO 5

GARANTIA NOS CONTRATOS DEMO

Para os que eventualmente não sabem, contrato **demo** é aquele em que existirá a figura da dedicação exclusiva de mão de obra. Significa dizer, o pessoal contratado para realização do serviço é dedicado exclusivamente àquele contrato, vinculado ao mesmo, não podendo ser remanejado para execução de outros serviços, pelo seu empregador. Segundo a IN nº 05/2017-MPDG:

> Art. 17. Os serviços com regime de dedicação exclusiva de mão de obra são aqueles em que o modelo de execução contratual exija, dentre outros requisitos, que:
> I – os empregados da contratada fiquem à disposição nas dependências da contratante para a prestação dos serviços;
> II – a contratada não compartilhe os recursos humanos e materiais disponíveis de uma contratação para execução simultânea de outros contratos; e
> III – a contratada possibilite a fiscalização pela contratante quanto à distribuição, controle e supervisão dos recursos humanos alocados aos seus contratos.
> Parágrafo único. Os serviços de que trata o *caput* poderão ser prestados fora das dependências do órgão ou entidade, desde que não seja nas dependências da contratada e presentes os requisitos dos incisos II e III.

Nesses contratos, a administração pública contratante enfrenta um risco adicional, relativo à possibilidade de descumprimento, por parte do contratado, das suas obrigações trabalhistas, previdenciárias e com o FGTS de seus empregados. A própria IN citada traz um alerta especial em relação a esse risco:

> Art. 18. Para as contratações de que trata o art. 17, o procedimento sobre Gerenciamento de Riscos, conforme especificado nos arts. 25

e 26, obrigatoriamente contemplará o risco de descumprimento das obrigações trabalhistas, previdenciárias e com FGTS da contratada.

§1º Para o tratamento dos riscos previstos no caput, poderão ser adotados os seguintes controles internos:

I – Conta-Depósito Vinculada – bloqueada para movimentação, conforme disposto em Caderno de Logística, elaborado pela Secretaria de Gestão do Ministério do Planejamento, Desenvolvimento e Gestão; ou

II – Pagamento pelo Fato Gerador, conforme disposto em Caderno de Logística, elaborado pela Secretaria de Gestão do Ministério do Planejamento, Desenvolvimento e Gestão.

§2º A adoção de um dos critérios previstos nos incisos I e II do parágrafo anterior deverá ser justificada com base na avaliação da relação custo-benefício.

§3º Só será admitida a adoção do Pagamento pelo Fato Gerador após a publicação do Caderno de Logística a que faz referência o inciso II do §1º deste artigo.

§4º Os procedimentos de que tratam os incisos do §1º deste artigo estão disciplinados no item 1 do Anexo VII-B.

Vamos, inicialmente, rememorar as causas dessa situação e das regras agora estabelecidas. Comecemos pelas disposições da Lei nº 8.666/1993:

Art. 71. O contratado é responsável pelos encargos trabalhistas, previdenciários, fiscais e comerciais resultantes da execução do contrato.

§1º A inadimplência do contratado, com referência aos encargos trabalhistas, fiscais e comerciais não transfere à Administração Pública a responsabilidade por seu pagamento, nem poderá onerar o objeto do contrato ou restringir a regularização e o uso das obras e edificações, inclusive perante o Registro de Imóveis.

§2º A Administração Pública responde solidariamente com o contratado pelos encargos previdenciários resultantes da execução do contrato, nos termos do art. 31 da Lei nº 8.212, de 24 de julho de 1991.

§3º (Vetado).

Na Lei das Estatais, encontramos disposição semelhante:

Art. 77. O contratado é responsável pelos encargos trabalhistas, fiscais e comerciais resultantes da execução do contrato.

§1º A inadimplência do contratado quanto aos encargos trabalhistas, fiscais e comerciais não transfere à empresa pública ou à sociedade de economia mista a responsabilidade por seu pagamento, nem poderá onerar o objeto do contrato ou restringir a regularização e o uso das obras e edificações, inclusive perante o Registro de Imóveis.

§2º (VETADO).

CAPÍTULO 5
GARANTIA NOS CONTRATOS DEMO | 103

No caso dos encargos previdenciários, a Lei nº 8.666/1993 deixa evidente a responsabilidade solidária da administração contratante. Para eximir-se dessa responsabilidade, a administração contratante deverá realizar a devida retenção e correspondente recolhimento do valor retido, nos termos do Capítulo X da Lei nº 8.212, de 24 de julho de 1991.

Não nos parece difícil entender, por outro lado, que as duas normas legais afirmam, peremptoriamente, que a inadimplência do contratado em relação aos encargos trabalhista não transfere à administração contratante a responsabilidade por seu pagamento. Seria difícil exigir que as leis fossem mais claras do que o foram. No entanto, coisas claras em nosso país acabam por se tornar nebulosas, diante da multiplicidade de áreas competentes para determinar regras.

A justiça trabalhista, através do Tribunal Superior do Trabalho (TST), resolveu editar o Enunciado de Súmula nº 331, claramente contrariando as disposições das normas legais acima citadas, para determinar, inicialmente, que seria transferida para a administração contratante a responsabilidade pelo inadimplemento dos encargos trabalhistas decorrentes do contrato, através de responsabilização subsidiária, isto é, respeitando o benefício de ordem. A responsabilidade inicial é sempre do contratado. Mas não havendo meios para fazê-lo cumprir essa obrigação, a administração contratante será chamada a responder pelos encargos inadimplidos.

A evidente divergência entre a Lei de Licitações e o Enunciado de súmula provocou a manifestação do Supremo Tribunal Federal (STF), no ano de 2010 e, posteriormente, novamente, no ano de 2017, quando foi confirmada a decisão anterior. Segundo a Corte, não existe transferência automática da responsabilidade da contratada para a administração contratante. Mas essa responsabilidade subsidiária existirá na medida em que houver atuação culposa da administração, especialmente na fiscalização do cumprimento das obrigações da contratada em relação aos encargos trabalhistas. A decisão do STF foi esta:

> **Decisão**: O Tribunal, por maioria e nos termos do voto do Ministro Luiz Fux, que redigirá o acórdão, vencido, em parte, o Ministro Marco Aurélio, fixou a seguinte tese de repercussão geral: "O inadimplemento dos encargos trabalhistas dos empregados do contratado não transfere

automaticamente ao Poder Público contratante a responsabilidade pelo seu pagamento, seja em caráter solidário ou subsidiário, nos termos do art. 71, §1º, da Lei nº 8.666/93". Ausente, justificadamente, o Ministro Celso de Mello. Presidiu o julgamento a Ministra Cármen Lúcia. Plenário, 26.4.2017.[24]

Essa deliberação da Corte Suprema forçou a mudança do texto do enunciado de súmula do TST, que, agora, é o seguinte:

I – A contratação de trabalhadores por empresa interposta é ilegal, formando-se o vínculo diretamente com o tomador dos serviços, salvo no caso de trabalho temporário.

II – A contratação irregular de trabalhador, mediante empresa interposta, não gera vínculo de emprego com os órgãos da Administração Pública direta, indireta ou fundacional (art. 37, II, da CF/1988).

III – Não forma vínculo de emprego com o tomador a contratação de serviços de vigilância (Lei nº 7.102, de 20.06.1983) e de conservação e limpeza, bem como a de serviços especializados ligados à atividade-meio do tomador, desde que inexistente a pessoalidade e a subordinação direta.

IV – O inadimplemento das obrigações trabalhistas, por parte do empregador, implica a responsabilidade subsidiária do tomador dos serviços quanto àquelas obrigações, desde que haja participado da relação processual e conste também do título executivo judicial.

V – Os entes integrantes da Administração Pública direta e indireta respondem subsidiariamente, nas mesmas condições do item IV, caso evidenciada a sua conduta culposa no cumprimento das obrigações da Lei n.º 8.666, de 21.06.1993, especialmente na fiscalização do cumprimento das obrigações contratuais e legais da prestadora de serviço como empregadora. A aludida responsabilidade não decorre de mero inadimplemento das obrigações trabalhistas assumidas pela empresa regularmente contratada.

VI – A responsabilidade subsidiária do tomador de serviços abrange todas as verbas decorrentes da condenação referentes ao período da prestação laboral.

Como vemos no item IV, genericamente, existe, perante a justiça obreira, a responsabilidade subsidiária do tomador dos serviços. No caso da administração pública, no entanto, em função da decisão do STF, o enquadramento se faz no item V da súmula. Significa dizer que a responsabilidade subsidiária advirá da conduta

---

[24] BRASIL. Supremo Tribunal Federal. RE 760931/2017. Disponível em https://wwww/stf/jus.br. Acesso em 3 set 2020.

culposa da administração contratante, não sendo decorrente de mero inadimplemento das obrigações trabalhistas assumidas pela empresa regularmente contratada.

Fundamentalmente, a conduta culposa será uma decorrência da ausência ou da má atuação da fiscalização que a administração contratante fará em relação às obrigações contratuais por parte do contratado. Vamos tratar da atuação dessa fiscalização em capítulo correspondente, nesta obra.

Essa possibilidade de responsabilização subsidiária gera um aumento do grau de risco presente na contratação. Consequentemente, deve trazer para a administração contratual maiores cautelas em relação às garantias que serão exigidas nesse tipo de contrato, a fim de evitar a possibilidade de prejuízos que, dependendo do contrato, podem ser vultosos.

É oportuno lembrar que essa responsabilidade subsidiária só pode acontecer nos contratos que envolvam dedicação exclusiva de mão de obra. Em ela não existindo, não haverá risco para a administração e, consequentemente, não haverá necessidade de preocupação com garantias adicionais.

Da mesma forma, podemos afirmar que inexiste esse risco nos contratos relativos a obras e serviços de engenharia. Isso está bem claro na Orientação Jurisprudencial nº 191 do TST:

> Diante da inexistência de previsão legal específica, o contrato de empreitada de construção civil entre o dono da obra e o empreiteiro não enseja responsabilidade solidária ou subsidiária nas obrigações trabalhistas contraídas pelo empreiteiro, salvo sendo o dono da obra uma empresa construtora ou incorporadora.

Como a administração pública não é empresa construtora e nem tampouco incorporadora, ela não assume responsabilidade, nem solidária e nem subsidiária, pelas obrigações trabalhistas, que será assumida exclusivamente pela empreiteira contratada.

Quais as garantias adicionais que devem ser adotadas nos contratos DEMO? Vamos tomar por base, inicialmente, a Instrução Normativa nº 5, de 2017-MPDG, já citada anteriormente. Muito embora ela seja obrigatória, hoje, para quem utiliza a Lei nº 8.666/1993 como base para suas contratações, exclusivamente para os órgãos e entidades da administração pública federal direta, autárquica e fundacional, acaba sendo um bom referencial para toda a administração pública inclusive as estatais, que, rotineiramente, vêm incluindo essas disposições em seus regulamentos próprios.

Vale lembrar que disposições importantes da citada IN nº 5/2017 foram incluídas na Lei nº 14.133/2021, tornando-se, assim, obrigatórias para toda a administração pública, independentemente do ente federativo contratante.

Na IN nº 5, de 2017, em seu Anexo VII-F – Modelo de Minuta de Contrato, encontramos:

> 3. Garantia de execução do contrato:
>
> 3.1. Exigência de garantia de execução do contrato, nos moldes do art. 56 da Lei nº 8.666, de 1993, com validade durante a execução do contrato e 90 (noventa) dias após término da vigência contratual, devendo ser renovada a cada prorrogação, observados ainda os seguintes requisitos:
>
> a) A contratada deverá apresentar, no prazo máximo de 10 (dez) dias úteis, prorrogáveis por igual período, a critério do órgão contratante, contado da assinatura do contrato, comprovante de prestação de garantia, podendo optar por caução em dinheiro ou títulos da dívida pública, seguro-garantia ou fiança bancária, sendo que, nos casos de contratação de serviços continuados com dedicação exclusiva de mão de obra, o valor da garantia deverá corresponder a 5 % (cinco por cento) do valor total do contrato, limitada ao equivalente a 2 (dois) meses do custo da folha de pagamento dos empregados da contratada que venham a participar da execução dos serviços contratados;
>
> b) A garantia, qualquer que seja a modalidade escolhida, assegurará o pagamento de:
>
> b.1. prejuízos advindos do não cumprimento do objeto do contrato;
>
> b.2. prejuízos diretos causados à Administração decorrentes de culpa ou dolo durante a execução do contrato;
>
> b.3. multas moratórias e punitivas aplicadas pela Administração à contratada; e
>
> b.4. obrigações trabalhistas e previdenciárias de qualquer natureza, não adimplidas pela contratada, quando couber.
>
> c) A modalidade seguro-garantia somente será aceita se contemplar todos os eventos indicados na alínea "b" do subitem 3.1 acima, observada a legislação que rege a matéria;
>
> d) A garantia em dinheiro deverá ser efetuada na Caixa Econômica Federal em conta específica com correção monetária, em favor do contratante;
>
> e) A inobservância do prazo fixado para apresentação da garantia acarretará a aplicação de multa de 0,07% (sete centésimos por cento) do valor do contrato por dia de atraso, observado o máximo de 2% (dois por cento);

f) O atraso superior a 25 (vinte e cinco) dias autoriza a Administração a promover a rescisão do contrato por descumprimento ou cumprimento irregular de suas cláusulas, conforme dispõem os incisos I e II do art. 78 da Lei nº 8.666, de 1993;

g) O garantidor não é parte para figurar em processo administrativo instaurado pelo contratante com o objetivo de apurar prejuízos e/ou aplicar sanções à contratada;

h) A garantia será considerada extinta:

h.1. com a devolução da apólice, carta-fiança ou autorização para o levantamento de importâncias depositadas em dinheiro a título de garantia, acompanhada de declaração da Administração, mediante termo circunstanciado, de que a contratada cumpriu todas as cláusulas do contrato; e

h.2. com o término da vigência do contrato, observado o prazo previsto no subitem 3.1 acima, que poderá, independentemente da sua natureza, ser estendido em caso de ocorrência de sinistro;

i) O contratante executará a garantia na forma prevista na legislação que rege a matéria;

j) Deverá haver previsão expressa no contrato e seus aditivos de que a garantia prevista no subitem 3.1 acima somente será liberada mediante a comprovação de que a empresa pagou todas as verbas rescisórias trabalhistas decorrentes da contratação, e que, caso esse pagamento não ocorra até o fim do segundo mês após o encerramento da vigência contratual, a garantia será utilizada para o pagamento dessas verbas trabalhistas, conforme estabelecido na alínea "c" do subitem 1.2 do Anexo VII-B, observada a legislação que rege a matéria;

k) Disposição prevendo que nas contratações de serviços continuados com fornecimento de mão de obra exclusiva, poderá ser estabelecido, como condição para as eventuais repactuações, que o contratado deverá complementar a garantia contratual anteriormente prestada, de modo que se mantenha a proporção de 5% (cinco por cento) em relação ao valor contratado.

A primeira novidade está na necessidade de estabelecimento de um prazo de vigência da garantia superior ao prazo de vigência contratual, em 90 dias. Como regra, esses prazos são iguais. No caso, no entanto, de contratos DEMO, há necessidade de, antes da devolução da garantia eventualmente não utilizada, a administração certificar-se da inexistência de encargos trabalhistas inadimplidos. Para tanto, é indispensável que se conceda ao executor da avença um prazo adequado para que ela promova a rescisão dos contratos dos empregados que não mais utilizará e a consequente quitação desses encargos. Qual a justificativa para o estabelecimento desse prazo de 90 dias? Isso pode ser entendido com a leitura das disposições do item 3.1.j. A empresa que executou o contrato terá o prazo de 60 dias para comprovar, perante a administração, que pagou todas as verbas rescisórias trabalhistas decorrentes daquela avença. Se não o fizer, a administração deverá providenciar a quitação, usando para isso a garantia retida. E se a empresa fizer a quitação diretamente, deverá apresentar os comprovantes para conferência da administração. Em qualquer das duas hipóteses, a administração terá o prazo de 30 dias para fazer diretamente a quitação ou para conferir os documentos apresentados. Quando tudo estiver quitado, a garantia deverá ser considerada extinta, nos termos do item 3.1.h, da instrução normativa.

Uma segunda condição específica para esses contratos pode ser encontrada nas disposições do art. 18 da IN:

> Art. 18. Para as contratações de que trata o art. 17, o procedimento sobre Gerenciamento de Riscos, conforme especificado nos arts. 25 e 26, obrigatoriamente contemplará o risco de descumprimento das obrigações trabalhistas, previdenciárias e com FGTS da contratada.
> §1º Para o tratamento dos riscos previstos no *caput*, poderão ser adotados os seguintes controles internos:
> I – Conta-Depósito Vinculada – bloqueada para movimentação, conforme disposto em Caderno de Logística, elaborado pela Secretaria de Gestão do Ministério do Planejamento, Desenvolvimento e Gestão; ou
> II – Pagamento pelo Fato Gerador, conforme disposto em Caderno de Logística, elaborado pela Secretaria de Gestão do Ministério do Planejamento, Desenvolvimento e Gestão.
> §2º A adoção de um dos critérios previstos nos incisos I e II do parágrafo anterior deverá ser justificada com base na avaliação da relação custo-benefício.
> §3º Só será admitida a adoção do Pagamento pelo Fato Gerador após a publicação do Caderno de Logística a que faz referência o inciso II do §1º deste artigo.
> §4º Os procedimentos de que tratam os incisos do §1º deste artigo estão disciplinados no item 1 do Anexo VII-B.

A alternativa da Conta-Depósito Vinculada não é nova. Já existia na antiga Instrução Normativa nº 2, de 2008-MPDG, que foi revogada e substituída pela atual IN nº 5, de 2017. Já a alternativa do Pagamento pelo Fato Gerador foi efetivamente uma novidade, cuja utilização ficou condicionada à disponibilização do respectivo Caderno de Logística, hoje já publicado.

O objetivo dessas duas alternativas é estabelecer uma garantia adicional em relação à responsabilidade subsidiária relativa aos encargos trabalhistas eventualmente inadimplidos, fazendo, dessa forma, uma gestão do risco existente. Especificamente, essa garantia adicional será estabelecida com a constituição de uma reserva financeira para ser utilizada, se necessário, no momento oportuno da execução contratual, quando constatada inadimplência do contratado.

A opção pela Conta-Depósito Vinculada tem sido mais utilizada pela administração pública federal, que está obrigada a utilizar uma das duas opções, muito embora tenhamos ciência de que muitos órgãos e entidades não vêm usando dessas garantias adicionais. Temos ouvido alegações no sentido de que a utilização dessas alternativas gera uma demanda de trabalho muito grande. Não concordamos com essas alegações. Não há a adição de tarefas muito complexas e nem tampouco em elevadas proporções que pudessem servir de base para as mesmas. O procedimento é, até mesmo, mais simples, valendo a pena adotá-lo, especialmente diante do risco de despesas muito elevadas para fazer face a possível inadimplemento do contratado quanto aos encargos trabalhistas.

A IN nº 5, de 2017, traz regras bem detalhadas a respeito. Em relação à Conta-Depósito Vinculada, temos o Anexo XII, que, para facilitar a análise, vamos transcrever a seguir:

1. As provisões realizadas pela Administração contratante para o pagamento dos encargos trabalhistas de que trata este Anexo, em relação à mão de obra das empresas contratadas para prestar serviços de forma contínua, por meio de dedicação exclusiva de mão de obra, serão destacadas do valor mensal do contrato e depositadas pela Administração em Conta-Depósito Vinculada – bloqueada para movimentação, aberta em nome do prestador de serviço.
2. O montante dos depósitos da Conta-Depósito Vinculada – bloqueada para movimentação será igual ao somatório dos valores das seguintes provisões:
a) 13º (décimo terceiro) salário;
b) férias e 1/3 (um terço) constitucional de férias;
c) multa sobre o FGTS e contribuição social para as rescisões sem justa causa; e
d) encargos sobre férias e 13º (décimo terceiro) salário.
3. A movimentação da Conta-Depósito Vinculada – bloqueada para movimentação dependerá de autorização do órgão ou entidade

contratante e será feita exclusivamente para o pagamento das obrigações previstas no item 2 acima.

4. O órgão ou entidade contratante deverá firmar Termo de Cooperação Técnica, conforme modelo do Anexo XII-A deste Anexo, com Instituição Financeira, cuja minuta constituir-se-á anexo do ato convocatório, o qual determinará os termos para a abertura da Conta-Depósito Vinculada – bloqueada para movimentação e as condições de sua movimentação.

4.1. O Termo de Cooperação Técnica poderá ser ajustado às peculiaridades dos serviços, objeto do Contrato Administrativo, e/ou aos procedimentos internos da Instituição Financeira, nos termos deste Anexo.

5. A assinatura do contrato de prestação de serviços entre o órgão ou entidade contratante e a empresa vencedora do certame será precedida dos seguintes atos5.1. Solicitação do órgão ou entidade contratante, mediante ofício, de abertura da Conta-Depósito Vinculada – bloqueada para movimentação, conforme disposto nos itens 1, 2 e 3 deste Anexo;

5.2. Assinatura, pela empresa a ser contratada, no ato da regularização da Conta-Depósito Vinculada – bloqueada para movimentação, de termo de autorização que permita ao órgão ou entidade contratante ter acesso aos saldos e aos extratos, e que vincule a movimentação dos valores depositados mediante autorização do órgão contratante, conforme o Anexo XII-A deste Anexo.

6. O saldo da Conta-Depósito Vinculada – bloqueada para movimentação será remunerado pelo índice de correção da poupança pro rata die, conforme definido no respectivo Termo de Cooperação Técnica.

6.1. Eventual alteração da forma de correção da poupança implicará a revisão do Termo de Cooperação Técnica.

7. Os valores referentes às provisões de encargos trabalhistas mencionados no item 2 acima, retidos por meio da Conta-Depósito Vinculada – bloqueada para movimentação, deixarão de compor o valor mensal a ser pago diretamente à empresa.

8. Os editais deverão conter expressamente as regras previstas neste Anexo e documento de autorização para a criação da Conta-Depósito Vinculada – bloqueada para movimentação, que deverá ser assinado pela contratada, nos termos dos subitens 1.2 a 1.6 do Anexo VII-B desta Instrução Normativa.

9. Os órgãos ou entidades da Administração Pública poderão negociar com a Instituição Financeira, caso haja cobrança de tarifas bancárias, a isenção ou redução das referidas tarifas para abertura e movimentação da Conta-Depósito Vinculada – bloqueada para movimentação.

10. Os editais deverão informar aos proponentes que, em caso de cobrança de tarifa bancária para operacionalização da Conta-Depósito Vinculada – bloqueada para movimentação, os recursos atinentes a essas despesas serão debitados dos valores depositados.

10.1. Os recursos atinentes à cobrança de tarifa bancária para operacionalização da Conta-Depósito Vinculada – bloqueada para movimentação poderão ser previstos na proposta da licitante.

10.2. Os editais deverão informar o valor total/global ou estimado das tarifas bancárias de modo que tal parcela possa constar da planilha de custos e formação de preços apresentada pelos proponentes.

11. A empresa contratada poderá solicitar a autorização do órgão ou entidade contratante para utilizar os valores da Conta-Depósito Vinculada – bloqueada para movimentação para o pagamento dos encargos trabalhistas previstos no item 2 deste Anexo ou de eventuais indenizações trabalhistas aos empregados, decorrentes de situações ocorridas durante a vigência do contrato.

1.1. Para a liberação dos recursos em Conta-Depósito Vinculada – bloqueada para movimentação para o pagamento dos encargos trabalhistas ou de eventuais indenizações trabalhistas aos empregados, decorrentes de situações ocorridas durante a vigência do contrato, a empresa deverá apresentar ao órgão ou entidade contratante os documentos comprobatórios da ocorrência das obrigações trabalhistas e seus respectivos prazos de vencimento.

11.2. Após a confirmação da ocorrência da situação que ensejou o pagamento dos encargos trabalhistas ou de eventual indenização trabalhista e a conferência dos cálculos, o órgão ou entidade contratante expedirá a autorização para a movimentação dos recursos creditados em Conta-Depósito Vinculada – bloqueada para movimentação e a encaminhará à Instituição Financeira no prazo máximo de 5 (cinco) dias úteis, a contar da data da apresentação dos documentos comprobatórios pela empresa.

11.3. A autorização de que trata o subitem 11.2 acima deverá especificar que a movimentação será exclusiva para o pagamento dos encargos trabalhistas ou de eventual indenização trabalhista aos trabalhadores favorecidos.

12. A empresa deverá apresentar ao órgão ou entidade contratante, no prazo máximo de 3 (três) dias úteis, contados da movimentação, o comprovante das transferências bancárias realizadas para a quitação das obrigações trabalhistas.

13. A Administração poderá utilizar como referência para fins de provisão dos encargos sociais e trabalhistas o modelo de planilha disponível no Portal de Compras do Governo Federal (Compras Governamentais), devendo adaptá-lo às especificidades dos serviços a ser contratados.

Vamos sintetizar os procedimentos. A Conta-Depósito Vinculada preocupa-se fundamentalmente com os seguintes encargos trabalhistas: 13º salário, férias legais, acrescidas do 1/3 constitucional e multa sobre FGTS e contribuição social sobre o aviso prévio indenizado ou trabalhado. Através desse procedimento, a administração fará uma reserva para fazer frente a esses encargos, que não ocorrem rotineiramente, mas, sim, em determinados momentos da execução da avença.

No início da execução da avença, a administração deverá firmar, com instituição financeira, Termo de Cooperação Técnica, para abertura da Conta-Depósito Vinculada, aberta em nome do contratado. A conta é dele, mas estará bloqueada para livre movimentação, que só poderá vir a ocorrer com expressa autorização da contratante. A IN nº 5/2017 traz, como sugestão, modelo do Termo de Cooperação.

A cada pagamento mensal, deverá a contratante fazer a retenção do valor correspondente a esses eventos, depositando esse valor na conta vinculada. Os percentuais a serem retidos são os seguintes, conforme previsão contida no Anexo XII da IN nº 5, de 2017, com os ajustes promovidos pela Lei nº 13.932, de 11 de dezembro de 2019, que extinguiu a multa sobre FGTS na despedida imotivada:

ITEM	PERCENTUAL		
13º salário	8,33%		
Férias e 1/3 Constitucional	12,10%		
Multa sobre FGTS e contribuição social sobre aviso prévio indenizado/trabalhado	4,00%		
Subtotal	24,43%		
Incidência do Submódulo 4.1 sobre férias, 1/3 Constitucional de férias e 13º salário *	7,39%	7,60%	7,82%
Total	31,82%	32,03%	32,25%

* Considerando as alíquotas de contribuição 1% (um por cento), 2% (dois por cento) ou 3% (três por cento), referentes ao grau de risco de acidente do trabalho, previstas no art. 22, inciso II, da Lei nº 8.212, de 24 de julho de 1991.

Desse modo, cerca de 33% do valor correspondente a essas despesas em cada fatura será retido pela administração e depositado na Conta-Depósito Vinculada, sendo o restante pago normalmente à contratada.

Ao longo da execução contratual, na medida em que esses eventos forem acontecendo, a contratada irá solicitar à administração autorização para movimentar o valor depositado na conta vinculada. No prazo definido na IN, a administração examinará a documentação apresentada e, aprovando-a, autorizará a contratada a movimentar a conta, devendo a mesma, em seguida, apresentar a comprovação do pagamento realizado, tudo nos prazos estabelecidos na regulamentação.

Ao final da execução contratual, o saldo porventura existente será liberado para a empresa contratada, após a quitação de todas as suas obrigações relativas àquele contrato.

Ao longo da execução, se a administração perceber a inadimplência do seu contratado em relação a algum desses eventos, providenciará diretamente a quitação, utilizando-se exatamente dos valores depositados. Trata-se, assim, de uma garantia adicional, especificamente orientada para a quitação de encargos trabalhistas, evitando, dessa maneira, a responsabilidade subsidiária disposta na Súmula nº 331.

O Pagamento pelo Fato Gerador adota procedimentos muito semelhantes, com duas diferenças básicas:

1. não existe a figura da Conta-Depósito Vinculada. Os valores correspondentes aos eventos, discriminados no quadro acima, ficarão em poder da administração pública contratante; e

2. ao final do contrato, em havendo valores previstos, mas, não utilizados, o valor correspondente aos mesmos ficará de posse da administração, não sendo liberado para o contratado, como no caso anterior. O pressuposto é que foi feita uma previsão para eventos que não ocorreram, daí porque não há direito a esses valores por parte do executor da avença.

A figura do Pagamento pelo Fato Gerador objetiva, assim, evitar que a administração pública contratante de serviços terceiros com dedicação exclusiva de mão de obra venha a despender recursos por conta de eventos previstos, mas que não se concretizam. Nesse sentido, na jurisprudência do Tribunal de Contas da União temos:

Quanto ao item 9.1.2, o ofício 64489/2016-MP menciona que uma das inovações da Instrução Normativa (peça 32, p. 5) se refere ao *"pagamento pelo fato gerador"* em alternativa à utilização da conta vinculada. Nesse mecanismo o objetivo é mitigar pagamentos dos custos que muitas vezes não ocorrem e que oneram em demasia os contratos de prestação de serviço em regime de dedicação exclusiva de mão de obra, a exemplo de valores para rescisão, ausências legais, bem como o auxílio maternidade e paternidade, dentre outros.[25]

Lembramos que as empresas estatais deverão fazer constar dos seus Regulamentos as regras relativas à Conta-Depósito Vinculada e ao Pagamento pelo Fato Gerador, se quiserem aplicar essas figuras em seus contratos DEMO, tendo em vista a inexistência de tais condições no ordenamento jurídico direcionado a elas, por ser a IN nº 5, de 2017, direcionada especificamente à administração federal direta, autárquica e fundacional.

Na nova Lei nº 14.133/2021, os contratos DEMO também mereceram disposições específicas, inclusive em relação à garantia a ser exigida, como podemos ver a seguir:

Art. 121. Somente o contratado será responsável pelos encargos trabalhistas, previdenciários, fiscais e comerciais resultantes da execução do contrato.

§1º A inadimplência do contratado em relação aos encargos trabalhistas, fiscais e comerciais não transferirá à Administração a responsabilidade pelo seu pagamento e não poderá onerar o objeto do contrato nem restringir a regularização e o uso das obras e das edificações, inclusive perante o registro de imóveis, ressalvada a hipótese prevista no §2º deste artigo.

§2º Exclusivamente nas contratações de serviços contínuos com regime de dedicação exclusiva de mão de obra, a Administração responderá solidariamente pelos encargos previdenciários e subsidiariamente pelos encargos trabalhistas se comprovada falha na fiscalização do cumprimento das obrigações do contratado.

§3º Nas contratações de serviços contínuos com regime de dedicação exclusiva de mão de obra, para assegurar o cumprimento de obrigações trabalhistas pelo contratado, a Administração, mediante disposição em edital ou em contrato, poderá, entre outras medidas:

I – exigir caução, fiança bancária ou contratação de seguro-garantia com cobertura para verbas rescisórias inadimplidas;

II – condicionar o pagamento à comprovação de quitação das obrigações trabalhistas vencidas relativas ao contrato;

III – efetuar o depósito de valores em conta vinculada;

---

[25] BRASIL. Tribunal de Contas da União. Acórdão nº 599/17-P. Disponível em: http://www.tcu.gov.br. Acesso em: 3 set. 2020.

IV – em caso de inadimplemento, efetuar diretamente o pagamento das verbas trabalhistas, que serão deduzidas do pagamento devido ao contratado;

V – estabelecer que os valores destinados a férias, a décimo terceiro salário, a ausências legais e a verbas rescisórias dos empregados do contratado que participarem da execução dos serviços contratados serão pagos pelo contratante ao contratado somente na ocorrência do fato gerador.

§4º Os valores depositados na conta vinculada a que se refere o inciso III do §3º deste artigo são absolutamente impenhoráveis.

§5º O recolhimento das contribuições previdenciárias observará o disposto no art. 31 da Lei nº 8.212, de 24 de julho de 1991.

A nova lei está disposta, portanto, no sentido do cumprimento da deliberação do STF, constante da redação atual do Enunciado de Súmula nº 331, do TST, ou seja, da responsabilização subsidiária da administração contratante em relação aos encargos trabalhistas. Lembremos, entretanto, que essa responsabilidade só será caracterizada se houver falha na fiscalização do cumprimento, pela contratada, de suas obrigações legais.

As condições passíveis de exigências são basicamente as mesmas que já existiam na Instrução Normativa nº 5, de 2017, que deixam de ser obrigatórias apenas para a administração federal, passando a se constituir em obrigações para quaisquer contratos DEMO com a administração pública, em todas as esferas de governo, inclusive em relação à conta vinculada e ao pagamento pelo fato gerador. Os valores depositados na conta vinculada passam a ser impenhoráveis para todos os efeitos, servindo exclusivamente como garantia do adimplemento de obrigações trabalhistas.

Em relação às contribuições previdenciárias, nada de novo foi acrescentado, permanecendo a responsabilidade solidária da administração, que, para bem gerenciar esse risco, deve agir como antes indicado.

CAPÍTULO 6

PENALIDADES CABÍVEIS

Dispõe o art. 55, inc. VII, da Lei nº 8.666, de 1993, que uma das cláusulas necessárias nos contratos administrativos é aquela que trata das penalidades que poderão ser aplicadas pela administração contratante ao particular contratado, pelas falhas que vier a cometer na execução de suas obrigações contratuais. Quais seriam essas penalidades?

Nessa norma legal, as penalidades passíveis de aplicação estão nos arts. 86 a 88:

Art. 86. O atraso injustificado na execução do contrato sujeitará o contratado à multa de mora, na forma prevista no instrumento convocatório ou no contrato.

§1º A multa a que alude este artigo não impede que a Administração rescinda unilateralmente o contrato e aplique as outras sanções previstas nesta Lei.

§2º A multa, aplicada após regular processo administrativo, será descontada da garantia do respectivo contratado.

§3º Se a multa for de valor superior ao valor da garantia prestada, além da perda desta, responderá o contratado pela sua diferença, a qual será descontada dos pagamentos eventualmente devidos pela Administração ou ainda, quando for o caso, cobrada judicialmente.

Art. 87. Pela inexecução total ou parcial do contrato a Administração poderá, garantida a prévia defesa, aplicar ao contratado as seguintes sanções:

I – advertência;

II – multa, na forma prevista no instrumento convocatório ou no contrato;

III – suspensão temporária de participação em licitação e impedimento de contratar com a Administração, por prazo não superior a 2 (dois) anos;

IV – declaração de inidoneidade para licitar ou contratar com a Administração Pública enquanto perdurarem os motivos determinantes da punição ou até que seja promovida a reabilitação perante a própria autoridade que aplicou a penalidade, que será concedida sempre que o contratado ressarcir a Administração pelos prejuízos resultantes e após decorrido o prazo da sanção aplicada com base no inciso anterior.

§1º Se a multa aplicada for superior ao valor da garantia prestada, além da perda desta, responderá o contratado pela sua diferença, que será descontada dos pagamentos eventualmente devidos pela Administração ou cobrada judicialmente.

§2º As sanções previstas nos incisos I, III e IV deste artigo poderão ser aplicadas juntamente com a do inciso II, facultada a defesa prévia do interessado, no respectivo processo, no prazo de 5 (cinco) dias úteis.

§3º A sanção estabelecida no inciso IV deste artigo é de competência exclusiva do Ministro de Estado, do Secretário Estadual ou Municipal, conforme o caso, facultada a defesa do interessado no respectivo processo, no prazo de 10 (dez) dias da abertura de vista, podendo a reabilitação ser requerida após 2 (dois) anos de sua aplicação.

Art. 88. As sanções previstas nos incisos III e IV do artigo anterior poderão também ser aplicadas às empresas ou aos profissionais que, em razão dos contratos regidos por esta Lei:

I – tenham sofrido condenação definitiva por praticarem, por meios dolosos, fraude fiscal no recolhimento de quaisquer tributos;

II – tenham praticado atos ilícitos visando a frustrar os objetivos da licitação;

III – demonstrem não possuir idoneidade para contratar com a Administração em virtude de atos ilícitos praticados.

O art. 87 relaciona, então, as penalidades previstas, que vão desde a mais branda, a advertência, até a mais gravosa, a declaração de inidoneidade. É oportuno lembrar que não existe uma ordem sequencial para aplicação de penas, o que depende, fundamentalmente, das condições do caso concreto, analisando-se a existência ou não de dolo, os prejuízos causados, a reparação a esses prejuízos etc.

De todas essas penalidades, a única que necessita de expressa previsão contratual para permitir sua aplicação é a de multa. Tanto o art. 86, como o art. 87 trazem a necessidade de expressa previsão no edital ou no termo de contrato, como condição para sua aplicação. Os demais tipos podem ser aplicados independentemente de previsão editalícia, fazendo-se, quando for o caso, com fundamento nas disposições da lei.

De toda sorte, a previsão no edital ou no termo de contrato traz um embasamento jurídico mais interessante para sua aplicação, pois tira a possibilidade de subjetividade por parte dos agentes envolvidos. Se já existe no instrumento convocatório uma regra objetiva para determinar a gravidade de ações cometidas ou omitidas pelo contratado, com a correspondente penalidade a ser aplicada, ficarão minimizadas as situações em que a administração poderá agir subjetivamente, aplicando ou deixando de aplicar a penalidade.

Para a penalidade de multa, não há escolha: ou ela está prevista no instrumento convocatório ou ela não poderá ser aplicada. Esta merece, então, uma análise mais aprofundada.

Em primeiro lugar, vale a lembrança da possibilidade de aplicação de dois tipos de multas: a multa moratória e a multa compensatória. A primeira, como a própria denominação deixa claro, é a penalidade cabível no caso de atraso na execução das obrigações contratuais por parte do contratado. A segunda, muitas vezes denominada de perdas e danos, será cabível no caso de inexecução total do objeto.

Observe-se que, mesmo se tratando, em tese, da mesma penalidade, a multa, as situações são distintas nos dois tipos. É isso que traz a permissão para previsão de sua aplicação, ao contrário do que defendem alguns doutrinadores, contrários a essa possibilidade, alegando, sempre, que teríamos aí a figura do *bis in idem*, ou seja, a repetição da sanção para um único fato. Efetivamente, ninguém pode ser punido duas vezes pelo mesmo fato. Mas aqui temos dois fatos distintos: a inexecução parcial e a inexecução total.

Vale lembrar que já tivemos essa situação sob análise do E. Superior Tribunal de Justiça. Em situação concreta, assim se manifestou o STJ:

> 14.– Já aí se percebe que existem essencialmente **dois tipos diferentes de cláusula penal**: aquela vinculada ao descumprimento (total) da obrigação, e aquela que incide na hipótese de mora (descumprimento parcial). A primeira é designada pela doutrina como **compensatória**, a segunda como **moratória**.[26] (destaques nossos)

Situação corriqueira é aquela em que o instrumento convocatório faz menção exclusivamente ao termo "multa", sem destacar os dois

---

[26] BRASIL. Superior Tribunal de Justiça. Resp nº 1.355.554-RJ (2012/0098185-2). Disponível em: http://www.stj.jus.br. Acesso em: 3 set. 2020.

tipos. Nesse caso, o pressuposto é que o edital está se referindo apenas à multa moratória, não havendo, então, a possibilidade de aplicação da multa compensatória. É indispensável, assim, que o edital discrimine a possibilidade de aplicação da multa moratória, com suas condições específicas, e da multa compensatória, também com suas especificidades.

Ainda relativamente à multa moratória, é indispensável que o instrumento convocatório esclareça objetivamente os percentuais a serem adotados. Nesse ponto, temos nova situação que gera polêmica no ordenamento jurídico brasileiro, gerada pela existência de duas disposições diferentes. De um lado, temos o Decreto nº 22.626, de 7 de abril de 1933, que chegou a ser revogado, sendo posteriormente revigorado, tudo no ano de 1991. Dispõe o decreto:

> Art. 9º. Não é válida a cláusula penal superior a importância de 10% do valor da dívida.

Tal condição impede o estabelecimento de multa superior a 10% do valor do contrato, na parte que nos interessa. Embora a intenção do decreto, conhecido como Lei de Usura, seja clara no sentido de evitar abusos na aplicação de multas, consideramos o percentual estabelecido como máximo como tendo um percentual reduzido. O TCU tem deliberação mandando aplicar essas disposições legais:

> 9.1.19. promova a pertinente adaptação da Cláusula Décima Segunda da minuta de contrato, vez que referido dispositivo prevê a possibilidade de cumulatividade de aplicação de penalidades pecuniárias por atraso na execução do objeto contratual as quais poderão importar em extrapolação do limite de 10 % previstos no Decreto nº 22.626, de 07/04/1933 (consoante entendimento exposto pelo TCU no TC – 016.487/2002-1 – Representação – Acórdão nº 145/2004 – Plenário);[27]

No ordenamento jurídico vigente, no entanto, encontramos disposição diferente. Assim dispõe o Código Civil brasileiro:

> Art. 412. O valor da cominação imposta na cláusula penal não pode exceder o da obrigação principal.

---

[27] BRASIL. Tribunal de Contas da União. Acórdão nº 597/08-P. Disponível em: http://www.tcu.gov.br. Acesso em: 3 set. 2020.

Neste caso, a lei dispõe que o valor da multa não pode ultrapassar o valor do contrato. Significa dizer que a multa poderá ser estabelecida em percentual correspondente até a 100% do valor da contratação. Sempre se alega ser esse percentual muito elevado. Concordamos, da mesma forma como anuímos que aquele estabelecido no Decreto nº 22.626, de 1933, é muito reduzido.

O Tribunal de Contas da União também possui deliberação acatando a utilização das disposições do Código Civil, no tocante ao percentual das multas. No Acórdão nº 5.736/2011-1ªC, apreciando representação contra o edital de uma licitação que estabelecia a possibilidade de aplicação do percentual de multas previsto no Código Civil, assim se manifestou o Relator, em seu voto aprovado pela Turma:

> Enfim, as penalidades estipuladas no item 8 do anexo 2 (minuta contratual) do edital estão em consonância com a Lei de Licitações e levam em conta não apenas o caráter preventivo das sanções, mas também a reprovabilidade, a gravidade e as consequências da infração cometida. Destaco que as penalidades, de uma forma geral, fazem menção ao PSPO-ECT, referência para todos os projetos e serviços relativos a software da empresa estatal. Para encerrar, consta do item 8.1.2.5 da minuta contratual que *"as multas de mora e demais multas são independentes entre si, podendo ser aplicadas isoladas ou cumulativamente, ficando, porém, o total das multas limitado ao valor global atualizado deste Instrumento"*, em harmonia com o art. 412 do Código Civil. Caso fatos imprevistos venham a ocorrer durante a execução do contrato, o item 15.1 estabelece o foro da Justiça Federal, Seção Judiciária do Distrito Federal, para dirimir quaisquer dúvidas oriundas da avença.[28]

Sempre se indaga qual das duas disposições legais deverá prevalecer nos editais das licitações da administração pública. É possível concluir que devem prevalecer as disposições do Decreto nº 22.626/1933, considerando tratar-se de lei especial, prevalecente em relação à lei geral quando houver contradição entre elas. De outra banda, é possível afirmar que devem prevalecer as disposições do Código Civil, por ser este mais recente que o decreto, e, assim, prevalecente.

---

[28] BRASIL. Tribunal de Contas da União. Acórdão nº 5.736/11-1ª C. Disponível em: http://www.tcu.gov.br. Acesso em: 3 set. 2020.

Preferimos deixar a critério do órgão jurídico da administração a definição da regra a ser adotada. Pessoalmente, consideramos que, como já afirmado, o decreto regulamentador estabeleceu um teto baixo, que pode ser até mesmo um incentivo ao descumprimento de obrigações. De outro lado, entendemos como válidas as críticas ao estabelecimento de um percentual muito elevado, que pode ser até o valor total da contratação. Um meio termo parece-nos mais adequado, adotando, assim, as regras do Código Civil, mas com a fixação de percentuais que não atinjam o limite máximo legal.

Essa análise precisa ser cuidadosa. Percentuais de multa muito elevados podem, sim, ser desconsiderados posteriormente por decisão judicial. Como exemplo, encontramos na jurisprudência do STJ a seguinte decisão:

> CONTRATO ADMINISTRATIVO. MULTA. MORA NA PRESTAÇÃO DOS SERVIÇOS. REDUÇÃO. INOCORRÊNCIA DE INVASÃO DE COMPETÊNCIA ADMINISTRATIVA PELO JUDICIÁRIO. INTERPRETAÇÃO FINALÍSTICA DA LEI. APLICAÇÃO SUPLETIVA DALEGISLAÇÃO CIVIL. PRINCÍPIO DA RAZOABILIDADE. 1. Na hermenêutica jurídica, o aplicador do direito deve se ater ao seu aspecto finalístico para saber o verdadeiro sentido e alcance da norma. 2. Os Atos Administrativos devem atender à sua finalidade, o que importa no dever de o Poder Judiciário estar sempre atento aos excessos da Administração, o que não implica em invasão de sua esfera de competência. **3. O art. 86, da Lei nº 8.666/93, impõe multa administrativa pela mora no adimplemento do serviço contratado por meio de certame licitatório, o que não autoriza sua fixação em percentual exorbitante que importe em locupletamento ilícito dos órgãos públicos.** 4. Possibilidade de aplicação supletiva das normas de direito privado aos contratos administrativos (art. 54, da Lei de Licitações). 5. Princípio da Razoabilidade. 6. Recurso improvido.[29] (os destaques são nossos)

Para ajudar a administração a se definir entre as duas disposições legais diferentes, trazemos à colação deliberação mais recente do TCU, novamente considerando que o limite máximo da multa seria aquele estabelecido na Lei de Usura:

> 9.4.2. a multa prevista no item 21.1.3 do Edital do Pregão Eletrônico 34/2020, por ter como base de cálculo o valor total estimado da

---

[29] BRASIL. Superior Tribunal de Justiça. Resp nº 330677-RT1 (2012/0098185-2). Disponível em: http://www.stj.jus.br. Acesso em: 3 set. 2020.

contratação e por vislumbrar-se que o preço final contratado será inferior ao montante estimado, em face das disputas de lances entre os licitantes, pode extrapolar o limite previsto no art. 9º do Decreto 22.626, de 7/4/1933, revigorado pelo Decreto sem número de 29/11/1991, consoante jurisprudência do TCU;[30]

Em relação às demais penalidades cabíveis, outra situação discutível encontra-se nas disposições do inc. III do art. 87 da Lei nº 8.666/1993, que trata da suspensão temporária de participação em licitação e o impedimento de ser contratado. Existe divergência na definição do âmbito de aplicação dessa penalidade.

Pessoalmente, consideramos tratar-se de uma situação pacífica, a ser esclarecida com a aplicação das próprias disposições legais. A lei fala que essa penalidade produz efeitos no âmbito da "administração". A dúvida levantada se relaciona exatamente à perfeita definição desse termo: seria exclusivamente o órgão/entidade que a está aplicando ou se estenderia a toda a administração pública? A própria Lei de Licitações, em seu art. 6º, que trata das definições, parece-nos deixar clara a distinção:

> Art. 6º Para os fins desta Lei, considera-se:
> (...)
> XI – Administração Pública – a administração direta e indireta da União, dos Estados, do Distrito Federal e dos Municípios, abrangendo inclusive as entidades com personalidade jurídica de direito privado sob controle do poder público e das fundações por ele instituídas ou mantidas;
> XII – Administração – órgão, entidade ou unidade administrativa pela qual a Administração Pública opera e atua concretamente;

"Administração pública" é o conjunto de órgãos, englobando, inclusive, a administração indireta, de todos os entes federativos. "Administração" é o órgão/entidade pelo qual a administração pública atua concretamente naquele determinado processo. Se a norma legal está se referindo ao termo "administração", parece-nos muito evidente que está limitando os efeitos da penalidade apenas ao órgão/entidade que a aplicou. Esse é o entendimento do TCU, mas não é o entendimento do STJ.

---

[30] BRASIL. Tribunal de Contas da União. Acórdão nº 2.274/20-P. Disponível em: http://www.tcu.gov.br. Acesso em: 15 set. 2020.

Após algum período de incerteza,[31] o TCU acabou se posicionando nesse mesmo sentido. Trazemos, como exemplo, a seguinte deliberação:

> 23. Ao tratar desse assunto, a jurisprudência do TCU dispõe que a sanção de suspensão temporária produz efeitos apenas em relação ao órgão ou entidade sancionador, entendimento exposto, por exemplo, nos Acórdãos 3.243/2012, 3.439/2012, 842/2013, 1.017/2013, 2.242/2013 e 504/2015, todos do Plenário, e nos Acórdãos 2.617/2010 e 3.858/2009, ambos da 2ª Câmara.[32]

Em sentido contrário se posiciona o STJ, como podemos ver a seguir:

> ADMINISTRATIVO. SUSPENSÃO DE PARTICIPAÇÃO EM LICITAÇÕES. MANDADO DE SEGURANÇA. ENTES OU ÓRGÃOS DIVERSOS. EXTENSÃO DA PUNIÇÃO PARA TODA A ADMINISTRAÇÃO.
> 1. A punição prevista no inciso III do art. 87 da Lei 8.666/1993 **não produz efeitos somente em relação ao órgão ou ente federado que determinou a punição**, mas a toda a Administração Pública, pois, caso contrário, permitir-se-ia que empresa suspensa contratasse novamente durante o período de suspensão, tirando desta a eficácia necessária.[33] (destacamos)

Em defesa dessa tese, o Relator, o saudoso Ministro Peçanha Martins, assim se posicionou, em excerto do seu voto:

> **É irrelevante a distinção entre os termos Administração Pública e Administração**, por isso que ambas as figuras (suspensão temporária de participar em licitação (inc. III) e declaração de inidoneidade (inc. IV) acarretam ao licitante a não-participação em licitações e contratações futuras. A Administração Pública é uma, sendo descentralizadas as suas funções, para melhor atender ao bem comum.

---

[31] Sugerimos a leitura dos Acórdãos nº 917/11-P, nº 2.218/11-2ªC, nº 3.757/11-1ªC e nº 902/12-P, para que o leitor veja como foi variando o entendimento do TCU sobre este tema, naquele período.

[32] BRASIL. Tribunal de Contas da União. Acórdão nº 1.806/15-P. Disponível em: http://www.tcu.gov.br. Acesso em: 15 set. 2020.

[33] BRASIL. Superior Tribunal de Justiça. Resp nº 151567-2ªTurma-RJ. Disponível em: http://www.stj.jus.br. Acesso em: 3 set. 2020.

A limitação dos efeitos da 'suspensão de participação de licitação' não pode ficar restrita a um órgão do poder público, pois os efeitos do desvio de conduta que inabilita o sujeito para contratar com a Administração se estendem a qualquer órgão da Administração Pública. (destacamos)

Com todo o imenso respeito que sempre mereceu o D. Ministro, dele discordamos neste caso concreto. A lei não contém palavras inúteis, daí por que não podemos concordar com a afirmação que de seria irrelevante a distinção entre os termos "administração pública" e "administração". A tese sobre a limitação aos efeitos da penalidade é relevante. Porém, não foi acolhida na lei, que, claramente, distinguiu os termos, fazendo-o, inclusive, em incisos distintos do art. 6º, como visto alhures. Nesse caso, ficamos ao lado do TCU, que, aliás, rotineiramente recomenda ao STJ que não inclua em seus editais de licitação a vedação à participação em suas licitações de empresas punidas por outros órgãos/entidades da administração pública com a penalidade prevista no art. 87, III, da Lei nº 8.666/1993, como vemos, por exemplo, a seguir:

2. Determinar ao Superior Tribunal de Justiça que, em observância ao princípio da legalidade, não mais inclua nos seus editais de licitação cláusula impeditiva de participação, no respectivo certame, de interessados eventualmente apenados por outro órgão ou entidade da Administração Pública (art. 6º, inciso XI, da Lei nº 8.666/93), com a sanção prevista no art. 87, inciso III, desse diploma legal, ou ainda que tenham tido seus contratos, firmados com os mencionados órgãos e entidades, rescindidos com fulcro nos incisos I a IV do art. 78 da referida Lei;[34]

Mais recentemente, o TCU voltou a deliberar a respeito dessa penalidade, mantendo seu entendimento:

8. Por fim, transcrevemos o entendimento jurisprudencial desta Corte, presente em sede do Acórdão 266/2019-TCU-Plenário (Min. Aroldo Cedraz):
9.3. dar ciência à Defensoria Pública da União, com fundamento no art. 7º da Resolução-TCU 265/2014, para que sejam adotadas medidas internas com vistas à prevenção de ocorrências semelhantes acerca da

---

[34] BRASIL. Tribunal de Contas da União. Decisão nº 352/98-P. Disponível em: http://www. tcu.gov.br. Acesso em: 3 set. 2020.

inabilitação, no Pregão Eletrônico 83/2018, da licitante Portal Turismo e Serviços EIRELI, em desconformidade com a legislação em vigor e o entendimento deste Tribunal (Acórdãos 3.243/2012, 3.439/2012, 2.242/2013, 3.645/2013, 504/2015 e 1.764/2017), no sentido de que a suspensão do direito de licitar prevista no inciso III do art. 87 da Lei 8.666/1993 produz efeitos apenas em relação ao órgão ou entidade contratante que aplicou a penalidade; (...).[35]

Para concluir essa análise, o inc. IV do art. 87 da Lei nº 8.666, de 1993, deixa claro que a penalidade de declaração de inidoneidade tem suas consequências espraiadas por toda a administração pública, diferenciando-a evidentemente da suspensão temporária prevista no inc. III. Talvez, por isso mesmo, a competência para aplicação é exclusiva de Ministro de Estado, Secretário Estadual ou Secretário Municipal.

Na Lei nº 10.520, de 2002, que instituiu o pregão como modalidade licitatória, temos uma nova penalidade, que guarda alguma semelhança com a suspensão temporária de participação e licitação e impedimento de contratar prevista na Lei nº 8.666/1933, mas com duas distinções bem marcantes e evidentes. Assim dispõe a Lei do Pregão:

> Art. 7º Quem, convocado dentro do prazo de validade da sua proposta, não celebrar o contrato, deixar de entregar ou apresentar documentação falsa exigida para o certame, ensejar o retardamento da execução de seu objeto, não mantiver a proposta, falhar ou fraudar na execução do contrato, comportar-se de modo inidôneo ou cometer fraude fiscal, ficará impedido de licitar e contratar com a União, Estados, Distrito Federal ou Municípios e, será descredenciado no Sicaf, ou nos sistemas de cadastramento de fornecedores a que se refere o inciso XIV do art. 4º desta Lei, pelo prazo de até 5 (cinco) anos, sem prejuízo das multas previstas em edital e no contrato e das demais cominações legais.

A par da péssima redação, que parece indicar a esdrúxula possibilidade de ser apenado o licitante que "deixar de entregar ou apresentar documentação falsa exigida para o certame", como

---

[35] BRASIL. Tribunal de Contas da União. Acórdão nº 1.757/20-P. Disponível em: http://www.tcu.gov.br. Acesso em: 15 set. 2020.

se fosse possível exigir a apresentação de documento falso e, ainda, punir quem não o apresentasse, destacamos duas mudanças significativas nessa penalidade de impedimento de licitar e contratar, em relação à mesma penalidade da Lei de Licitações:

1. o âmbito dos efeitos está claro: é o inteiro ente federativo que a aplicou, União, Estado, Distrito Federal ou Município. Se a penalidade, por exemplo, tiver sido aplicada por um órgão federal, quem recebeu a penalidade ficará impedido de participar de licitações e ser contratado apenas no âmbito da União. Mas de toda a União, e não apenas do órgão/entidade que a aplicou; e,

2. o prazo de duração dos efeitos pode ir até 5 anos, ao contrário do outro diploma legal, que limita os efeitos a 2 anos, no máximo.

Verifica-se que essa penalidade é mais grave do que aquela equivalente constante da Lei de Licitações. Mesmo entendimento já foi formalizado pelo TCU, como vemos a seguir:

> 8. No meu entender, a Lei 10.520/2002 criou mais uma sanção que pode integrar-se às previstas na Lei 8.666/1993. Se pode haver integração, não há antinomia. A meu ver, o impedimento de contratar e licitar com o ente federativo que promove o pregão e fiscaliza o contrato (art. 7º da Lei 10.520/2002) seria pena mais rígida que a mera suspensão temporária de participação em licitação e impedimento de contratar com um órgão da Administração (art. 87, inciso III, da Lei 8.666/1993) e mais branda que a declaração de inidoneidade para licitar ou contratar com toda a Administração Pública (art. 87, inciso IV, da Lei 8.666/1993).[36]

Aplicar penalidade não é um mero poder discricionário da administração pública. Muito além, é um poder-dever. Não há discricionariedade. Claro que será sempre necessário apurar a devida responsabilidade pela ocorrência que está sendo analisada, o que se faz através de um processo administrativo. Se o mesmo conduzir à conclusão de que o contratado não foi o culpado pelo erro, não há mais falar em penalidade. Mas, em

---

[36] BRASIL. Tribunal de Contas da União. Acórdão nº 2.530/15-P. Disponível em: http://www.tcu.gov.br. Acesso em: 3 set. 2020.

situação contrária, a única discricionariedade que persistirá será a definição do tipo de penalidade cabível naquele caso concreto, de acordo com as disposições do instrumento convocatório. Não se pode falar em dispensar a aplicação da pena na hipótese de culpa/dolo do contratado. Ao servidor público não é dado praticar ato de liberalidade, considerando que o interesse público é indisponível.

Temos visto algumas situações em que a autoridade competente, diante da apuração de responsabilidade do contratado, deixa de aplicar penalidade sob o argumento de que a falha não teria causado prejuízos à administração. Isso é o mesmo que declarar que a obrigação imposta no instrumento convocatório não era para valer, era uma brincadeira. Todas as vezes que uma obrigação deixa de ser cumprida, haverá prejuízo para o órgão/entidade contratante. Pode acontecer, inclusive, que alguém tenha deixado de apresentar a proposta mais vantajosa na licitação exatamente porque considerou a obrigação a ser cumprida, o que elevou seu custo.

O que se apura é a responsabilidade, quem deu causa ao descumprimento. Se foi o contratado, ele deverá ser punido, restando, então, definir qual a penalidade que será aplicada. Evidentemente, aí serão sopesados os prejuízos causados, podendo a penalidade variar da mais branda (advertência) até a mais pesada (declaração de inidoneidade). Assim, é obrigatória a instauração de processo para definir a responsabilidade e, se for o caso, a aplicação da pena. Nesse sentido:

> 9.5. determinar ao Ministério do Planejamento, Orçamento e Gestão, ao Departamento de Coordenação e Governança das Empresas Estatais, ao Conselho Nacional de Justiça, ao Conselho Nacional do Ministério Público, ao Senado Federal, à Câmara dos Deputados e ao Tribunal de Contas da União que:
>
> 9.5.1. orientem os gestores das áreas responsáveis por conduzir licitações, inclusive os dos órgãos sob seu controle de atuação administrativa e financeira, para que autuem processo administrativo com vistas à apenação das empresas que praticarem, injustificadamente, ato ilegal tipificado no art. 7º da Lei 10.520/2002 e alertem-nos de que tal dispositivo tem caráter abrangente e abarca condutas relacionadas não apenas à contratação em si, mas também ao procedimento licitatório e à execução da avença;
>
> 9.5.2. divulguem que estão sujeitos a sanções os responsáveis por licitações que não observarem a orientação do item 9.5.1 deste acórdão;

9.5.3. informem a este Tribunal, no prazo de 30 (trinta) dias a contar da ciência deste acórdão, as providências adotadas para cumprimento das determinações contidas nos itens 9.5.1 e 9.5.2;[37]

Para as empresas estatais, a Lei nº 13.303, de 2016, traz disposição semelhante àquela contida na Lei nº 8.666/1993:

> Art. 82. Os contratos devem conter cláusulas com sanções administrativas a serem aplicadas em decorrência de atraso injustificado na execução do contrato, sujeitando o contratado a multa de mora, na forma prevista no instrumento convocatório ou no contrato.
> §1º A multa a que alude este artigo não impede que a empresa pública ou a sociedade de economia mista rescinda o contrato e aplique as outras sanções previstas nesta Lei.
> §2º A multa, aplicada após regular processo administrativo, será descontada da garantia do respectivo contratado.
> §3º Se a multa for de valor superior ao valor da garantia prestada, além da perda desta, responderá o contratado pela sua diferença, a qual será descontada dos pagamentos eventualmente devidos pela empresa pública ou pela sociedade de economia mista ou, ainda, quando for o caso, cobrada judicialmente.
> Art. 83. Pela inexecução total ou parcial do contrato a empresa pública ou a sociedade de economia mista poderá, garantida a prévia defesa, aplicar ao contratado as seguintes sanções:
> I – advertência;
> II – multa, na forma prevista no instrumento convocatório ou no contrato;
> III – suspensão temporária de participação em licitação e impedimento de contratar com a entidade sancionadora, por prazo não superior a 2 (dois) anos.
> §1º Se a multa aplicada for superior ao valor da garantia prestada, além da perda desta, responderá o contratado pela sua diferença, que será descontada dos pagamentos eventualmente devidos pela empresa pública ou pela sociedade de economia mista ou cobrada judicialmente.
> §2º As sanções previstas nos incisos I e III do *caput* poderão ser aplicadas juntamente com a do inciso II, devendo a defesa prévia do interessado, no respectivo processo, ser apresentada no prazo de 10 (dez) dias úteis.
> Art. 84. As sanções previstas no inciso III do art. 83 poderão também ser aplicadas às empresas ou aos profissionais que, em razão dos contratos regidos por esta Lei:

---

[37] BRASIL. Tribunal de Contas da União. Decisão nº 754/15-P. Disponível em: http://www.tcu.gov.br. Acesso em: 3 set. 2020.

I – tenham sofrido condenação definitiva por praticarem, por meios dolosos, fraude fiscal no recolhimento de quaisquer tributos;

II – tenham praticado atos ilícitos visando a frustrar os objetivos da licitação;

III – demonstrem não possuir idoneidade para contratar com a empresa pública ou a sociedade de economia mista em virtude de atos ilícitos praticados.

Diferenças básicas:

1. não existe, para as estatais, a possibilidade de aplicação da penalidade de declaração de inidoneidade;

2. quanto à suspensão temporária de participação em licitação e impedimento de contratar, a Lei nº 13.303/2016 é bem clara e não deixa margem à discussão: a penalidade produz efeitos apenas junto à entidade sancionadora; e,

3. a norma legal faz remissão, expressamente, à possibilidade de punir também os profissionais, pessoas naturais, e as empresas, pessoas jurídicas, pela prática de atos ilícitos previstos no seu art. 84.

Com referência à penalidade de declaração de inidoneidade, a mesma abrange toda a administração pública, como vemos na Lei nº 8.666/1993. Desse modo, a pessoa física ou jurídica que vier a ser apenada com essa penalidade estará impedida de participar de licitações e ser contratada inclusive nas estatais.

Em relação ao item 2, acima, já existe entendimento pacificado na jurisprudência do TCU:

> 9.4.2. a interpretação dada ao art. 38, inciso II, da Lei 13.303/2016 está equivocada, uma vez que o impedimento de participar de licitações em razão desse dispositivo se refere tão somente a sanções aplicadas pela própria entidade, e não a sanções aplicadas por outra empresa pública ou sociedade de economia mista;[38]

Deve-se atentar, no entanto, para um ponto fundamental. A penalidade prevista no art. 7º da Lei nº 10.520, de 2002, como já visto acima, abrange todo o ente federativo do órgão/entidade que

---

[38] BRASIL. Tribunal de Contas da União. Decisão nº 269/19-P. Disponível em: http://www. tcu.gov.br. Acesso em: 3 set. 2020.

a aplicou. Em assim sendo, abrange também, por certo, as empresas estatais desse ente federativo, mesmo que a estas se aplique, fundamentalmente, as disposições de lei específica, a Lei nº 13.303, de 2016. Por exemplo, quando a lei do pregão fala em impedimento de participar de licitações e contratar com a União, está abrangendo toda a administração pública federal, direta e indireta, incluindo as estatais. Esse tema já foi objeto de apreciação por parte do TCU, que se manifestou nesse sentido:

28. Em primeiro lugar, esclareço que, consoante exposto por mim no voto condutor do Acórdão 1.003/2015-Plenário:
"A sanção de impedimento para licitar e contratar prevista art. 87, III, da Lei 8.666/1993 produz efeitos apenas em relação ao órgão ou entidade sancionador, enquanto que aquela prevista no art. 7º da Lei 10.520/2002 produz efeitos apenas no âmbito interno do ente federativo que a aplicar."
29. Depreende-se que, no caso vertente, em que um hospital ligado ao Comando do Exército aplicou a sanção de impedimento de licitar e contratar pautada no art. 7º da Lei 10.520/2002, os efeitos dessa pena se espraiam por toda a esfera da União, incluindo as empresas estatais.
30. Acrescento que esse entendimento encontra respaldo na jurisprudência desta Corte, como se observa, por exemplo, nos Acórdãos 2.081/2014-Plenário, relatado pelo Ministro-Substituto Augusto Sherman Cavalcanti, e 269/2019-Plenário, relatado pelo Ministro Bruno Dantas.
31. Por oportuno, lembro que, consoante exposto pelo Ministro-Substituto Augusto Sherman Cavalcanti, no voto condutor do Acórdão 2.530/2015-Plenário:
"O impedimento de contratar e licitar com o ente federativo que promove o pregão e fiscaliza o contrato (art. 7º da Lei 10.520/2002) é pena mais rígida do que a suspensão temporária de participação em licitação e o impedimento de contratar com um órgão da Administração (art. 87, inciso III, da Lei 8.666/1993) e mais branda do que a declaração de inidoneidade para licitar ou contratar com toda a Administração Pública (art. 87, inciso IV, da Lei 8.666/1993)."
32. Até por conta de sua maior gravidade, a pena prevista na Lei do Pregão possui uma abrangência maior que aquela estabelecida na Lei 8.666/1993.
33. Cabe agora analisar se essa sanção produz efeitos em relação às empresas estatais. O art. 38 da Lei 13.303/2016 estabelece que:
"Art. 38. Estará impedida de participar de licitações e de ser contratada pela empresa pública ou sociedade de economia mista a empresa:
(...)
II – suspensa pela empresa pública ou sociedade de economia mista;
III – declarada inidônea pela União, por Estado, pelo Distrito Federal ou pela unidade federativa a que está vinculada a empresa pública ou sociedade de economia mista, enquanto perdurarem os efeitos da sanção;

IV – constituída por sócio de empresa que estiver suspensa, impedida ou declarada inidônea;
V – cujo administrador seja sócio de empresa suspensa, impedida ou declarada inidônea;
VI – constituída por sócio que tenha sido sócio ou administrador de empresa suspensa, impedida ou declarada inidônea, no período dos fatos que deram ensejo à sanção;
VII – cujo administrador tenha sido sócio ou administrador de empresa suspensa, impedida ou declarada inidônea, no período dos fatos que deram ensejo à sanção;"

34. Observa-se que os incisos IV a VII do artigo acima citado fazem expressa menção à pena de impedimento, que corresponde àquela prevista na Lei do Pregão. Por conseguinte, entendo que sobre a empresa que for impedida de licitar e contratar com órgãos e entidades da esfera de governo da estatal promotora da licitação incidirão, obrigatoriamente, as vedações estabelecidas no referido dispositivo da Lei das Estatais.

A nova Lei de Licitações e Contratos, a Lei nº 14.133/2021, também considera cláusula necessária nos contratos administrativos, entre outras, o estabelecimento das penalidades que podem ser aplicadas no curso de sua execução:

Art. 92. São necessárias em todo contrato cláusulas que estabeleçam:
(...)
XIV – os direitos e as responsabilidades das partes, as penalidades cabíveis e os valores das multas e suas bases de cálculo;

Os motivos ensejadores da abertura de processo para, se for o caso, aplicação de penalidades administrativas são os seguintes na nova lei:

Art. 155. O licitante ou o contratado será responsabilizado administrativamente pelas seguintes infrações:
I – dar causa à inexecução parcial do contrato;
II – dar causa à inexecução parcial do contrato que cause grave dano a Administração, ao funcionamento dos serviços públicos ou ao interesse coletivo;
III – dar causa à inexecução total do contrato;
IV – deixar de entregar a documentação exigida para o certame;
V – não manter a proposta, salvo em decorrência de fato superveniente devidamente justificado;
VI – não celebrar o contrato ou não entregar a documentação exigida para a contratação, quando convocado dentro do prazo de validade de sua proposta;

CAPÍTULO 6
PENALIDADES CABÍVEIS | 133

VII – ensejar o retardamento da execução ou da entrega do objeto da licitação sem motivo justificado;
VIII – apresentar declaração ou documentação falsa exigida para o certame ou prestar declaração falsa durante a licitação ou a execução do contrato;
IX – fraudar a licitação ou praticar ato fraudulento na execução do contrato;
X – comportar-se de modo inidôneo ou cometer fraude de qualquer natureza;
XI – praticar atos ilícitos com vistas a frustrar os objetivos da licitação;
XII – praticar ato lesivo previsto no art. 5º da Lei nº 12.846, de 1º de agosto de 2013.

O art. 155 relaciona situações relativas ao procedimento licitatório e à execução contratual. A norma legal citada expressamente no inc. XII trata da responsabilização administrativa e civil de pessoas jurídicas pela prática de atos contra a administração pública nacional ou estrangeira. Particularmente, o art. 5º da lei assim dispõe:

Art. 5º Constituem atos lesivos à administração pública, nacional ou estrangeira, para os fins desta Lei, todos aqueles praticados pelas pessoas jurídicas mencionadas no parágrafo único do art. 1º, que atentem contra o patrimônio público nacional ou estrangeiro, contra princípios da administração pública ou contra os compromissos internacionais assumidos pelo Brasil, assim definidos:
I – prometer, oferecer ou dar, direta ou indiretamente, vantagem indevida a agente público, ou a terceira pessoa a ele relacionada;
II – comprovadamente, financiar, custear, patrocinar ou de qualquer modo subvencionar a prática dos atos ilícitos previstos nesta Lei;
III – comprovadamente, utilizar-se de interposta pessoa física ou jurídica para ocultar ou dissimular seus reais interesses ou a identidade dos beneficiários dos atos praticados;
IV – no tocante a licitações e contratos:
a) frustrar ou fraudar, mediante ajuste, combinação ou qualquer outro expediente, o caráter competitivo de procedimento licitatório público;
b) impedir, perturbar ou fraudar a realização de qualquer ato de procedimento licitatório público;
c) afastar ou procurar afastar licitante, por meio de fraude ou oferecimento de vantagem de qualquer tipo;
d) fraudar licitação pública ou contrato dela decorrente;
e) criar, de modo fraudulento ou irregular, pessoa jurídica para participar de licitação pública ou celebrar contrato administrativo;
f) obter vantagem ou benefício indevido, de modo fraudulento, de modificações ou prorrogações de contratos celebrados com a

administração pública, sem autorização em lei, no ato convocatório da licitação pública ou nos respectivos instrumentos contratuais; ou

g) manipular ou fraudar o equilíbrio econômico-financeiro dos contratos celebrados com a administração pública;

V – dificultar atividade de investigação ou fiscalização de órgãos, entidades ou agentes públicos, ou intervir em sua atuação, inclusive no âmbito das agências reguladoras e dos órgãos de fiscalização do sistema financeiro nacional.

§1º Considera-se administração pública estrangeira os órgãos e entidades estatais ou representações diplomáticas de país estrangeiro, de qualquer nível ou esfera de governo, bem como as pessoas jurídicas controladas, direta ou indiretamente, pelo poder público de país estrangeiro.

§2º Para os efeitos desta Lei, equiparam-se à administração pública estrangeira as organizações públicas internacionais.

§3º Considera-se agente público estrangeiro, para os fins desta Lei, quem, ainda que transitoriamente ou sem remuneração, exerça cargo, emprego ou função pública em órgãos, entidades estatais ou em representações diplomáticas de país estrangeiro, assim como em pessoas jurídicas controladas, direta ou indiretamente, pelo poder público de país estrangeiro ou em organizações públicas internacionais.

Em relação aos tipos de penalidades que podem ser aplicadas, a nova norma não chega a inovar. O faz, entretanto, em relação à regulamentação para aplicação, deixando bem claras as consequências que cada um deles trará para o apenado. Assim dispõe o texto legal:

Art. 156. Serão aplicadas ao responsável pelas infrações administrativas previstas nesta Lei as seguintes sanções:

I – advertência;

II – multa;

III – impedimento de licitar e contratar;

IV – declaração de inidoneidade para licitar ou contratar.

§1º Na aplicação das sanções serão considerados:

I – a natureza e a gravidade da infração cometida;

II – as peculiaridades do caso concreto;

III – as circunstâncias agravantes ou atenuantes;

IV – os danos que dela provierem para a Administração Pública;

V – a implantação ou aperfeiçoamento de programa de integridade, conforme normas e orientações dos órgãos de controle.

§2º A sanção prevista no inciso I do *caput* deste artigo será aplicada exclusivamente pela infração administrativa prevista no inciso I do *caput* do art. 155 desta Lei, quando não se justificar a imposição de penalidade considerada mais grave.

§3º A sanção prevista no inciso II do *caput* deste artigo, calculada na forma do edital ou do contrato, não poderá ser inferior a 0,5% (cinco décimos por cento) nem superior a 30% (trinta por cento) do valor do contrato licitado ou celebrado com contratação direta e será aplicada ao responsável por qualquer das infrações administrativas previstas no art. 155 desta Lei.

§4º A sanção prevista no inciso III do *caput* deste artigo será aplicada ao responsável pelas infrações administrativas previstas nos incisos II, III, IV, V, VI e VII do *caput* do art. 155 desta Lei, quando não se justificar a imposição de penalidade mais grave, impedido o responsável de licitar ou contratar no âmbito da Administração Pública direta e indireta do ente federativo que tiver aplicado a sanção, pelo prazo máximo de 3 (três) anos.

§5º A sanção prevista no inciso IV do *caput* deste artigo será aplicada ao responsável pelas infrações administrativas previstas nos incisos VIII, IX, X, XI e XII do *caput* do art. 155 desta Lei, bem como pelas infrações administrativas previstas nos incisos II, III, IV, V, VI e VII do *caput* do referido artigo que justifiquem a imposição de penalidade mais grave, impedido o responsável de licitar ou contratar no âmbito da Administração Pública direta e indireta de todos os entes federativos, pelo prazo mínimo de 3 (três) anos e máximo de 6 (seis) anos.

§6º A sanção estabelecida no inciso IV do *caput* deste artigo será precedida de análise jurídica e observará as seguintes regras:

I – quando aplicada por órgão do Poder Executivo, será de competência exclusiva de ministro de Estado, de secretário estadual ou de secretário municipal e, quando aplicada por autarquia ou fundação, será de competência exclusiva da autoridade máxima da entidade;

II – quando aplicada por órgãos dos Poderes Legislativo e Judiciário, pelo Ministério Público e pela Defensoria Pública no desempenho da função administrativa, será de competência exclusiva de autoridade de nível hierárquico equivalente às autoridades referidas no inciso I deste parágrafo, na forma de regulamento.

§7º As sanções previstas nos incisos I, III e IV do *caput* deste artigo poderão ser aplicadas cumulativamente com a prevista no inciso II do *caput* deste artigo.

§8º Se a multa aplicada e as indenizações cabíveis forem superiores ao valor de pagamento eventualmente devido pela Administração ao contratado, além da perda desse valor, a diferença será descontada da garantia prestada ou será cobrada judicialmente.

§9º A aplicação das sanções previstas no *caput* deste artigo não exclui, em hipótese alguma, a obrigação de reparação integral do dano causado à Administração Publica.

Podemos resumir as penalidades previstas na nova norma, com os motivos para aplicação e suas consequências, no quadro a seguir:

Penalidades		
Tipo	**Causa p/aplicação**	**Consequências**
Advertência	Inexecução parcial do contrato, quando não justificada a imposição de penalidade mais grave	Fica o apenado advertido da falha cometida, que poderá ensejar a aplicação de penalidade mais grave
Multa *	Qualquer infração prevista no art. 155	Será descontada dos pagamentos devidos, e, se necessário, da garantia prestada. Não havendo saldo, será cobrada judicialmente
Impedimento de licitar e contratar	Art. 155, incisos II, III, IV, V, VI e VII	Impedimento do direito de participar de licitações e ser contratado pela administração pública direta e indireta do ente federativo que a tiver aplicado, pelo prazo máximo de 3 anos
Declaração de inidoneidade	1) Art. 155, incisos VIII, IX, X, XI e XII 2) Art. 155, incisos II, III, IV, V, VI e VII, desde que haja motivo que justifique a imposição de penalidade mais grave que o impedimento de licitar e contratar	Impedimento do direito de participar de licitações e ser contratado pela administração pública direta e indireta e todos os entes federativos, pelo prazo mínimo de 3 e máximo de 6 anos

* A multa a ser aplicada deverá estar obrigatoriamente prevista no instrumento convocatório. Não poderá ser inferior a 0,5% e nem superior a 30% do valor do contrato

Em capítulo posterior, trataremos do passo a passo a ser adotado nos processos que podem gerar aplicação de penalidades aos contratados.

CAPÍTULO 7

CLÁUSULAS NECESSÁRIAS GERAIS

Consideramos gerais as cláusulas que não mereceram, até aqui, uma análise em capítulo próprio desta obra. Assim o fizemos por entender que elas devem ser estudadas conjuntamente com ações específicas de fiscalização, que serão vistas adiante.

De qualquer modo, alguns comentários específicos merecem ser feitos neste momento, até para fixar o entendimento que adotamos.

É importante, nesse sentido, a cláusula que torna obrigatória a manutenção, pelo contratado, durante toda a execução da avença, das condições de habilitação e qualificação que lhe foram exigidas no certame licitatório e que ele demonstrou possuir, tanto que foi habilitado na licitação. Tal condição está expressa, também, na Lei nº 13.303, de 2016, em seu art. 69, inc. IX.

Algumas dessas condições, especialmente de regularidade fiscal e trabalhista, são comprovadas através de certidões emitidas pelos órgãos responsáveis. Essas certidões possuem um determinado prazo de validade, prazo esse que pode vir a ser alcançado no curso da execução contratual. Se assim for, obriga-se o contratado a apresentar, perante a administração, a nova certidão, que vai substituir aquela cujo prazo de validade expirou.

Em existindo sistemas cadastrais, a exemplo do SICAF federal, basta ao contratado fazer a regularização no próprio sistema, que servirá não só para demonstração do cumprimento das obrigações contratuais, como também para subsidiar a necessidade de documentação em futuras licitações.

A não regularização implicará descumprimento de obrigação contratual, podendo dar ensejo à rescisão do contrato e aplicação de penalidades. Mas não poderá obstar o pagamento por serviços já executados, como veremos adiante, no momento oportuno.

A exigência de manutenção das condições de habilitação e de qualificação foi mantida na Lei nº 14.133/2021, como se vê no art. 92, inc. XVI. Em relação ao registro cadastral, o tema mereceu uma Seção específica na nova lei. Estamos falando da Seção VI do Capítulo X da lei, que considera o registro cadastral como um dos procedimentos auxiliares das licitações e das contratações.

Em relação à qualificação técnica, o contratado obriga-se a manter, durante a execução, os profissionais que foram relacionados na licitação, cuja formação e expertise foram analisadas naquele momento. Sempre existirá, no entanto, a possibilidade da necessidade de substituir algum ou alguns desses profissionais, por fatores externos ao contrato. Nesse caso, cabe ao contratado propor a substituição por outros profissionais que possuam, no mínimo, a mesma qualificação, submetendo essa proposta à aprovação da administração. Essa condição está prevista na Lei nº 8.666/1993, em seu art. 30:

> Art. 30. A documentação relativa à qualificação técnica limitar-se-á a:
> (...)
> §10. Os profissionais indicados pelo licitante para fins de comprovação da capacitação técnico-operacional de que trata o inciso I do §1º deste artigo deverão participar da obra ou serviço objeto da licitação, admitindo-se a substituição por profissionais de experiência equivalente ou superior, desde que aprovada pela administração.[39]

No caso de contratação por dispensa ou inexigibilidade de licitação, a Lei nº 8.666/1993 traz disposição diferente, não permitindo a substituição do profissional:

> Art. 13. Para os fins desta Lei, consideram-se serviços técnicos profissionais especializados os trabalhos relativos a:
> (...)
> §3º A empresa de prestação de serviços técnicos especializados que apresente relação de integrantes de seu corpo técnico em

---

[39] Esse parágrafo foi incluído pela Lei nª 8.883, de 08.06.1994. Muito embora o texto legal fale em "capacitação técnico-operacional", quer se referir, objetivamente, à qualificação técnica-profissional. Isso fica claro quando verificamos que o parágrafo faz remissão ao inciso I do §1º do art. 30, que trata exatamente da capacitação PROFISSIONAL.

procedimento licitatório ou como elemento de justificação de dispensa ou inexigibilidade de licitação, ficará obrigada a garantir que os referidos integrantes realizem pessoal e diretamente os serviços objeto do contrato.

A respeito desse assunto, encontramos na jurisprudência do TCU dois acórdãos bem elucidativos. O primeiro tratando da possibilidade de substituição dos profissionais indicados:

> 13. Preliminarmente, também não vejo nenhuma desconformidade entre a proposta ofertada pela representante no certame ora analisado e o disposto no art. 30, §10, da Lei 8.666/1993, que também é aplicável ao RDC. Segundo o mencionado dispositivo, os profissionais indicados pelo licitante para fins de comprovação de qualificação técnica deverão participar da obra ou serviço objeto da licitação, admitindo-se a substituição por profissionais de experiência equivalente ou superior, desde que aprovada pela administração. Tal dispositivo não veda a participação de um mesmo profissional em mais de uma parcela do objeto, mas vincula que o engenheiro apresentado na documentação da licitante preste pessoalmente os serviços avençados.[40]

O segundo tratando da impossibilidade quando a contratação é feita com base em dispensabilidade ou inexigibilidade de licitação:

> 40. Cumpre assinalar ser indevida, a nosso ver, a analogia defendida pelo responsável ao contido no art. 30, §10, da Lei nº 8.666/1993, pois ali se trata de processo de habilitação quando há processo licitatório, e aqui estamos tratando de contratação sem licitação, com fundamento na inexigibilidade – art. 25, II c/c art. 13, V, da Lei nº 8.666/1993 (fls. 31 do Vol. Principal)."[41]

Na nova lei também existe a possibilidade de substituição dos profissionais indicados pela licitante:

> Art. 67. A documentação relativa à qualificação técnico-profissional e técnico-operacional será restrita a:
> (...)
> §6º Os profissionais indicados pelo licitante na forma dos incisos I e III do *caput* deste artigo deverão participar da obra ou serviço objeto

---

[40] BRASIL. Tribunal de Contas da União. Decisão nº 916/20-P. Disponível em: http://www. tcu.gov.br. Acesso em: 3 set. 2020.

[41] BRASIL. Tribunal de Contas da União. Acórdão nº 10.407/11-1ªC. Disponível em: http:// www.tcu.gov.br. Acesso em: 3 set. 2020.

da licitação, e será admitida a sua substituição por profissionais de experiência equivalente ou superior, desde que aprovada pela Administração.

As demais condições gerais serão abordadas mais adiante, quando cabível.

CAPÍTULO 8

DESIGNAÇÃO DA EQUIPE DE FISCALIZAÇÃO

Sem exceção, todo contrato administrativo deve ter sua execução fiscalizada pela administração pública. Afinal, existem sempre múltiplas regras a serem cumpridas, ora por determinação do instrumento convocatório, do qual a minuta do termo de contrato é parte obrigatoriamente integrante, ora por determinações constantes do ordenamento jurídico brasileiro, através de normas legais competentes. Essa é uma condição inafastável e muito importante, na medida em que, sem a atuação da fiscalização, sempre existirá o risco de descumprimento não atestado, o que, por certo, colocaria em risco o interesse público primário, sempre presente nas avenças das quais participa a administração pública.

Essa obrigatoriedade está presente, expressamente, na Lei nº 8.666/1993, que dispõe sobre os contratos administrativos, *verbis*:

> Art. 67. A execução do contrato deverá ser acompanhada e fiscalizada por um representante da Administração especialmente designado, permitida a contratação de terceiros para assisti-lo e subsidiá-lo de informações pertinentes a essa atribuição.

Para as estatais, tal condição está subjacente na Lei nº 13.303/2016, nos arts. 76 e 77. Só será possível à estatal contratante a comprovação de descumprimento de obrigação se estiver fiscalizando a execução. O detalhamento de sua atuação virá no regulamento interno.

Na nova Lei de Licitações, a obrigatoriedade da fiscalização consta expressamente do art. 117, *verbis*:

> Art. 117. A execução do contrato deverá ser acompanhada e fiscalizada por 1 (um) ou mais fiscais do contrato, representantes da Administração especialmente designados conforme requisitos estabelecidos no art. 7º desta Lei, ou pelos respectivos substitutos, permitida a contratação de terceiros para assisti-los e subsidiá-los com informações pertinentes a essa atribuição.

A melhor interpretação do art. 67 da Lei nº 8.666/1993 e do art. 117 da Lei nº 14.133/2021 indica que a fiscalização é efetivamente indispensável. Trata-se de um poder-dever da administração e não simplesmente de um poder discricionário. A discricionariedade está na possibilidade da contratação de terceiros para assistir a fiscalização, subsidiando-a de informações pertinentes.

O terceiro pode ser contratado para assistir a fiscalização da administração, mas não para fiscalizar. Esta é atividade específica da administração, devendo ser exercida por servidores públicos. No caso das estatais, por empregados públicos. Não é assunto pacífico, pois vemos, muitas vezes, o exercício da fiscalização por terceirizados, o que nos parece não ter permissão legal, até por se tratar de tarefa que defende o interesse da administração. Nesse sentido:

> 3.3 Da terceirização de atividades finalísticas ou críticas permanentes e temporárias:
>
> 3.3.1 A análise daqui por diante seguirá o seguinte roteiro: primeiramente apresentamos o substrato legal e fático que veda a terceirização de atividades finalísticas e críticas, como definido no parágrafo 2.2.8 desta instrução, sejam permanentes ou temporárias. Na etapa seguinte, relataremos os achados que violam esses preceitos nos diversos contratos analisados e entrevistas realizadas. Descreveremos outras irregularidades e falhas encontradas. Por fim, traçaremos as causas dessa terceirização irregular no DNIT e indicaremos possíveis soluções e responsabilizações.
>
> 3.3.2 Vários são os normativos que vedam a terceirização de atividades finalísticas ou críticas nos órgãos públicos e prescrevem a realização de concurso público, no caso de atividades permanentes, ou de processo simplificado, quando se tratarem de atividades temporárias. O primeiro é a Constituição Federal, no art. 37, inciso II:
>
> *Art. 37 A administração pública direta e indireta de qualquer dos Poderes da União, dos Estados, do Distrito Federal e dos Municípios obedecerá aos*

princípios de legalidade, impessoalidade, moralidade, publicidade e eficiência e, também, ao seguinte:
[...]
II – a investidura em cargo ou emprego público depende de aprovação prévia em concurso público de provas ou de provas e títulos, de acordo com a natureza e a complexidade do cargo ou emprego, na forma prevista em lei, ressalvadas as nomeações para cargo em comissão declarado em lei de livre nomeação e exoneração;

3.3.3 A Lei 8.112/90 descreve com acuidade as atribuições dos cargos públicos permanentes e estabelece a necessidade de aprovação em concurso público para seu preenchimento:

Art. 2º Para os efeitos desta Lei, servidor é a pessoa legalmente investida em cargo público.

Art. 3º Cargo público é o conjunto de atribuições e responsabilidades previstas na estrutura organizacional que devem ser cometidas a um servidor.

Parágrafo único. Os cargos públicos, acessíveis a todos os brasileiros, são criados por lei, com denominação própria e vencimento pago pelos cofres públicos, para provimento em caráter efetivo ou em comissão.
[...]
Art. 9º A nomeação far-se-á:
I – em caráter efetivo, quando se tratar de cargo isolado de provimento efetivo ou de carreira;
[...]
Art. 10. A nomeação para cargo de carreira ou cargo isolado de provimento efetivo depende de prévia habilitação em concurso público de provas ou de provas e títulos, obedecidos a ordem de classificação e o prazo de sua validade.

3.3.4 Em caso de aumento temporário dos trabalhos, a contratação deve ocorrer mediante processo seletivo simplificado, conforme estabelece a Lei 8.745/93:

Art. 1º Para atender a necessidade temporária de excepcional interesse público, os órgãos da Administração Federal direta, as autarquias e as fundações públicas poderão efetuar contratação de pessoal por tempo determinado, nas condições e prazos previstos nesta Lei.

Art. 2º Considera-se necessidade temporária de excepcional interesse público:
[...]
i) técnicas especializadas necessárias à implantação de órgãos ou entidades ou de novas atribuições definidas para organizações existentes ou as decorrentes de aumento transitório no volume de trabalho que não possam ser atendidas mediante a aplicação do art. 74 da Lei no 8.112, de 11 de dezembro de 1990;

Art. 3º O recrutamento do pessoal a ser contratado, nos termos desta Lei, será feito mediante processo seletivo simplificado sujeito a ampla divulgação, inclusive através do Diário Oficial da União, prescindindo de concurso público.
[...]
§3º As contratações de pessoal no caso das alíneas h e i do inciso VI do art. 2º desta Lei serão feitas mediante processo seletivo simplificado, observados os critérios e condições estabelecidos pelo Poder Executivo.

(...)

3.3.11 Mas somente servidores do quadro do DNIT podem: exercer o poder normativo relativo à utilização da infraestrutura de transporte aquaviário, rodoviário e ferroviário; estabelecer normas, padrões e especificações técnicas para programas de segurança operacional, sinalização, manutenção, conservação, restauração, reposição de vias, terminais e instalações e elaboração de projetos; declarar a utilidade pública de bens e propriedades a serem desapropriados; aprovar projetos, seja antes da licitação ou em fase de obras; planejar, coordenar, supervisionar e executar ações relativas à gestão e à programação de investimentos anual e plurianual; e realizar seu planejamento estratégico.

3.3.12 A fiscalização das obrigações inscritas em contratos também não pode ser transferida a terceiros nem delegadas por convênio por falta de previsão legal, conforme se extrai também da Lei 10.233/2001:

Art. 83 Na contratação de programas, projetos e obras decorrentes do exercício direto das atribuições de que trata o art. 82, o DNIT deverá zelar pelo cumprimento das boas normas de concorrência, fazendo com que os procedimentos de divulgação de editais, julgamento de licitações e celebração de contratos se processem em fiel obediência aos preceitos da legislação vigente, revelando transparência e fomentando a competição, em defesa do interesse público.

Parágrafo único. O DNIT fiscalizará o cumprimento das condições contratuais, quanto às especificações técnicas, aos preços e seus reajustamentos, aos prazos e cronogramas, para o controle da qualidade, dos custos e do retorno econômico dos investimentos. (grifo nosso).

3.3.13 Isso significa que a fiscalização das obras contratadas pode ser realizada unicamente por servidores do DNIT.[42]

Ainda que venha a contratar terceiros para auxiliarem a fiscalização, a administração não pode transferir a eles a responsabilidade por falhas de execução não registradas. O comando, a responsabilidade, continua sendo obrigação da fiscalização exercida por servidores, que responderão pelas falhas, ainda que as mesmas sejam oriundas dos terceirizados. Recentemente, o Tribunal de Contas da União deliberou:

> Dentre outros argumentos, os responsáveis (*omissis*) alegaram que a responsabilidade pela análise dos pedidos de aditamento realizados pelos consórcios teria ficado a cargo da empresa Concremat Engenharia

---

[42] BRASIL. Tribunal de Contas da União. Acórdão nº 109/12-P. Disponível em: http://www.tcu.gov.br. Acesso em: 3 set. 2020.

e Tecnologia S.A., contratada para dar suporte técnico à Seobras e ao DER-RJ no gerenciamento, supervisão e fiscalização das obras.

Como salientado pela instrução da SeinfraRod, a jurisprudência predominante deste Tribunal é no sentido de que a contratação de empresa para auxiliar a Administração na fiscalização de contratos (art. 67 da Lei 8.666/1993) não retira desta a obrigação do acompanhamento, porquanto a função do terceiro contratado é de assistência, não de substituição (v. g. Acórdãos 173/2019-Plenário, 958/2018-Plenário, 2.292/2017-Plenário e 1.213/2019-Plenário, dentre outros).

Considero que neste caso concreto, o acompanhamento da obra por empresa supervisora não elide a responsabilização dos envolvidos pelas falhas observadas, que são grosseiras. Assim, julgo que o exame da conduta dos responsáveis pela unidade técnica ocorreu à luz do disposto no art. 28 da Lei de Introdução ao Direito Brasileiro, que dispõe que o agente público responderá pessoalmente por suas decisões ou opiniões técnicas em caso de dolo ou erro grosseiro. Para ilustrar a gravidade das falhas apontadas reproduzo o seguinte trecho da instrução da unidade técnica:[43]

A possibilidade da contratação de terceiros para auxiliarem a fiscalização está mais bem regulamentada na nova Lei nº 14.133/2021, inclusive em relação à responsabilidade que assumem e à manutenção da responsabilização dos efetivos representantes da administração, os fiscais designados:

Art. 117. (...)
(...)
§4º Na hipótese da contratação de terceiros prevista no *caput* deste artigo, deverão ser observadas as seguintes regras:
I – a empresa ou o profissional contratado assumirá responsabilidade civil objetiva pela veracidade e pela precisão das informações prestadas, firmará termo de compromisso de confidencialidade e não poderá exercer atribuição própria e exclusiva de fiscal de contrato;
II – a contratação de terceiros não eximirá de responsabilidade o fiscal do contrato, nos limites das informações recebidas do terceiro contratado.

Duas condições ficam muito claras nas disposições da nova lei, acima transcritas. Efetivamente, o terceiro não fiscaliza; auxilia a administração na fiscalização. Observa-se que a lei foi objetiva: o terceiro não pode assumir atribuição exclusiva de fiscal. Isso confirma

---

[43] BRASIL. Tribunal de Contas da União. Acórdão nº 875/20-P. Disponível em: http://www.tcu.gov.br. Acesso em: 3 set. 2020.

a jurisprudência formada na vigência da Lei nº 8.666/1993, consoante entendimento específico do TCU, acima relatado. De outra banda, ainda que exista a figura do terceirizado auxiliando a fiscalização, isso não retira desta a responsabilidade de seu encargo, também confirmando, neste caso, a jurisprudência anteriormente formada, especialmente no âmbito da Corte de Contas federal, consoante exemplo acima relatado. Mas, como novidade, temos, agora, a definição da responsabilidade do terceiro, contratado para auxiliar a fiscalização. Essa responsabilidade é objetiva, como dispõe o art. 117, §4º, inc. I. Isso significa a inversão do ônus da prova: em sendo necessário, caberá a ele, terceiro, demonstrar que não agiu com culpa no cumprimento de suas obrigações. De qualquer modo, não podemos nos esquecer da necessidade de ser dada a ele a oportunidade de defesa prévia, nos termos do ordenamento jurídico vigente.

Voltando à designação da fiscalização, consoante art. 67 da Lei nº 8.666/1993 e art. 117 da Lei nº 14.133/2021, esse ato deverá ser formalizado. As leis falam em "especialmente designado", o que identifica a necessidade da formalização. Os diplomas legais não especificam a forma pela qual o ato deverá ser formalizado, ficando tal condição, portanto, a critério da administração. É comum a utilização de uma Portaria. Não entendemos como indispensável. Até mesmo um despacho formal, desde que constante dos autos do processo, supre a necessidade da formalização. Mas a ausência de ato formal significa, na prática, que não existe fiscalização naquele contrato. Tal condição é grave, na medida em que a fiscalização é obrigatória em todas as avenças, como vimos acima. Como jurisprudência, citamos:

> 9.4. alertar o TRT-4 sobre as impropriedades constatadas ou riscos e situações pendentes de implementação na gestão do contrato 43/2008, firmado com a empresa Advanced Database & IT Sistemas de Informações, conforme tratado no achado 23 – Irregularidades na gestão contratual – do relatório de fiscalização:
> (...)
> 9.4.2. ausência de designação formal do representante da Administração, decorrente do descumprimento da Lei 8.666/1993, art. 67;[44]

---

[44] BRASIL. Tribunal de Contas da União. Acórdão nº 381/11-P. Disponível em: http://www.tcu.gov.br. Acesso em: 17 set. 2020.

Sem a designação formal, o servidor designado, que, no exercício da função de fiscalização, é obrigado a praticar uma série de atos administrativos, não estará habilitado a fazê-lo. Mais: os atos administrativos por ele praticados não terão validade. Lembramos que, nos termos do art. 104 da Lei nº 10.406, de 2002, o Código Civil Brasileiro:

> Art. 104. A validade do negócio jurídico requer:
> I – agente capaz;
> II – objeto lícito, possível, determinado ou determinável;
> III – forma prescrita ou não defesa em lei.

A capacidade do agente significa a sua competência para a prática do ato, legitimidade que lhe é dada por disposição legal. Será nulo o ato praticado com excesso de poder, ou seja, que extrapole o limite de sua competência.

O servidor que praticar atos de fiscalização, sem estar expressamente designado para tal, estará agindo com excesso de poder, e os atos por ele praticados devem ser considerados nulos. Isso é muito grave, na medida em que, para o contratado, nem sempre conhecedor dos meandros da atuação da administração pública, os atos serão entendidos como válidos, uma vez que oriundos do representante da contratante naquele contrato.

Vale lembrar, adicionalmente, que a ausência de designação formal, de um lado, tira do servidor/empregado a competência para agir. Mas se mesmo assim ele atuar, essa ausência não tira dele a responsabilidade pelos atos que vier a praticar. Não é válida a alegação de ausência de culpabilidade por atos inadequados pelo fato de não haver sido designado formalmente. Veja-se, a respeito:

> e) o nexo de causalidade entre a conduta e a irregularidade está perfeitamente delineado: o responsável atestou que os serviços constantes da Nota Fiscal 3235 foram "prestados no interesse do serviço público", bem como que ocorreu o "recebimento do material em perfeitas condições de uso". Trata-se do ato que confirmou a prestação dos serviços, conduziu à liquidação da despesa, nos termos da Lei 4.320/1964, art. 63, §2º, e consequentemente gerou direito adquirido da contratada em relação ao pagamento, posteriormente efetuado. A ação do responsável não teria se limitado a conferir visualmente o que foi realizado, como afirma ter agido. Portanto, este reconhece atuação

negligente e aquém do necessário para um fiscal do contrato, conduta decisiva para a consecução da irregularidade, qual seja, o pagamento por serviços não realizados;

f) embora não fosse fiscal do contrato formalmente designado, agiu como se fosse, pois se encontrava encarregado por autoridade superior do acompanhamento e da fiscalização, em nome do MinC, sobre a execução do evento. A jurisprudência do TCU entende que a ausência de designação formal não obsta a responsabilização, caso o agente tenha atuado, de fato, como fiscal de contrato, isto é, verificando a realização dos serviços e atestando notas fiscais.[45]

Ao fazer a designação dos membros da fiscalização, a autoridade competente não pode esquecer que os servidores, no caso da administração direta, autárquica e fundacional, e os empregados, no caso das estatais, possuem direitos inerentes à sua atividade, dentre os quais o direito a ausências decorrentes de férias, licenças etc. Em assim sendo, é indispensável que haja a cautela de designação concomitante daqueles que substituirão os titulares nas suas ausências, os fiscais substitutos. Isso elimina o risco de, na ausência do servidor designado, ser determinado sua substituição por outro colega, porém, sem a formalização desse ato, o que tiraria do substituto a competência para atuação. Essa situação já foi observada na administração pública, como vemos no seguinte exemplo:

9.14. alertar à Anvisa acerca das seguintes impropriedades detectadas nestas contas:
(...)
9.14.9. divergência entre o servidor designado por portaria para acompanhar e fiscalizar a execução dos contratos e o servidor que efetivamente atesta as notas fiscais, a exemplo do que ocorreu no Contrato n.º 13/2006, no período de 5/3/2007 a 2/7/2007, desrespeitando o disposto no artigo 67 da Lei 8.666/93;[46]

A Lei nº 14.133/2021 já deixa clara a necessidade da existência dos substitutos, ao mencioná-los expressamente, como vimos no art. 117, acima transcrito.

---

[45] BRASIL. Tribunal de Contas da União. Acórdão nº 12.489/1-2ªC. Disponível em: http://www.tcu.gov.br. Acesso em: 17 set. 2020.

[46] BRASIL. Tribunal de Contas da União. Acórdão nº 3.102/11-1ªC. Disponível em: http://www.tcu.gov.br. Acesso em: 17 set. 2020.

A designação dos fiscais de contratos deve ser nominal, sendo vedada a designação genérica. A finalidade é de atribuição pessoal de responsabilidade, que não pode ser simplesmente diluída entre os integrantes de determinado setor da administração. No Acórdão nº 3.676/14-2ªC, o TCU trata de situação da espécie, na qual foi constatado que o órgão envolvido designara para fiscalizar determinado contrato um setor de sua estrutura, sem nominar os servidores:

> 9.8. dar ciência ao Instituto Federal de Educação, Ciência e Tecnologia do Sudeste de Minas Gerais, *campus* Barbacena que a nomeação genérica de servidores do quadro permanente de pessoal para atuarem como fiscais dos processos da Escola Agrotécnica Federal de Barbacena, sem especificar os nomes nem os contratos a serem fiscalizados, identificada na Portaria 94, de 8/5/2008, de lavra do Diretor-geral do IF, Sr. (*omissis*), contraria o Princípio Administrativo da Eficiência, por inviabilizar a atribuição de responsabilidade específica a algum servidor;

A Lei nº 14.133, de 2021, torna ainda mais evidente a necessidade da designação nominal dos fiscais de contratos. A uma, ao mencionar, expressamente, no art. 117, que a designação deve seguir os requisitos descritos no art. 7º da mesma norma. A duas, pelas disposições desse art. 7º, que obrigam a análise de características pessoais do agente a ser designado, como pode ser observado a seguir:

> Art. 7º Caberá à autoridade máxima do órgão ou da entidade, ou a quem as normas de organização administrativa indicarem, promover gestão por competências e designar agentes públicos para o desempenho das funções essenciais à execução desta Lei que preencham os seguintes requisitos:
> I – sejam, preferencialmente, servidor efetivo ou empregado público dos quadros permanentes da Administração Pública;
> II – tenham atribuições relacionadas a licitações e contratos ou possuam formação compatível ou qualificação atestada por certificação profissional emitida por escola de governo criada e mantida pelo poder público; e
> III – não sejam cônjuge ou companheiro de licitantes ou contratados habituais da Administração nem tenham com eles vínculo de parentesco, colateral ou por afinidade, até o terceiro grau, ou de natureza técnica, comercial, econômica, financeira, trabalhista e civil.
> §1º A autoridade referida no *caput* deste artigo deverá observar o princípio da segregação de funções, vedada a designação do mesmo

agente público para atuação simultânea em funções mais suscetíveis a riscos, de modo a reduzir a possibilidade de ocultação de erros e de ocorrência de fraudes na respectiva contratação.

§2º O disposto no *caput* e no §1º deste artigo, inclusive os requisitos estabelecidos, também se aplica aos órgãos de assessoramento jurídico e de controle interno da Administração.

As disposições desse art. 7º da nova norma legal merecem uma análise mais detalhada, pois contêm determinações positivas e outras que não podem ser consideradas da mesma maneira. É elogiável, por exemplo, que a lei determine que os escolhidos sejam *preferencialmente* dos quadros permanentes da administração direta ou indireta, conforme o caso. Preferencialmente não significa obrigatoriamente. Foi inteligente o legislador ao assim dispor. Nem sempre o mais indicado, em função de suas características pessoais, pertencerá ao quadro permanente da administração. Deve-se imaginar que, em várias ocasiões, pode se tratar de uma pessoa que pertença ao quadro temporário. Nem por isso deixará de ser um servidor ou um empregado, com todas as obrigações, deveres e cautelas que devem ser observadas por aqueles que pertencem ao quadro efetivo.

Muitas vezes, se considera que o temporário não poderia receber certos encargos na administração pública, levando em conta que a ausência de um vínculo de permanência faria com que atuasse de forma menos responsável. Ledo engano. A grande diferença é que o temporário, como a própria designação caracteriza, é contratado para atuar durante determinado período, que deve ser pré-determinado, enquanto o permanente é contratado sem que exista uma previsão de encerramento da relação. Em primeiro lugar, não se pode olvidar que, ainda que contratado por período determinado, o servidor/empregado público terá, durante esse período, todas as obrigações de atuação de acordo com os princípios que regem a atividade pública, devendo ser responsabilizado se não o fizer. Em segundo lugar, também não podemos esquecer que o contratado de forma permanente pode se retirar da administração pública a qualquer tempo que lhe interesse. Essa ideia de permanência é, portanto, falsa.

De outra banda, não se pode deixar de lado o fato, importante, de que muitos segmentos da administração pública têm carência de servidores permanentes. Aliás, os próprios governos que adotam um viés mais liberal incentivam a existência de um quadro mínimo de servidores permanentes. Isso, inúmeras vezes, acaba por fazer com que não existam pessoas disponíveis, nos quadros permanentes, para o exercício de determinadas atividades, como a de fiscalização de contratos, quer em termos quantitativos, quer em termos qualitativos. Foi prudente o legislador, portanto, ao dispor que os fiscais devem ser do quadro permanente apenas PREFERENCIALMENTE. Ou seja, se existirem dois servidores em condições de exercer essa atividade e apenas um deles for do quadro permanente, que ele seja o escolhido, como regra. Mas se o mais indicado for temporário, que se faça essa escolha, justificando-a.

É, igualmente, elogiável a exigência legal de que o escolhido já possua algum conhecimento na área de licitações e contratos ou possua qualificação compatível. Outros pontos, no entanto, representam disposições infelizes, dignas de críticas.

Qual a motivação racional para exigir que essa qualificação seja emitida por escola de governo criada e mantida pelo poder público? Algo absolutamente irracional. A uma, porque, no mundo inteiro, está prevalecendo a ideia mais positiva do liberalismo, do governo se limitar às atividades que lhe sejam específicas, deixando as demais serem exercidas pelo mercado. A duas, porque existem escolas particulares de excelente qualidade, que já atuam nesse mercado de formação de profissionais para atividades em licitações e contratos da administração pública, que não podem ser simplesmente descartadas por uma ideia absolutamente infeliz, que acaba por criar uma reserva de mercado. Nesse sentido, qual a lógica de exigir formação em escola de governo? Seria como se, a partir de agora, só pudessem ser admitidos na administração pública, só pudessem se inscrever em concursos públicos engenheiros e advogados formados em universidades públicas. Deveríamos, então, extinguir as universidades privadas?

As regras legais em relação à segregação de funções, as disposições legais são absolutamente corretas e válidas. No entanto, a lei não pode deixar de lado a questão da carência de servidores, de que já falamos acima. Existem diversos segmentos da administração pública que não possuem servidores em quantidade/qualidade para evitar que um só exerça diversos papéis no mesmo processo de contratação. Nesse caso, descumprindo a lei, o órgão/entidade deve ser punido? Ou tal condição deve ser colocada como uma regra não absoluta, que, portanto, admite exceções? Não seria o caso de a lei dispor sobre o que fazer em situações de exceção? Como, por exemplo, aumentar a atuação dos órgãos de controle interno, com regras mais rígidas para aprovação de atos?

A responsabilidade do servidor/empregado pelos atos de fiscalização de um contrato, atuando como representante da administração, é, muitas vezes, motivo de temor por parte dos servidores/empregados envolvidos. Muitos temem pela possibilidade de virem a ser responsabilizados por decisões que causem prejuízo ao erário em valores elevados, que possam ser motivo de condenação. Não podemos deixar de lembrar, no entanto, que as atualmente vigentes regras constantes da Lei de Introdução às Normas do Direito Brasileiro (LINDB), o Decreto-Lei nº 4.657, de 4 de setembro de 1943, são mais justas, permitindo aos servidores uma defesa mais proativa e a possibilidade de condenação somente em casos graves. Vale a pena reproduzir essas normas, a seguir:

> Art. 28. O agente público responderá pessoalmente por suas decisões ou opiniões técnicas em caso de dolo ou erro grosseiro.
> §1º (VETADO).
> §2º (VETADO).
> §3º (VETADO).

A regulamentação dessa regra, através do Decreto nº 9.830, de 10 de junho de 2019, é bem clara, na parte que ora nos interessa:

> Art. 12. O agente público somente poderá ser responsabilizado por suas decisões ou opiniões técnicas se agir ou se omitir com dolo, direto ou eventual, ou cometer erro grosseiro, no desempenho de suas funções.
> §1º Considera-se erro grosseiro aquele manifesto, evidente e inescusável praticado com culpa grave, caracterizado por ação ou omissão com elevado grau de negligência, imprudência ou imperícia.
> §2º Não será configurado dolo ou erro grosseiro do agente público se não restar comprovada, nos autos do processo de responsabilização, situação ou circunstância fática capaz de caracterizar o dolo ou o erro grosseiro.
> §3º O mero nexo de causalidade entre a conduta e o resultado danoso não implica responsabilização, exceto se comprovado o dolo ou o erro grosseiro do agente público.
> §4º A complexidade da matéria e das atribuições exercidas pelo agente público serão consideradas em eventual responsabilização do agente público.
> §5º O montante do dano ao erário, ainda que expressivo, não poderá, por si só, ser elemento para caracterizar o erro grosseiro ou o dolo.
> §6º A responsabilização pela opinião técnica não se estende de forma automática ao decisor que a adotou como fundamento de decidir e

somente se configurará se estiverem presentes elementos suficientes para o decisor aferir o dolo ou o erro grosseiro da opinião técnica ou se houver conluio entre os agentes.

§7º No exercício do poder hierárquico, só responderá por *culpa in vigilando* aquele cuja omissão caracterizar erro grosseiro ou dolo.

§8º O disposto neste artigo não exime o agente público de atuar de forma diligente e eficiente no cumprimento dos seus deveres constitucionais e legais.

Como vemos no art. 12 do regulamento, o agente público poderá ser responsabilizado somente se agir ou se omitir com dolo ou cometer erro grosseiro. Dolo é a ação ou omissão consciente, a vontade de causar o dano. O que seria o erro grosseiro? Assim definiu o TCU:

82. Dito isso, é preciso conceituar o que vem a ser erro grosseiro para o exercício do poder sancionatório desta Corte de Contas. Segundo o art. 138 do Código Civil, o erro, sem nenhum tipo de qualificação quanto à sua gravidade, é aquele *"que poderia ser percebido por pessoa de diligência normal, em face das circunstâncias do negócio"* (grifos acrescidos). Se ele for substancial, nos termos do art. 139, torna anulável o negócio jurídico. Se não, pode ser convalidado.

83. Tomando como base esse parâmetro, o erro leve é o que somente seria percebido e, portanto, evitado por pessoa de diligência extraordinária, isto é, com grau de atenção acima do normal, consideradas as circunstâncias do negócio. O erro grosseiro, por sua vez, é o que poderia ser percebido por pessoa com diligência abaixo do normal, ou seja, que seria evitado por pessoa com nível de atenção aquém do ordinário, consideradas as circunstâncias do negócio. Dito de outra forma, o erro grosseiro é o que decorreu de uma grave inobservância de um dever de cuidado, isto é, que foi praticado com culpa grave.

Gradação do Erro	Pessoa que seria capaz de perceber o erro	Efeito sobre a validade do negócio jurídico (se substancial)
Erro grosseiro	Com diligência abaixo do normal	Anulável
Erro (sem qualificação)	Com diligência normal	Anulável
Erro leve	Com diligência extraordinária – acima do normal	Não anulável"[47]

---

[47] BRASIL. Tribunal de Contas da União. Acórdão nº 2.391/18-P. Disponível em: http://www.tcu.gov.br. Acesso em: 17 set. 2020.

Poderíamos sintetizar essa análise em uma imagem:

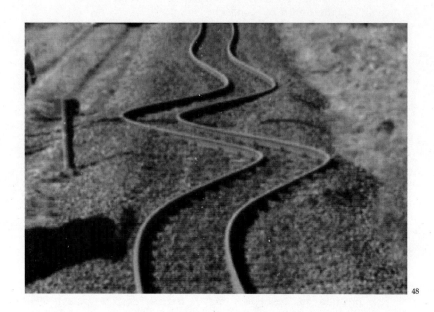

Isso é um erro grosseiro. Como bem disse o Ministro Relator, no acórdão acima citado, trata-se de erro que pode ser percebido até mesmo por pessoas com senso de diligência abaixo do normal. Mesmo uma pessoa com nível de atenção bem abaixo do ordinário não teria o direito de cometer esse tipo de erro.

Pois bem, os servidores públicos, inclusive aqueles que participam da fiscalização de contratos, só podem ser punidos se vierem a agir com dolo ou a cometer erro grosseiro. Não há motivos para temer a designação para esse tipo de atividade na administração pública direta ou indireta, a não ser que o indicado esteja absolutamente despreparado ou não tenha disponibilidade para fazer uma atuação como esperado.

A Lei nº 8.666, de 1993, fala, também, na figura de um superior hierárquico dos fiscais:

> Art. 67. A execução do contrato deverá ser acompanhada e fiscalizada por um representante da Administração especialmente

---

[48] Imagem obtida na internet, no endereço: www.sorisomail.com.

designado, permitida a contratação de terceiros para assisti-lo e subsidiá-lo de informações pertinentes a essa atribuição.

(...)

§2º As decisões e providências que ultrapassarem a competência do representante deverão ser solicitadas a seus superiores em tempo hábil para a adoção das medidas convenientes.

Encontramos disposição semelhante na nova Lei de Licitações, a saber:

> Art. 117. A execução do contrato deverá ser acompanhada e fiscalizada por 1 (um) ou mais fiscais do contrato, representantes da Administração especialmente designados conforme requisitos estabelecidos no art. 7º desta Lei, ou pelos respectivos substitutos, permitida a contratação de terceiros para assisti-los e subsidiá-los com informações pertinentes a essa atribuição.
>
> (...)
>
> §2º O fiscal do contrato informará a seus superiores, em tempo hábil para a adoção das medidas convenientes, a situação que demandar decisão ou providência que ultrapasse sua competência.

Mais modernamente, essa figura passou a ser denominada de Gestor do Contrato. É ele o superior hierárquico, naquele contrato especificamente, dos fiscais. Gestor e fiscais compõem a Equipe de Fiscalização, que deve atuar de modo uniforme, cada um cuidando de suas atribuições específicas, mas sempre se imaginando como parte de um todo.

A já citada Instrução Normativa nº 5, de 2017-MPDG, bem definiu o papel do Gestor nos contratos da administração pública, dispondo, em seu art. 40, I, que se trata do coordenador das atividades de fiscalização, sendo responsável pelos atos preparatórios à instrução processual e ao encaminhamento ao setor de contratos para formalização dos procedimentos relativos aos aspectos que envolvam a prorrogação de prazos, alterações contratuais, reequilíbrio da equação econômico-financeira, pagamentos, eventual aplicação de penalidades, extinção dos contratos, entre outros. Efetivamente, é o grande comandante da Equipe de Fiscalização, a quem os fiscais devem se reportar sempre que ultrapassado o seu nível de competência, consoante disposição do art. 67, §2º, da Lei nº 8.666, de 1993.

Indagação que recebemos de forma recorrente é sobre a possibilidade do servidor indicado vir a recusar a designação para atuar na fiscalização de um contrato terceirizado. A resposta é negativa. Trata-se de atividade rotineira para servidores e empregados públicos e, portanto, nada contém de ilegal, razão pela qual existe impossibilidade na recusa. Há, no entanto, situações que devem ser analisadas.

A uma, existirá ilegalidade na designação quando a atividade exigir alguma formação específica que o servidor não detenha. Existem determinadas profissões que, em nosso país, são regulamentadas. As atividades relativas a essas profissões só podem ser executadas por quem atende as disposições da regulamentação. Bons exemplos nesse sentido são a engenharia, regulamentada pela Lei nº 5.194, de 24 de dezembro de 1966, e a arquitetura, cujas regras estão contidas na Lei nº 12.378, de 31 de dezembro de 2010. As atividades relativas a essas duas profissões só podem ser exercidas por quem tiver a respectiva formação e o registro nas entidades profissionais competentes, respectivamente, o CREA e o CAU.

Se um servidor/empregado não atender essas condições e, ainda assim, for designado para exercer a fiscalização de serviços dessa natureza, deve recusar-se, fundamentando sua recusa na Lei nº 8.112, de 11 de dezembro de 1990, *verbis*:

> Art. 116. São deveres do servidor:
> (...)
> IV – cumprir as ordens superiores, exceto quando manifestamente ilegais;

Nesse exemplo que estamos citando, trata-se de ordem manifestamente ilegal, diante do que dispõe, por exemplo, a Lei nº 5.194, de 1966:

> Art. 6º Exerce ilegalmente a profissão de engenheiro, arquiteto ou engenheiro-agrônomo:
> a) a pessoa física ou jurídica que realizar atos ou prestar serviços público ou privado reservados aos profissionais de que trata esta lei e que não possua registro nos Conselhos Regionais;

Outra situação de ilegalidade estará presente quando o servidor/empregado for designado para o exercício de atividades de fiscalização com o chamado desvio de função. Isso ocorrerá quando o titular do cargo/emprego, ainda que tenha a formação de engenheiro ou de arquiteto, não é integrante do quadro técnico da administração, tendo sido contratado, por exemplo, para o exercício de atividades de nível médio. Trata-se de situação que deve levar à recusa do servidor/empregado, por ser ordem manifestamente ilegal.

Quando ocorrer alguma dessas situações, a recusa deve ser apresentada àquela autoridade que fez a designação, com a devida motivação. Em não havendo motivos, não pode haver recusa. Nesse sentido:

> 5.7.5. O acompanhamento e a fiscalização da execução do contrato por um representante da Administração são tarefas obrigatórias fixadas no art. 67 da Lei nº 8.666/93. Em outras palavras, cabe ao fiscal do contrato acompanhar a fiel execução contratual, zelando pelo cumprimento de todos os requisitos necessários para a prestação dos serviços, em total conformidade com os termos do edital e do contrato.
>
> 5.7.6. Acerca das incumbências do fiscal do contrato, o TCU entende que devem ser designados servidores públicos qualificados para a gestão dos contratos, de modo que sejam responsáveis pela execução de atividades e/ou pela vigilância e garantia da regularidade e adequação dos serviços (item 9.2.3 do Acórdão nº 2.632/2007-P).
>
> 5.7.7. O servidor designado para exercer o encargo de fiscal não pode oferecer recusa, porquanto não se trata de ordem ilegal. Entretanto, tem a opção de expor ao superior hierárquico as deficiências e limitações que possam impedi-lo de cumprir diligentemente suas obrigações. A opção que não se aceita é uma atuação a esmo (com imprudência, negligência, omissão, ausência de cautela e de zelo profissional), sob pena de configurar grave infração à norma legal (itens 31/3 do voto do Acórdão nº 468/2007-P).[49]

Não podemos deixar de considerar que a autoridade competente, ao fazer a designação de um servidor/empregado para atuar na fiscalização, assume a responsabilidade por esse ato. É a chamada *culpa in eligendo*, a culpa pela má escolha que a autoridade fez. Como no exemplo a seguir:

---

[49] BRASIL. Tribunal de Contas da União. Acórdão nº 2.917/10-P. Disponível em: http://www.tcu.gov.br. Acesso em: 17 set. 2020.

7. Análise. A culpa dos recorrentes nos presentes autos, por imprudência e negligência, está devidamente configurada, tendo assim sido consignado no Voto constante da decisão recorrida:

(...)

42. Em sua defesa, o Sr. (*omissis*) procurou imputar a seus subordinados parcela significativa da responsabilidade pelas irregularidades ora sob comento. Entretanto, observo que os pagamentos indevidamente efetuados, ainda que não tenham sido diretamente autorizados por ele, deveriam ser de seu conhecimento. A uma, porque a relevância do PEQ/DF induzia a um acompanhamento especial. A duas, porque, na condição de dirigente máximo do órgão, o citado tinha a obrigação de acompanhar, controlar e fiscalizar a execução dos atos de seus subordinados. Finalmente, ressalto que o titular de um órgão deve escolher seus auxiliares diretos com esmero, sob pena de responder por culpa *in eligendo*, consoante dispunha o art. 1.521, inciso III, do Código Civil então vigente.[50]

Assim, se designou praticando um ato de ilegalidade, deve responder por esse ato. Especialmente quando for alertado sobre a ilegalidade, alerta esse que deve partir do próprio designado. Temos presente, também, a culpa *in elegendo* quando há descumprimento do princípio da segregação de funções, princípio que, como já analisado, objetiva evitar a concentração de atividades nas mãos de uma única ou de poucas pessoas. Na administração pública, essa concentração pode ser extremamente maléfica na medida em que poderá gerar a situação de termos alguém com poder para direcionar um processo para favorecer um conhecido e, posteriormente, encobrir esse direcionamento e permitir a prática de outros atos prejudiciais ao interesse público. No sítio do TCU, encontramos uma publicação com o título de *Referencial de combate à fraude e corrupção*, da qual destacamos:

A organização deve identificar as funções que tomam decisões críticas **e segregá-las**, de modo que a competência de decisão não esteja concentrada em uma única instância. Essa concentração é maléfica, na medida em que permite cometimento de fraude e corrupção e sua ocultação. **A ideia da segregação de funções é que nenhum servidor**

---

[50] BRASIL. Tribunal de Contas da União. Acórdão nº 319/10-P. Disponível em: http://www.tcu.gov.br. Acesso em: 17 set. 2020.

possa estar numa posição capaz de executar todas as etapas necessárias para cometer uma fraude e corrupção e ocultá-la.[51] (negritamos)

Como regra, não deverá ser designado para o exercício da fiscalização aquele servidor/empregado que tiver tido atuação relevante na fase preparatória do processo ou já tiver atuado como condutor da fase licitatória:

> 9.1.2. promova a segregação das funções de solicitação de autorização para realização de licitações, participação em comissão de licitação respectiva, atuação como fiscal de obra, responsável pelo atesto de serviços e responsável pelo recebimento de obra ou serviço, tendo em vista os princípios da impessoalidade e da eficiência previstos no art. 37, *caput*, da Constituição Federal;

Finalmente, mas não menos importante, destacamos a necessidade de, ao ser feita a designação, a autoridade competente atentar para a disponibilidade do indicado para o exercício dessa atividade, bem como quanto à sua qualificação. Disponibilidade tem a ver com a quantidade de tarefas que já possui sob sua responsabilidade, a necessidade de dedicação de maior ou menor quantidade de horas, necessidade de deslocamentos etc. Como regra, o servidor designado não se afasta de outras atividades que estava exercendo, recebendo apenas um encargo adicional. Terá ele disponibilidade de tempo para executar toda essa atividade, que, muitas vezes, exige a realização de viagens (obras em outros municípios, por exemplo)? Quantos contratos já está fiscalizando? Tudo isso precisa ser analisado. Temos casos emblemáticos constatados pelo TCU:

> 242. Quanto à quantidade de contratos ativos por fiscal (arquivo 'A8\ A8_Qtdade_contrato_por_fiscal.XLS'), considerando que cada servidor possuísse apenas um código de usuário, encontrou-se o seguinte (anexo 2, fl. 37): cerca de 87% dos fiscais de contrato são responsáveis pela

---

[51] *Referencial de combate à fraude e corrupção*, publicação encontrada no sítio do TCU. 2ª ed. "O Referencial de Combate a Fraude e Corrupção foi inicialmente publicado em dezembro de 2016. A nova edição, em menos de 2 anos, demonstra a importância e dinâmica que a temática de combate a fraude e corrupção apresenta no Brasil e mundo. No Brasil, várias pesquisas de opinião apontam que a principal preocupação dos brasileiros atualmente é com a corrupção, à frente de questões históricas como educação, saúde e emprego."

medição de um a quatro contratos, aproximadamente 10% fiscalizam de cinco a oito contratos e cerca de 2% fiscalizam de nove a doze contratos. Neste ponto já se observa uma situação bastante heterogênea, na qual a grande maioria dos fiscais responsabiliza-se por até quatro contratos, ao passo que outros usuários são fiscais de nove a doze contratos. Os casos mais extremos vêm a seguir: há um fiscal responsável por 31 contratos, outro por dezenove contratos e mais quatro usuários fiscalizando de treze a dezesseis contratos.[52]

Quando a administração determina que um servidor fiscalize, simultaneamente, 31 contratos, está, simplesmente, dizendo que encara essa tarefa como de nenhuma importância. Afinal, essa pessoa não terá sequer um dia por mês para dedicar a cada contrato que está fiscalizando, se é que se pode considerar que há alguma fiscalização, no caso.

No que diz respeito à qualificação, nenhum ser humano nasce conhecendo algum assunto. Nem andar nós sabemos ao nascer. Como regra quase que absoluta, os servidores públicos e os empregados das estatais, ao serem admitidos, não sabem fiscalizar um contrato, atuando como representantes da administração pública. Não sabem e nem têm obrigação de saber. É indispensável que, previamente à indicação, sejam devidamente qualificados para o exercício dessa difícil tarefa, que exige conhecimento muito diversificado, sendo impossível o exercício exitoso sem prévio treinamento. Fiscal sem qualificação é sinônimo absoluto de fracasso. Os órgãos de controle, aliás, vêm alertando constantemente a administração pública a respeito desse tema tão importante. Exemplo:

9.2.8. inclua entre o programa de capacitação de servidores da entidade curso voltado para a qualificação dos fiscais de contratos;[53]

Determinados contratos exigem a presença de mais de um fiscal, assunto já muito bem colocado na Lei nº 14.133/2021, em seu art. 117, que determina a designação de um ou mais fiscais. Ora, pelas especificidades do objeto. A engenharia, por exemplo,

---

[52] BRASIL. Tribunal de Contas da União. Acórdão nº 2.831/11-P. Disponível em: http://www.tcu.gov.br. Acesso em: 17 set. 2020.

[53] BRASIL. Tribunal de Contas da União. Acórdão nº 1.224/18-P. Disponível em: http://www.tcu.gov.br. Acesso em: 17 set. 2020.

é constituída por diversas qualificações, cada uma delas com competências específicas. Assim, dependendo do porte e das características da obra, poderá haver necessidade da presença na fiscalização de engenheiros civis, eletrotécnicos, mecânicos, de fundações etc., além da sempre importante presença, também, de arquitetos. Ora, por exigências constantes de normas legais distintas, pelo tipo de trabalho a ser desenvolvido, que pode envolver área técnica e área administrativa. Não se deve confundir, por exemplo, as exigências constantes da Lei nº 8.666/1993, art. 67, ou do art. 117 da nova lei, com aquelas que constam da Lei nº 5.194/1996, art. 7º. Cada uma delas está se referindo a uma atividade específica. As das Leis de Licitações estão se referindo à fiscalização de obrigações contratuais. Usualmente, temos a figura denominada de "fiscal do contrato". A da Lei da Engenharia está tratando da fiscalização de obrigações técnicas, sendo normalmente tratada por "fiscal da obra". Na jurisprudência do TCU, é possível identificar este tipo de decisão:

> 9.2.1. não designação formal de um representante da administração para acompanhar e fiscalizar os contratos administrativos, do ponto de vista gerencial-administrativo, o que viola o disposto no art. 67 da Lei nº 8.666/1993, ainda que o contrato trate de obra, quando é obrigatória também a emissão de Anotação de Responsabilidade Técnica (ART) de fiscalização para um profissional registrado junto ao CREA. Esta última se restringe aos aspectos técnico-construtivos da obra, portanto, não substitui e não deve ser confundida com a fiscalização prevista na Lei de Licitações;[54]

Do relatório/voto desse acórdão, destacamos o seguinte registro:

> 9.5. Ausência de designação formal de fiscal do contrato firmado para execução do contrato de repasse
> a) inexistência de designação formal de servidor para fiscalizar os contratos administrativos firmados para executar os objetos dos contratos de repasse auditados. Cabe esclarecer que a anotação de responsabilidade técnica – ART, inclusive a de fiscalização, possui cunho técnico-construtivo com respeito às obras ou aos serviços de engenharia. A ART é emitida por um engenheiro, arquiteto, agrônomo ou empresa, sendo

---

[54] BRASIL. Tribunal de Contas da União. Acórdão nº 581/13-P. Disponível em: http://www. tcu.gov.br. Acesso em: 17 set. 2020.

obrigatória por força do disposto na Lei nº 6.496/1977. Essa "fiscalização" não deve ser confundida e não substitui a designação formal de um representante da administração para fiscalizar e acompanhar a execução de qualquer contrato administrativo, inclusive obras, do ponto de vista gerencial-administrativo, conforme previsto no art. 67 da Lei nº 8.666/1993.

Nos contratos de serviços continuados com dedicação exclusiva de mão de obra, pela possibilidade de responsabilização subsidiária da administração pelos encargos trabalhistas e solidária pelos encargos previdenciários, como visto alhures, também se recomenda a separação da fiscalização técnica, aquela que vai verificar o cumprimento do objeto do contrato, da fiscalização administrativa, que vai examinar a documentação correspondente, evitando a caracterização da culpa da contratante pelo descumprimento de encargos legais por parte do contratado. Isso fica bem claro, aliás, nas disposições da IN nº 5, de 2017-MPDG:

> Art. 40. O conjunto de atividades de que trata o artigo anterior compete ao gestor da execução dos contratos, auxiliado pela fiscalização técnica, administrativa, setorial e pelo público usuário, conforme o caso, de acordo com as seguintes disposições:
>
> I – Gestão da Execução do Contrato: é a coordenação das atividades relacionadas à fiscalização técnica, administrativa, setorial e pelo público usuário, bem como dos atos preparatórios à instrução processual e ao encaminhamento da documentação pertinente ao setor de contratos para formalização dos procedimentos quanto aos aspectos que envolvam a prorrogação, alteração, reequilíbrio, pagamento, eventual aplicação de sanções, extinção dos contratos, dentre outros;
>
> II – Fiscalização Técnica: é o acompanhamento com o objetivo de avaliar a execução do objeto nos moldes contratados e, se for o caso, aferir se a quantidade, qualidade, tempo e modo da prestação dos serviços estão compatíveis com os indicadores de níveis mínimos de desempenho estipulados no ato convocatório, para efeito de pagamento conforme o resultado, podendo ser auxiliado pela fiscalização de que trata o inciso V deste artigo;
>
> III – Fiscalização Administrativa: é o acompanhamento dos aspectos administrativos da execução dos serviços nos contratos com regime de dedicação exclusiva de mão de obra quanto às obrigações previdenciárias, fiscais e trabalhistas, bem como quanto às providências tempestivas nos casos de inadimplemento;
>
> IV – Fiscalização Setorial: é o acompanhamento da execução do contrato nos aspectos técnicos ou administrativos quando a prestação

dos serviços ocorrer concomitantemente em setores distintos ou em unidades desconcentradas de um mesmo órgão ou entidade; e

V – Fiscalização pelo Público Usuário: é o acompanhamento da execução contratual por pesquisa de satisfação junto ao usuário, com o objetivo de aferir os resultados da prestação dos serviços, os recursos materiais e os procedimentos utilizados pela contratada, quando for o caso, ou outro fator determinante para a avaliação dos aspectos qualitativos do objeto.

§1º No caso do inciso IV deste artigo, o órgão ou entidade deverá designar representantes nesses locais para atuarem como fiscais setoriais.

A IN procurou separar a fiscalização técnica, aquela encarregada da verificação do cumprimento do objeto contratado, da fiscalização administrativa, encarregada da verificação do cumprimento das obrigações contratuais administrativas. Estabeleceu, ainda, a possibilidade da instituição da figura da fiscalização setorial, quando o objeto tiver a execução espraiada por unidades situadas em locais diferentes. E estabeleceu, ainda, a fiscalização pelo público usuário, o destinatário principal do serviço contratado, que pode/deve, até por obrigação, verificar o nível de qualidade da execução.

Embora o conjunto constitua uma equipe de fiscalização, cada um de seus membros terá a seu encargo tarefas bem definidas, todos eles contribuindo para a obtenção de um resultado positivo.

Como já foi dito anteriormente, as estatais podem adotar procedimentos similares. No entanto, como não estão diretamente subordinadas às disposições da citada instrução normativa, devem estabelecer regras próprias em seus regulamentos. Tem sido sugerido que essa experiência da administração direta seja devidamente adaptada, até pelos resultados já alcançados.

CAPÍTULO 9

DA ATUAÇÃO DA GESTÃO E FISCALIZAÇÃO DOS CONTRATOS

A equipe de fiscalização atuará na execução da avença, como representante da administração contratante, com o objetivo fundamental de constatar se a execução está plenamente de acordo com as condições pactuadas, agindo no sentido de promover correções sempre que for constatado algum desvio de comportamento por parte do contratado. Quando se fala em execução de acordo com as cláusulas editalícias, estamos falando não só da parte técnica do objeto, como todos os acessórios correspondentes. Em se tratando de um contrato de fornecimento, a entrega, suas condições etc. Em um contrato de prestação de serviços com dedicação exclusiva de mão de obra, estamos falando do cumprimento de todos os encargos legais que recaem sobre o contratado e que podem, solidária ou subsidiariamente, atingir também a administração contratante. E assim sucessivamente.

Ao receber a designação, o servidor deverá verificar se está qualificado efetivamente para o exercício das tarefas que lhe foram atribuídas. Vale lembrar que a responsabilidade não será posteriormente atenuada se constatado que, mesmo não se sentindo qualificado para a atividade, o servidor não fez o devido registro. Como exemplo, citamos:

> Enunciado
> Não é possível afastar a responsabilidade do dirigente público em razão de sua área de formação acadêmica ser estranha às lides administrativas de sua alçada, uma vez que, ao aceitar o cargo, o gestor afirma tacitamente que se encontra apto a exercê-lo.[55]

---

[55] BRASIL. Tribunal de Contas da União. Acórdão nº 2.846/20-P. Disponível em: http://www.tcu.gov.br. Acesso em: 17 set. 2020.

Como vimos em capítulo anterior, a designação de fiscalização em todos os contratos da administração pública é uma imposição legal, decorrente fundamentalmente das disposições do art. 67 da Lei nº 8.666/1993 ou do art. 117 da Lei nº 14.133/2021, para quem começar a adotá-la. Aqui se deve entender fiscalização em termos genéricos, englobando a presença dos fiscais e do respectivo gestor.

A competência dos fiscais e do gestor do contrato deve estar definida em norma interna de cada órgão/entidade. Eventualmente, poderá ser atribuída aos fiscais competência até para determinar alterações no contrato, o que deve ser feito com cautela, tendo em vista a participação direta dos mesmos na execução, o que poderá limitar a análise global da situação fática a ser enfrentada. Igual raciocínio deve ser desenvolvido em relação aos gestores, muito embora, em relação a estes, deva-se considerar que não estão diretamente envolvidos com a fiscalização das atividades prestadas pela contratada, mantendo algum distanciamento que já poderá permitir uma visão mais adequada, necessária ao poder de decisão.

A antiga Lei de Licitações e Contratos exige, no art. 68, a presença de um representante do contratado:

> Art. 68. O contratado deverá manter preposto, aceito pela Administração, no local da obra ou serviço, para representá-lo na execução do contrato.

A Lei nº 14.133/2021 trata do tema da mesma forma, inclusive com a mesma literalidade:

> Art. 118. O contratado deverá manter preposto aceito pela Administração no local da obra ou do serviço para representá-lo na execução do contrato.

Ao interpretar a norma legal, deve-se fazê-lo de forma adequada, sistemática e principiológica, para chegarmos aos melhores resultados. No caso concreto, vemos como absolutamente desnecessária a presença de um preposto da contratada nos casos de contratos que objetivam fornecimento de bens. Aliás, o legislador teve o cuidado de colocar tal condição como necessária apenas nas avenças cujo objeto é uma obra ou um serviço.

A presença do preposto é fundamental para evitar a subordinação direta dos empregados da contratada aos representantes da administração, que são os fiscais. Essa subordinação é absolutamente inconveniente. A uma, por retirar da empresa parte da responsabilidade que possui no contrato em execução. Afinal, se as ordens são dadas diretamente pelos fiscais aos seus empregados, poderá ela alegar, futuramente, que essas ordens foram inadequadas e levaram ao cometimento de falhas na execução, eximindo-se de culpa. A duas, especialmente nos contratos com dedicação exclusiva de mão de obra, porque essa subordinação levará à responsabilização, solidária ou subsidiária da administração contratante pelos encargos previdenciários ou trabalhistas, respectivamente, decorrentes daquela execução contratual.

Exatamente por isso, nos contratos DEMO a figura do preposto da contratada, atuando permanentemente no local da execução dos trabalhos, é absolutamente indispensável, sendo, assim, uma exigência inafastável. Embora a administração não tenha a mesma responsabilidade nos contratos de obras públicas, a presença do preposto torna-se, igualmente, indispensável, considerando especialmente a responsabilidade da contratada pela qualidade e solidez do trabalho, além da responsabilidade pela garantia quinquenal prevista no art. 618 do Código Civil Brasileiro e agora, também, no art. 140, §6º, da nova lei. Ordens diretas da fiscalização aos operários poderão constituir, em momento futuro, alegação suficiente para a tentativa de eximir-se de responsabilidade por parte da construtora.

As comunicações entre administração e contratada serão sempre formalizadas, feitas através dos respectivos representantes. Quando falamos em formalização, não estamos nos referindo a meros "formalismos", mas, sim, em documentos expressos. A Lei nº 8.666/1993 a isso se refere, no art. 67:

> Art. 67. A execução do contrato deverá ser acompanhada e fiscalizada por um representante da Administração especialmente designado, permitida a contratação de terceiros para assisti-lo e subsidiá-lo de informações pertinentes a essa atribuição.
> §1º O representante da Administração anotará em registro próprio todas as ocorrências relacionadas com a execução do contrato, determinando o que for necessário à regularização das faltas ou defeitos observados.

Mais uma vez, encontramos disposição no mesmo sentido na Lei nº 14.133/2021, *verbis*:

> Art. 117. A execução do contrato deverá ser acompanhada e fiscalizada por 1 (um) ou mais fiscais do contrato, representantes da Administração especialmente designados conforme requisitos estabelecidos no art. 7º desta Lei, ou pelos respectivos substitutos, permitida a contratação de terceiros para assisti-los e subsidiá-los com informações pertinentes a essa atribuição.
>
> §1º O fiscal do contrato anotará em registro próprio todas as ocorrências relacionadas à execução do contrato, determinando o que for necessário para a regularização das faltas ou dos defeitos observados.

Esse "registro próprio" ao qual se refere o texto legal pode assumir qualquer forma, definida em regulamentação interna. Pergunta-se costumeiramente sobre a possibilidade de utilização de meios eletrônicos de comunicação (e-mail, mensagem etc.). A resposta é positiva, desde que a administração tenha meios de comprovar que a informação foi recebida pelo representante da contratada. Na engenharia, criou-se a figura do Livro de Ordem, anteriormente denominado de Diário de Obras, um meio padronizado de comunicação, simples, sem burocracias, que atesta a emissão de comandos por parte da administração e o seu recebimento pela contratada e, igualmente, das comunicações em sentido inverso.

Os fiscais devem conhecer precisamente a competência que possuam para a prática de atos no exercício de sua atividade. Como regra, devem agir sempre dentro desses limites previamente definidos, para evitar a responsabilização pelo excesso de poder. É claro que sempre existirá a possibilidade do surgimento de situações excepcionais, que exigirão uma decisão naquele momento, decisão para a qual o fiscal não tem competência. Não podemos nos esquecer que exceção deve ser assim encarada, uma situação que foge absolutamente à normalidade, sob todos os aspectos. Se assim for, foge, também, da normalidade em termos de competência para agir, não se admitindo, nessas hipóteses, que o fiscal seja omisso e deixe o problema evoluir, muitas e muitas vezes com agravamento dos prejuízos. A grande sabedoria está em saber distinguir perfeitamente as situações excepcionais daquelas que são rotineiras e agir de acordo em cada situação, em cada momento.

Essas regras valem igualmente para a atuação dos gestores do contrato, que também possuem um limite de competência e devem, rotineiramente, agir dentro do poder que lhe foi conferido.

Os fiscais, que atuam diretamente junto ao contratado, precisam ter a preocupação fundamental de exigir o cumprimento rigoroso de tudo o que foi pactuado. É até comum que, no momento da execução, verifiquemos serem algumas das exigências editalícias absolutamente desnecessárias, de tal modo que a ausência de execução em nada prejudicaria na obtenção do objeto adequado e pretendido. Não podemos nos esquecer, no entanto, que esse não é mais o momento para discutir esse tipo de situação. A administração deve ter planejado adequadamente suas atividades, de tal modo que, no momento da elaboração dos documentos que vão compor o instrumento convocatório, façam apenas as exigências indispensáveis para o sucesso da contratação. Por sua vez, os licitantes, entre eles o futuro contratado, têm também oportunidade de questionar tudo o que foi exigido, usando o instituto da impugnação ao instrumento convocatório, o que deve ser feito no momento oportuno. Se tanto a administração como os licitantes falharam, resultando em exigências desnecessárias, porém não contestadas, não impugnadas, agora, no momento da execução da avença, essas exigências passam a constituir obrigação da contratada, devendo os fiscais, como representantes da administração, exigir o rigoroso cumprimento, registrando o fato se ocorrer a inexecução. Se alguma autoridade superior entender por decidir, dentro de sua competência, por considerar desnecessária a execução dessa tarefa, que ela assuma a responsabilidade, isentando, assim, os responsáveis pela fiscalização.

Quando da existência, no mesmo contrato, das fiscalizações técnica e administrativa, os fiscais devem se entender sempre, de modo a limitar sua atividade naquilo que lhe competir. Esses fiscais precisarão entender que, embora as obrigações sejam separadas, a atuação constitui faticamente uma equipe. O sucesso só virá se a atuação da equipe for boa, dentro das normas legais.

Deve-se cobrar do contratado o cumprimento de todas as suas obrigações, inclusive em relação aos danos porventura causados à administração contratante. Na Lei nº 8.666/1993, encontramos:

> Art. 70. O contratado é responsável pelos danos causados diretamente à Administração ou a terceiros, decorrentes de sua culpa ou dolo na execução do contrato, não excluindo ou reduzindo essa responsabilidade a fiscalização ou o acompanhamento pelo órgão interessado.

Na Lei nº 14.133/2021, temos:

> Art. 120. O contratado será responsável pelos danos causados diretamente à Administração ou a terceiros em razão da execução do contrato, e não excluirá nem reduzirá essa responsabilidade a fiscalização ou o acompanhamento pelo contratante.

Mesmo no caso de atuação de subcontratados, a responsabilidade perante a administração permanece sendo do contratado. Na Lei nº 8.666/1993, encontramos a seguinte disposição:

> Art. 72. O contratado, na execução do contrato, sem prejuízo das responsabilidades contratuais e legais, poderá subcontratar partes da obra, serviço ou fornecimento, até o limite admitido, em cada caso, pela Administração.

Na nova lei, temos:

> Art. 122. Na execução do contrato e sem prejuízo das responsabilidades contratuais e legais, o contratado poderá subcontratar partes da obra, do serviço ou do fornecimento até o limite autorizado, em cada caso, pela Administração.

Executado o objeto, deverá ser o mesmo objeto de recebimento por parte da contratante. A Lei nº 8.666/1993 dividiu o recebimento em duas etapas:

> Art. 73. Executado o contrato, o seu objeto será recebido:
> I – em se tratando de obras e serviços:
> a) provisoriamente, pelo responsável por seu acompanhamento e fiscalização, mediante termo circunstanciado, assinado pelas partes em até 15 (quinze) dias da comunicação escrita do contratado;
> b) definitivamente, por servidor ou comissão designada pela autoridade competente, mediante termo circunstanciado, assinado pelas partes, após

CAPÍTULO 9
DA ATUAÇÃO DA GESTÃO E FISCALIZAÇÃO DOS CONTRATOS | 171

o decurso do prazo de observação, ou vistoria que comprove a adequação do objeto aos termos contratuais, observado o disposto no art. 69 desta Lei;

II – em se tratando de compras ou de locação de equipamentos:

a) provisoriamente, para efeito de posterior verificação da conformidade do material com a especificação;

b) definitivamente, após a verificação da qualidade e quantidade do material e consequente aceitação.

§1º Nos casos de aquisição de equipamentos de grande vulto, o recebimento far-se-á mediante termo circunstanciado e, nos demais, mediante recibo.

§2º O recebimento provisório ou definitivo não exclui a responsabilidade civil pela solidez e segurança da obra ou do serviço, nem ético-profissional pela perfeita execução do contrato, dentro dos limites estabelecidos pela lei ou pelo contrato.

§3º O prazo a que se refere a alínea "b" do inciso I deste artigo não poderá ser superior a 90 (noventa) dias, salvo em casos excepcionais, devidamente justificados e previstos no edital.

§4º Na hipótese de o termo circunstanciado ou a verificação a que se refere este artigo não serem, respectivamente, lavrado ou procedida dentro dos prazos fixados, reputar-se-ão como realizados, desde que comunicados à Administração nos 15 (quinze) dias anteriores à exaustão dos mesmos.

Art. 74. Poderá ser dispensado o recebimento provisório nos seguintes casos:

I – gêneros perecíveis e alimentação preparada;

II – serviços profissionais;

III – obras e serviços de valor até o previsto no art. 23, inciso II, alínea "a", desta Lei, desde que não se componham de aparelhos, equipamentos e instalações sujeitos à verificação de funcionamento e produtividade.

Parágrafo único. Nos casos deste artigo, o recebimento será feito mediante recibo.

Também neste momento, em existindo fiscalização técnica e administração, deverá haver distinção na atuação dos respectivos componentes, cada um deles cuidado da parte que lhe cabe.

A IN nº 05/2017 trouxe uma novidade na conformação da atuação da fiscalização para o recebimento. Dispõe a norma que, em se tratando de serviços continuados com dedicação exclusiva de mão de obra, o recebimento deverá ser feito a cada mês, confirmando, assim, a execução das obrigações nesse período. O provisório fica a cargo dos fiscais e o definitivo, a cargo do gestor. Assim dispõe a IN:

Art. 49. O recebimento provisório e definitivo dos serviços deve ser realizado conforme o disposto nos arts. 73 a 76 da Lei nº 8.666, de 1993, e em consonância com as regras definidas no ato convocatório.

Art. 50. Exceto nos casos previstos no art. 74 da Lei nº 8.666, de 1993, ao realizar o recebimento dos serviços, o órgão ou entidade deve observar o princípio da segregação das funções e orientar-se pelas seguintes diretrizes:

I – o recebimento provisório será realizado pelo fiscal técnico, fiscal administrativo, fiscal setorial ou equipe de fiscalização, nos seguintes termos:

a) elaborar relatório circunstanciado, em consonância com as suas atribuições, contendo o registro, a análise e a conclusão acerca das ocorrências na execução do contrato e demais documentos que julgarem necessários, devendo encaminhá-los ao gestor do contrato para recebimento definitivo; e

b) quando a fiscalização for exercida por um único servidor, o relatório circunstanciado deverá conter o registro, a análise e a conclusão acerca das ocorrências na execução do contrato, em relação à fiscalização técnica e administrativa e demais documentos que julgar necessários, devendo encaminhá-los ao gestor do contrato para recebimento definitivo;

II – o recebimento definitivo pelo gestor do contrato, ato que concretiza o ateste da execução dos serviços, obedecerá às seguintes diretrizes:

a) realizar a análise dos relatórios e de toda a documentação apresentada pela fiscalização técnica e administrativa e, caso haja irregularidades que impeçam a liquidação e o pagamento da despesa, indicar as cláusulas contratuais pertinentes, solicitando à contratada, por escrito, as respectivas correções;

b) emitir termo circunstanciado para efeito de recebimento definitivo dos serviços prestados, com base nos relatórios e documentação apresentados; e

c) comunicar a empresa para que emita a Nota Fiscal ou Fatura com o valor exato dimensionado pela fiscalização com base no Instrumento de Medição de Resultado (IMR), observado o Anexo VIII-A ou instrumento substituto, se for o caso.

Trata-se de uma configuração diferenciada em relação ao procedimento considerado normal, pois, como regra, o recebimento, tanto provisório como definitivo, deve ser feito exclusivamente no encerramento de todas as obrigações contratuais, e não mês a mês.

O recebimento provisório só pode ser feito após a conclusão da realização de todas as obrigações do contratado. Não é possível realizar o recebimento provisório de objeto inconcluso. Encontramos na jurisprudência do TCU a seguinte deliberação:

9.1.4. abstenham-se de realizar o recebimento provisório de obras com pendências a serem solucionadas pela construtora, uma vez que o instituto do recebimento provisório, previsto no art. 73, inc. I, da Lei n° 8.666/93, não legitima a entrega provisória de uma obra inconclusa, mas visa resguardar a Administração no caso de aparecimento de vícios ocultos, surgidos após o recebimento provisório;[56]

Esse recebimento provisório deve ser feito no prazo definido na lei, quando for o caso. É necessário observar com atenção as disposições do art. 73, §4°, da Lei n° 8.666/1993, que dispõe sobre a omissão da administração em relação ao recebimento provisório no prazo de 15 dias, contados da comunicação escrita do contratado sobre o encerramento de suas atividades. Nessa hipótese, diz a lei que o objeto será presumido como realizado.

O recebimento definitivo será feito após o decurso de um prazo de observação ou após o contratado corrigir as falhas porventura registradas por ocasião do recebimento provisório. A lei fala em um prazo máximo de 90 dias, que poderá ser, excepcionalmente, ultrapassado, se ocorrer motivo justo, devidamente registrado.

O recebimento provisório é feito pelos próprios fiscais que acompanharam a execução. Eles não podem, no entanto, participar do recebimento definitivo. Isso fica claro quando a lei fala em "servidor ou comissão designada pela autoridade competente", deixando evidente a intenção de colocar outras pessoas, com outra visão, para confirmar a execução integral das cláusulas avençadas. Nesse sentido:

> 14. Conforme dispõe a Lei de Licitações, o recebimento da obra é dividido em dois estágios. O primeiro, provisório, é feito pelo responsável pelo acompanhamento e fiscalização, em até quinze dias da comunicação escrita da conclusão da obra pelo contratado da obra; já o segundo, por servidor ou comissão designada pela autoridade competente, após o decurso do prazo de observação ou de vistoria que comprove a adequação do objeto aos termos contratuais.
>
> 15. Assim, é demonstrado o cuidado do legislador nesta etapa da obra, pois resguarda seu recebimento pela vontade do fiscal do contrato combinada com a do servidor ou da comissão designada pela autoridade competente. Para enfatizar essa intenção, estão explícitas na Lei n. 8.666/1993 exceções, no caso de obras e serviços, apenas para aquelas de valor até o previsto no art. 23, inciso II, alínea **a**, da aludida norma,

---

[56] BRASIL. Tribunal de Contas da União. Acórdão n° 853/13-P. Disponível em: http://www. tcu.gov.br. Acesso em: 21 set. 2020.

desde que não se componham de aparelhos, equipamentos e instalações sujeitos à verificação de funcionamento e produtividade. Ressalte-se que a obra em questão não se enquadra nessa situação.[57]

Na mesma direção, em deliberação mais recente:

Em relação à segregação do recebimento provisório e definitivo, grande parte das organizações (9/14) não realiza o recebimento provisório pelo fiscal do contrato e o recebimento definitivo por pessoa ou comissão designada, que não o fiscal do contrato, para atestar a regular prestação dos serviços. Essa situação implica o risco de o fiscal do contrato despender maior parte do tempo na fiscalização das obrigações acessórias (e.g. encargos trabalhistas e previdenciários) do que das obrigações principais (execução propriamente dita do serviço), e consequente recebimento dos serviços em desconformidade com as especificações técnicas.

Para melhor elucidar o assunto, tem-se que o recebimento provisório, a cargo do fiscal técnico, tem o objetivo de reconhecer o cumprimento técnico do objeto. Ao passo que o recebimento definitivo, que deve ficar a cargo de outro servidor ou comissão (podendo contar com o apoio de unidade da área administrativa), não se restringe à análise dos aspectos administrativos do contrato, mas se destina também à verificação do trabalho realizado pelo fiscal técnico, como, por exemplo, a análise quanto à inexistência de ingerência administrativa da organização sobre a contratada e de subordinação direta ou pessoalidade indevida; e também ao ateste dos demais aspectos contratuais.

Assim, o recebimento definitivo trata de tópicos presentes em contratações de serviços comuns, bem como de serviços de natureza continuada. Dessa forma, considerando a importância desses dois tipos de recebimentos para a garantia do atendimento integral dos objetivos da contratação, considerando-se ainda a relevância e materialidade envolvida nas contratações de serviços continuados, entende-se que os controles supracitados devem ser implementados nesses tipos de contrato, em observância ao comando do art. 73, inciso I, da Lei 8666/93.[58]

O recebimento definitivo só poderá ser realizado quando não houver mais qualquer tipo de pendência em relação ao cumprimento das obrigações por parte do contratado.

---

[57] BRASIL. Tribunal de Contas da União. Acórdão nº 2.696/13-P. Disponível em: http://www. tcu.gov.br. Acesso em: 21 set. 2020.

[58] BRASIL. Tribunal de Contas da União. Acórdão nº 2.339/16-P. Disponível em: http://www. tcu.gov.br. Acesso em: 21 set. 2020.

No caso específico de obras e serviços de engenharia, é a partir do recebimento definitivo que começa a contagem do prazo de 5 anos de vigência da garantia prevista no art. 618 do Código Civil:

> Art. 618. Nos contratos de empreitada de edifícios ou outras construções consideráveis, o empreiteiro de materiais e execução responderá, durante o prazo irredutível de cinco anos, pela solidez e segurança do trabalho, assim em razão dos materiais, como do solo.
>
> Parágrafo único. Decairá do direito assegurado neste artigo o dono da obra que não propuser a ação contra o empreiteiro, nos cento e oitenta dias seguintes ao aparecimento do vício ou defeito.

Para cumprimento das disposições do parágrafo único, deve a administração agir no sentido da realização de verificações periódicas, como recomenda a TCU:

> 1. O recebimento da obra deve ser realizado em duas etapas, conforme dispõe o art. 73 da Lei n. 8.666/1993. 2. É recomendável a realização de acompanhamento periódico da obra concluída, mormente nos cinco anos posteriores ao seu término, com a finalidade de identificar falhas que devam ser corrigidas pelo executor, sem ônus para a Administração Pública, bem como de garantir a sua vida útil de projeto, sendo boa prática a elaboração de um manual de utilização, inspeção e manutenção para a obra em questão.[59]

Quando o objeto do contrato trata de engenharia, por ocasião do recebimento definitivo devem ser observadas algumas cautelas adicionais, como, por exemplo:

> 9.1.2. incluam cláusulas em edital e em contrato que estabeleçam a obrigação de o contratado, em conjunto com a Administração Pública, providenciar a seguinte documentação como condição indispensável para o recebimento definitivo de objeto:
>
> 9.1.2.1. "as built" da obra, elaborado pelo responsável por sua execução;
>
> 9.1.2.2. comprovação das ligações definitivas de energia, água, telefone e gás;
>
> 9.1.2.3. laudo de vistoria do corpo de bombeiros aprovando a obra;
>
> 9.1.2.4. carta "habite-se", emitida pela prefeitura; e
>
> 9.1.2.5. certidão negativa de débitos previdenciários específica para o registro da obra junto ao Cartório de Registro de Imóveis;[60]

---

[59] BRASIL. Tribunal de Contas da União. Acórdão nº 2.696/13-P. Disponível em: http://www. tcu.gov.br. Acesso em: 21 set. 2020.

[60] BRASIL. Tribunal de Contas da União. Acórdão nº 853/13-P. Disponível em: http://www. tcu.gov.br. Acesso em: 21 set. 2020.

Na nova Lei de Licitações e Contratos, encontramos um capítulo especialmente dedicado ao recebimento do objeto do contrato. Trata-se do Capítulo IX – Do recebimento do objeto do contrato, que contém, no art. 140, regras parcialmente diferentes daquelas constantes da Lei nº 8.666/1993. Transcreve-se, a seguir, o teor do artigo, para comentários em seguida:

Art. 140. O objeto do contrato será recebido:

I – em se tratando de obras e serviços:

a) provisoriamente, pelo responsável por seu acompanhamento e fiscalização, mediante termo detalhado, quando verificado o cumprimento das exigências de caráter técnico;

b) definitivamente, por servidor ou comissão designada pela autoridade competente, mediante termo detalhado que comprove o atendimento das exigências contratuais;

II – em se tratando de compras:

a) provisoriamente, de forma sumária, pelo responsável por seu acompanhamento e fiscalização, com verificação posterior da conformidade do material com as exigências contratuais;

b) definitivamente, por servidor ou comissão designada pela autoridade competente, mediante termo detalhado que comprove o atendimento das exigências contratuais.

§1º O objeto do contrato poderá ser rejeitado, no todo ou em parte, quando estiver em desacordo com o contrato.

§2º O recebimento provisório ou definitivo não excluirá a responsabilidade civil pela solidez e segurança da obra ou serviço nem a responsabilidade ético-profissional pela perfeita execução do contrato, nos limites estabelecidos pela lei ou pelo contrato.

§3º Os prazos e os métodos para a realização dos recebimentos provisório e definitivo serão definidos em regulamento ou no contrato.

§4º Salvo disposição em contrário constante do edital ou de ato normativo, os ensaios, os testes e as demais provas para aferição da boa execução do objeto do contrato exigidos por normas técnicas oficiais correrão por conta do contratado.

§5º Em se tratando de projeto de obra, o recebimento definitivo pela Administração não eximirá o projetista ou o consultor da responsabilidade objetiva por todos os danos causados por falha de projeto.

§6º Em se tratando de obra, o recebimento definitivo pela Administração não eximirá o contratado, pelo prazo mínimo de 5 (cinco) anos, admitida a previsão de prazo de garantia superior no edital e no contrato, da responsabilidade objetiva pela solidez e segurança dos materiais e dos serviços executados e pela funcionalidade da construção, da reforma, da recuperação ou da ampliação do bem imóvel, e, em caso de vício, defeito ou incorreção identificados, o contratado ficará responsável pela reparação, pela correção, pela reconstrução ou pela substituição necessárias.

Algumas diferenças em relação ao que contém a Lei nº 8.666, de 1993, podem ser observadas. Nada, no entanto, que seja muito significativo ou que altere fundamentalmente os procedimentos já adotados, especialmente levando em conta a jurisprudência formada, acima relatada.

Podemos registrar, por exemplo, que foram retirados da lei os prazos para realização dos recebimentos provisório e definitivo. Se, em relação ao recebimento definitivo, consideramos uma boa inovação, na medida em que o mesmo só deve ser realizado quando não houver mais qualquer pendência em relação ao que foi contratado, e, muitas vezes, a regularização dessas pendências depende do contratado e não da administração, em relação ao provisório não consideramos conveniente deixar o prazo em aberto. A administração, em alguns de seus segmentos, pode interpretar essa omissão legal como uma liberdade para realizar o recebimento provisório quando lhe convier, o que não é o caso. Deve continuar sendo feito no prazo mais curto possível, não havendo sentido em prolongar essa situação.

O §6º do art. 140 quase que reproduz, se não na literalidade, mas na sua essência, o art. 618 do Código Civil Brasileiro. Não há sentido nessa reprodução. Bastaria que a lei fizesse expressa remissão à existência dessa condição. A única novidade que pode ser observada é a possibilidade de ampliação do prazo de 5 anos, através de expressa condição editalícia. Enquanto o Código Civil fala em prazo IRREDUTÍVEL de cinco anos, a Lei nº 14.133, de 2021, fala em prazo MÍNIMO de cinco anos.

A condição prevista no §5º também é desnecessária. A responsabilidade do autor do projeto, quer seja de arquitetura, quer seja de engenharia, já tem previsão na normatização dessas profissões. Para isso, inclusive, existem a ART – Anotação de Responsabilidade Técnica e RRT – Registro de Responsabilidade Técnica. Mas é oportuno registrar que, se pretender fazer prevalecer essa responsabilidade, a administração não poderá permitir que os projetos sejam alterados por outros profissionais, sem prévia consulta ao seu autor original. Nesse sentido, transcrevemos os artigos constantes do Capítulo II – Da responsabilidade e autoria, da Lei nº 5.194, de 24 de dezembro de 1966, que regula o exercício da profissão de engenheiro no país:

Art. 17. Os direitos de autoria de um plano ou projeto de engenharia, arquitetura ou agronomia, respeitadas as relações contratuais expressas entre o autor e outros interessados, são do profissional que os elaborar.
Parágrafo único. Cabem ao profissional que os tenha elaborado os prêmios ou distinções honoríficas concedidas a projetos, planos, obras ou serviços técnicos.
Art. 18. As alterações do projeto ou plano original só poderão ser feitas pelo profissional que o tenha elaborado.
Parágrafo único. Estando impedido ou recusando-se o autor do projeto ou plano original a prestar sua colaboração profissional, comprovada a solicitação, as alterações ou modificações deles poderão ser feitas por outro profissional habilitado, a quem caberá a responsabilidade pelo projeto ou plano modificado.
Art. 19. Quando a concepção geral que caracteriza um plano ou, projeto for elaborada em conjunto por profissionais legalmente habilitados, todos serão considerados co-autores do projeto, com os direitos e deveres correspondentes.
Art. 20. Os profissionais ou organizações de técnicos especializados que colaborarem numa parte do projeto, deverão ser mencionados explicitamente como autores da parte que lhes tiver sido confiada, tornando-se mister que todos os documentos, como plantas, desenhos, cálculos, pareceres, relatórios, análises, normas, especificações e outros documentos relativos ao projeto, sejam por eles assinados.
Parágrafo único. A responsabilidade técnica pela ampliação, prosseguimento ou conclusão de qualquer empreendimento de engenharia, arquitetura ou agronomia caberá ao profissional ou entidade registrada que aceitar esse encargo, sendo-lhe, também, atribuída a responsabilidade das obras, devendo o Conselho Federal dotar resolução quanto às responsabilidades das partes já executadas ou concluídas por outros profissionais.
Art. 21. Sempre que o autor do projeto convocar, para o desempenho do seu encargo, o concurso de profissionais da organização de profissionais, especializados e legalmente habilitados, serão estes havidos como co-responsáveis na parte que lhes diga respeito.
Art. 22. Ao autor do projeto ou a seus prepostos é assegurado o direito de acompanhar a execução da obra, de modo a garantir a sua realização de acordo com as condições, especificações e demais pormenores técnicos nele estabelecidos.
Parágrafo único. Terão o direito assegurado neste artigo, ao autor do projeto, na parte que lhes diga respeito, os profissionais especializados que participarem, como co-responsáveis, na sua elaboração.

Art. 23. Os Conselhos Regionais criarão registros de autoria de planos e projetos, para salvaguarda dos direitos autorais dos profissionais que o desejarem.

Na área de arquitetura, na Lei nº 12.378, de 31 de dezembro de 2010, temos disposições semelhantes.

Estamos destacando esse fato tendo em vista que alguns órgãos de controle questionam e até consideram irregular a contratação do autor do projeto original, se houver necessidade de alterá-lo ou adaptá-lo para outra situação, por inexigibilidade de licitação. Ora, se o ordenamento jurídico diz que, nessa hipótese, só o autor do projeto original poderá alterá-lo, excepcionando, apenas, as situações de impedimento e recusa expressa, não haverá outro meio para contratá-lo que não seja a inexigibilidade de licitação, por absoluta inviabilidade de competição.

A nova Lei de Licitações e Contratos Administrativos dispõe, em seu art. 30:

> Art. 30. O concurso observará as regras e condições previstas em edital, que indicará:
> I – a qualificação exigida dos participantes;
> II – as diretrizes e formas de apresentação do trabalho;
> III – as condições de realização e o prêmio ou remuneração a ser concedida ao vencedor.
> Parágrafo único. Nos concursos destinados à elaboração de projeto, o vencedor deverá ceder à Administração Pública, nos termos do art. 93 desta Lei, todos os direitos patrimoniais relativos ao projeto e autorizar sua execução conforme juízo de conveniência e oportunidade das autoridades competentes.

O citado art. 93 dispõe, *verbis*:

> Art. 93. Nas contratações de projetos ou de serviços técnicos especializados, inclusive daqueles que contemplem o desenvolvimento de programas e aplicações de internet para computadores, máquinas, equipamentos e dispositivos de tratamento e de comunicação da informação (*software*) – e a respectiva documentação técnica associada –, o autor deverá ceder todos os direitos patrimoniais a eles relativos para a Administração Pública, hipótese em que poderão ser livremente utilizados e alterados por ela em outras ocasiões, sem necessidade de nova autorização de seu autor.
> §1º Quando o projeto se referir a obra imaterial de caráter tecnológico, insuscetível de privilégio, a cessão dos direitos a que se refere o *caput*

deste artigo incluirá o fornecimento de todos os dados, documentos e elementos de informação pertinentes à tecnologia de concepção, desenvolvimento, fixação em suporte físico de qualquer natureza e aplicação da obra.

§2º É facultado à Administração Pública deixar de exigir a cessão de direitos a que se refere o *caput* deste artigo quando o objeto da contratação envolver atividade de pesquisa e desenvolvimento de caráter científico, tecnológico ou de inovação, considerados os princípios e mecanismos instituídos pela Lei nº 10.973, de 2 de dezembro de 2004.

§3º Na hipótese de posterior alteração do projeto pela Administração Pública, o autor deverá ser comunicado e os registros serão promovidos nos órgãos ou entidades competentes.

Entendemos que essas disposições merecem uma análise mais aprofundada. O art. 93 dispõe sobre a obrigatoriedade, como regra, de o autor de um projeto ou de um serviço técnico especializado selecionado pela administração ceder a esta todos os *direitos patrimoniais* sobre os mesmos. Disposição semelhante àquela contida no art. 111 da Lei nº 8.666, de 1993, a saber:

Art. 111. A Administração só poderá contratar, pagar, premiar ou receber projeto ou serviço técnico especializado desde que o autor ceda os direitos patrimoniais a ele relativos e a Administração possa utilizá-lo de acordo com o previsto no regulamento de concurso ou no ajuste para sua elaboração.

Parágrafo único. Quando o projeto referir-se a obra imaterial de caráter tecnológico, insuscetível de privilégio, a cessão dos direitos incluirá o fornecimento de todos os dados, documentos e elementos de informação pertinentes à tecnologia de concepção, desenvolvimento, fixação em suporte físico de qualquer natureza e aplicação da obra.

Em ambas as normas legais, há expressa menção à cessão, pelo autor, dos direitos patrimoniais inerentes à obra contratada.

A Lei nº 9.610, de 19 de fevereiro de 1998, consolidou a legislação sobre direitos autorais no Brasil. Dispõe o seu art. 22:

Art. 22. Pertencem ao autor os direitos morais e patrimoniais sobre a obra que criou.

Literal, objetiva e indiscutivelmente, a Lei Especial em matéria de direitos autorais dispõe sobre dois direitos distintos que o autor possui sobre a obra que criou: o direito moral e o direito patrimonial. São distintos. Não o fossem e a lei não traria disposição como a acima transcrita. Quais são os direitos morais do autor? São tratados na Lei nº 9.610, de 1998:

Art. 24. São direitos morais do autor:
I – o de reivindicar, a qualquer tempo, a autoria da obra;
II – o de ter seu nome, pseudônimo ou sinal convencional indicado ou anunciado, como sendo o do autor, na utilização de sua obra;
III – o de conservar a obra inédita;
IV – o de assegurar a integridade da obra, opondo-se a quaisquer modificações ou à prática de atos que, de qualquer forma, possam prejudicá-la ou atingi-lo, como autor, em sua reputação ou honra;
V – o de modificar a obra, antes ou depois de utilizada;
VI – o de retirar de circulação a obra ou de suspender qualquer forma de utilização já autorizada, quando a circulação ou utilização implicarem afronta à sua reputação e imagem;
VII – o de ter acesso a exemplar único e raro da obra, quando se encontre legitimamente em poder de outrem, para o fim de, por meio de processo fotográfico ou assemelhado, ou audiovisual, preservar sua memória, de forma que cause o menor inconveniente possível a seu detentor, que, em todo caso, será indenizado de qualquer dano ou prejuízo que lhe seja causado.
§1º Por morte do autor, transmitem-se a seus sucessores os direitos a que se referem os incisos I a IV.
§2º Compete ao Estado a defesa da integridade e autoria da obra caída em domínio público.
§3º Nos casos dos incisos V e VI, ressalvam-se as prévias indenizações a terceiros, quando couberem.

E quais são os seus direitos patrimoniais? A mesma norma legal dispõe:

Art. 28. Cabe ao autor o direito exclusivo de utilizar, fruir e dispor da obra literária, artística ou científica.
Art. 29. Depende de autorização prévia e expressa do autor a utilização da obra, por quaisquer modalidades, tais como:
I – a reprodução parcial ou integral;
II – a edição;
III – a adaptação, o arranjo musical e quaisquer outras transformações;
IV – a tradução para qualquer idioma;
V – a inclusão em fonograma ou produção audiovisual;
VI – a distribuição, quando não intrínseca ao contrato firmado pelo autor com terceiros para uso ou exploração da obra;

VII – a distribuição para oferta de obras ou produções mediante cabo, fibra ótica, satélite, ondas ou qualquer outro sistema que permita ao usuário realizar a seleção da obra ou produção para percebê-la em um tempo e lugar previamente determinados por quem formula a demanda, e nos casos em que o acesso às obras ou produções se faça por qualquer sistema que importe em pagamento pelo usuário;

VIII – a utilização, direta ou indireta, da obra literária, artística ou científica, mediante:

a) representação, recitação ou declamação;

b) execução musical;

c) emprego de alto-falante ou de sistemas análogos;

d) radiodifusão sonora ou televisiva;

e) captação de transmissão de radiodifusão em locais de frequência coletiva;

f) sonorização ambiental;

g) a exibição audiovisual, cinematográfica ou por processo assemelhado;

h) emprego de satélites artificiais;

i) emprego de sistemas óticos, fios telefônicos ou não, cabos de qualquer tipo e meios de comunicação similares que venham a ser adotados;

j) exposição de obras de artes plásticas e figurativas;

IX – a inclusão em base de dados, o armazenamento em computador, a microfilmagem e as demais formas de arquivamento do gênero;

X – quaisquer outras modalidades de utilização existentes ou que venham a ser inventadas.

Art. 30. No exercício do direito de reprodução, o titular dos direitos autorais poderá colocar à disposição do público a obra, na forma, local e pelo tempo que desejar, a título oneroso ou gratuito.

§1º O direito de exclusividade de reprodução não será aplicável quando ela for temporária e apenas tiver o propósito de tornar a obra, fonograma ou interpretação perceptível em meio eletrônico ou quando for de natureza transitória e incidental, desde que ocorra no curso do uso devidamente autorizado da obra, pelo titular.

§2º Em qualquer modalidade de reprodução, a quantidade de exemplares será informada e controlada, cabendo a quem reproduzir a obra a responsabilidade de manter os registros que permitam, ao autor, a fiscalização do aproveitamento econômico da exploração.

Art. 31. As diversas modalidades de utilização de obras literárias, artísticas ou científicas ou de fonogramas são independentes entre si, e a autorização concedida pelo autor, ou pelo produtor, respectivamente, não se estende a quaisquer das demais.

Art. 32. Quando uma obra feita em regime de co-autoria não for divisível, nenhum dos co-autores, sob pena de responder por perdas e danos, poderá, sem consentimento dos demais, publicá-la ou autorizar-lhe a publicação, salvo na coleção de suas obras completas.

§1º Havendo divergência, os co-autores decidirão por maioria.

§2º Ao co-autor dissidente é assegurado o direito de não contribuir para as despesas de publicação, renunciando a sua parte nos lucros, e o de vedar que se inscreva seu nome na obra.

§3º Cada co-autor pode, individualmente, sem aquiescência dos outros, registrar a obra e defender os próprios direitos contra terceiros.

Art. 33. Ninguém pode reproduzir obra que não pertença ao domínio público, a pretexto de anotá-la, comentá-la ou melhorá-la, sem permissão do autor.

Parágrafo único. Os comentários ou anotações poderão ser publicados separadamente.

Art. 34. As cartas missivas, cuja publicação está condicionada à permissão do autor, poderão ser juntadas como documento de prova em processos administrativos e judiciais.

Art. 35. Quando o autor, em virtude de revisão, tiver dado à obra versão definitiva, não poderão seus sucessores reproduzir versões anteriores.

Art. 36. O direito de utilização econômica dos escritos publicados pela imprensa, diária ou periódica, com exceção dos assinados ou que apresentem sinal de reserva, pertence ao editor, salvo convenção em contrário.

Parágrafo único. A autorização para utilização econômica de artigos assinados, para publicação em diários e periódicos, não produz efeito além do prazo da periodicidade acrescido de vinte dias, a contar de sua publicação, findo o qual recobra o autor o seu direito.

Art. 37. A aquisição do original de uma obra, ou de exemplar, não confere ao adquirente qualquer dos direitos patrimoniais do autor, salvo convenção em contrário entre as partes e os casos previstos nesta Lei.

Art. 38. O autor tem o direito, irrenunciável e inalienável, de perceber, no mínimo, cinco por cento sobre o aumento do preço eventualmente verificável em cada revenda de obra de arte ou manuscrito, sendo originais, que houver alienado.

Parágrafo único. Caso o autor não perceba o seu direito de sequência no ato da revenda, o vendedor é considerado depositário da quantia a ele devida, salvo se a operação for realizada por leiloeiro, quando será este o depositário.

Art. 39. Os direitos patrimoniais do autor, excetuados os rendimentos resultantes de sua exploração, não se comunicam, salvo pacto antenupcial em contrário.

Art. 40. Tratando-se de obra anônima ou pseudônima, caberá a quem publicá-la o exercício dos direitos patrimoniais do autor.

Parágrafo único. O autor que se der a conhecer assumirá o exercício dos direitos patrimoniais, ressalvados os direitos adquiridos por terceiros.

Art. 41. Os direitos patrimoniais do autor perduram por setenta anos contados de 1º de janeiro do ano subsequente ao de seu falecimento, obedecida a ordem sucessória da lei civil.

Parágrafo único. Aplica-se às obras póstumas o prazo de proteção a que alude o *caput* deste artigo.

Art. 42. Quando a obra literária, artística ou científica realizada em co-autoria for indivisível, o prazo previsto no artigo anterior será contado da morte do último dos co-autores sobreviventes.

> Parágrafo único. Acrescer-se-ão aos dos sobreviventes os direitos do co-autor que falecer sem sucessores.
>
> Art. 43. Será de setenta anos o prazo de proteção aos direitos patrimoniais sobre as obras anônimas ou pseudônimas, contado de 1º de janeiro do ano imediatamente posterior ao da primeira publicação.
>
> Parágrafo único. Aplicar-se-á o disposto no art. 41 e seu parágrafo único, sempre que o autor se der a conhecer antes do termo do prazo previsto no *caput* deste artigo.
>
> Art. 44. O prazo de proteção aos direitos patrimoniais sobre obras audiovisuais e fotográficas será de setenta anos, a contar de 1º de janeiro do ano subsequente ao de sua divulgação.
>
> Art. 45. Além das obras em relação às quais decorreu o prazo de proteção aos direitos patrimoniais, pertencem ao domínio público:
>
> I – as de autores falecidos que não tenham deixado sucessores;
>
> II – as de autor desconhecido, ressalvada a proteção legal aos conhecimentos étnicos e tradicionais.

É inquestionável que tanto a Lei nº 8.666/1993, em seu art. 111, como a nova Lei nº 14.133/2021, em seu art. 93, exigem que o autor da obra transfira à administração contratante exclusivamente os *direitos patrimoniais*. Como consequência lógica, permanecem com ele os *direitos morais*. Entre estes, está o de modificar a obra de sua autoria (art. 24, inc. V), o de opor-se a qualquer modificação da obra que possa prejudicá-lo ou atingi-lo em sua honra ou em sua reputação (art. 24, inc. IV) e o de suspender qualquer forma de utilização já autorizada, quando implicar afronta à sua imagem e reputação (art. 24, inc. VI).[61]

Ora, se o direito de modificar a obra permanece com o autor, como pode a nova Lei de Licitações e Contratos trazer previsão expressa no sentido de que a obra cuja utilização for contratada, com cessão de *direitos patrimoniais*, possa ser alterada pela administração pública mediante simples *comunicação* ao seu autor, como se não houvesse necessidade de sua expressa autorização? Parece-nos que, mais uma vez, os autores da nova lei estão confundindo os direitos patrimoniais com os direitos morais. Ou, pior ainda, estão simplesmente ignorando a existência dos direitos morais, expressamente previstos em legislação especial, que, como todos

---

[61] Todos os dispositivos citados são da Lei nº 9.610, de 1998.

sabem no mundo jurídico, prevalece em relação à legislação geral quando houver contradição entre elas.

Não temos dúvidas em afirmar que o art. 93, §3º, da Lei nº 14.133/2021, é ilegal. Se a administração desejar alterar obra intelectual contratada, deverá obter expressa concordância do seu autor. Sem essa concordância, não poderá fazê-lo. Diferentemente, portanto, dos direitos patrimoniais, que são cedidos na contratação, significando dizer que a administração poderá reutilizá-la sem necessidade de pagamento de nova remuneração ao autor, porém, sem qualquer alteração.

Alerta-se sobre esse aspecto por já termos visto várias interpretações equivocadas em relação às disposições do art. 111 da Lei nº 8.666/1993, o que poderá ser repetido com a utilização da nova lei. Mesmo no âmbito do TCU, encontramos a seguinte deliberação:

> 9. Consoante salientado pelo ilustre Relator a quo, Ministro Walton Alencar Rodrigues, o art. 111 da Lei nº 8.666/1993 dispõe que a Administração só poderá contratar, pagar, premiar ou receber projeto se seu autor ceder os direitos patrimoniais a ele relativos. Da leitura desse dispositivo, depreende-se que o autor de um projeto adquirido pelo Poder Público está obrigado a ceder os respectivos direitos à Administração. Daí decorre que, se houver necessidade superveniente de alterar esse projeto, o Estado, com esse desiderato, poderá contratar um terceiro. Note-se que, nessa hipótese, esse terceiro assumirá a responsabilidade pelas alterações introduzidas.
>
> 10. Importa ressaltar que se admite a contratação sem licitação do autor do projeto original para atualizá-lo se o valor dessa contratação não ultrapassar 25% do valor do contrato inicialmente firmado, consoante dispõe o art. 65, §§1º e 2º, da Lei nº 8.666/1993. Por outro lado, se o valor da atualização superar esse limite, essa contratação não contará com o necessário respaldo legal. Tendo em vista que, no caso sob comento, o montante a ser pago pela atualização superou significativamente esse limite, não houve base legal para o procedimento adotado pelo DNER.[62]

Com todo respeito aos doutos componentes do Colegiado, houve um claro equívoco em relação ao assunto, confundindo-se os direitos patrimoniais, citados na Lei nº 8.666/1993, com os direitos

---

[62] BRASIL. Tribunal de Contas da União. Acórdão nº 1.536/04-P. Disponível em: http://www. tcu.gov.br. Acesso em: 1 fev. 2021.

morais, não cedidos obrigatoriamente à administração. Mais adiante, o próprio Tribunal pôde rever o assunto, como vemos a seguir:

24. No que diz respeito aos direitos autorais, a questão deve ser examinada sob o foco da Lei nº 8.666/1993 e da Lei nº 9.610/1998. A primeira dispõe sobre normas para licitações e contratos no âmbito da Administração Pública, tocando no assunto em seu art. 111, quando exige que o interessado na contratação renuncie os seus `direitos patrimoniais¿ em favor da administração, o qual deverá ser utilizado por esta na forma `prevista na contratação¿ (destacados). A segunda lei aborda especificamente o assunto, entrando inclusive em detalhes.

24.1 A Lei de Licitações e Contratos não é uma norma específica que trata de direitos autorais, embora faça-lhe menção em seu art. 111. O que esta lei resguarda e garante à Administração Pública é o direito patrimonial do bem contratado, assim entendido o direito de a administração dispor do bem adquirido sempre na forma previamente contratada. Aplicando esse dispositivo à contratação levada a efeito para a aquisição dos projetos executivos do Aeroporto de Palmas/TO, verifica-se que houve a cessão dos direitos patrimoniais pela empresa elaboradora desses projetos à INFRAERO e ao Governo do Estado de Tocantins, para serem utilizados, exclusivamente, nesse aeroporto, conforme se depreende da leitura das Cláusulas Primeira, Segunda e Terceira do Contrato de Prestação de Serviços Aeropalmas nº 017/99, de 01/11/1999 (principal, fls. 117 e 119).

24.2 Por sua vez, a Lei nº 9.610/1998, conhecida como Lei de Direitos Autorais – LDA, é uma norma específica que atualiza e consolida a legislação sobre direitos autorais, entendendo-se sob esta denominação os direitos do autor e os que lhes são conexos, conforme definição contida no art. 1º dessa lei. Quando se tratar de interpretação de negócios jurídicos sobre direitos autorais, a mesma deve ser realizada de forma restritiva, em atenção ao seu art. 4º, que assim o exige.

24.2.1 A norma em espécie protege as obras intelectuais, que são aquelas resultantes da criação do espírito, entre elas, os projetos de engenharia e arquitetura (art. 7º, inciso X, da LDA). No que cuida aos direitos do autor, pertencem-lhe os `direitos morais e patrimoniais¿ sobre a obra que criou (art. 22). Entre os direitos morais, está o de reivindicar a qualquer tempo a autoria da obra, o de conservar a obra inédita e o de modificar a obra antes ou depois de utilizada (art. 24, incisos I, III e V). Além disso, o autor possui a prerrogativa de repudiar o projeto arquitetônico alterado sem o seu consentimento durante a execução e após a conclusão da obra (art. 26). Quanto aos direitos patrimoniais, depende de sua autorização prévia e expressa para que a obra seja reproduzida parcial ou integralmente, a título oneroso ou gratuito (arts. 29, incisos I e 30)

24.2.2 Trazendo os dispositivos da LDA ao caso concreto tratado neste processo, ou seja, o pagamento a título de direitos autorais pelos projetos do Aeroporto de Macapá, sem entrar na discussão, neste momento, no aspecto legal da contratação por inexigibilidade de licitação, conclui-se que ao autor dos projetos executivos do Aeroporto de Palmas/TO, adaptados para o Aeroporto de Macapá, continua a lhes pertencer os direitos autorais, sob a forma de 'direitos morais¿, ainda que os 'direitos patrimoniais¿ tivessem sido renunciados em favor da Administração, por força do art. 111 da Lei nº 8.666/1993

24.2.3 Não há confronto entre a Lei de Licitações e Contratos com a Lei de Direitos Autorais, uma vez que esta é específica e não veda a cessão dos direitos patrimoniais, que pode ser realizada a título gratuito ou oneroso. Quanto aos 'direitos morais¿, ainda que o contratado quisesse fazê-lo, está impossibilitado, pois estes são inalienáveis e irrenunciáveis, conforme dispõe o art. 27 da LDA. Assim, no caso específico dos projetos executivos do Aeroporto de Palmas, como os direitos morais pertencem ao seu autor, cabe ao mesmo reclamar pelos direitos autorais.

24.2.4 Sendo assim, conclui-se que da forma que foi realizada a contratação pela INFRAERO, isto é, reaproveitando um projeto já existente, os direitos autorais pertencem ao autor dos projetos. Nesse sentido, acolhemos as novas justificativas apresentadas e reconsideramos o posicionamento exposto nos subitens 15.11 a 15.11.6 desta instrução, deixando de atribuir o débito de R$240.000,00 (duzentos e quarenta mil reais), a título de direitos autorais, aos Srs. Carlos Wilson Rocha de Queiroz Campos, Eleuza Terezinha Manzoni dos Santos Lores, Paulo Dietzsch Neto e à empresa Planorcon Projetos Técnicos Ltda.[63]

Aqui, sim, encontramos uma análise adequada, compatibilizando as disposições da Lei nº 8.666/1993 com as da Lei nº 9.610/1998, esta, especial em matéria de direitos autorais. Na jurisprudência mais recente do TCU, encontramos o Acórdão nº 1.309/2014-P, em cujo voto o Ministro Relator traça interessantes comentários a respeito do tema, consoante excerto transcrito a seguir:

> Ocorre que, na prática, não é possível repetir um projeto da magnitude do edifício do Centro de Aulas do Campus da UFG em Aparecida de Goiânia/GO, de 7.930,20 m2 de área construída, sem nenhuma adaptação.
>
> No tocante à arquitetura, são necessárias, por exemplo modificações na implantação do prédio no terreno, tendo em vista o sistema viário da nova localidade, a orientação solar e infraestrutura local.

---

[63] BRASIL. Tribunal de Contas da União. Acórdão nº 596/08-P. Disponível em: http://www.tcu.gov.br. Acesso em: 1 fev. 2021.

Quanto ao projeto estrutural e de fundações, ao contrário do argumento apresentado pela UFG, a sondagem realizada em um terreno de determinada cidade não se presta a garantir informações para fins de cálculo das fundações de prédios locados em qualquer ponto dessa cidade. O tipo de fundação a ser adotado para uma edificação em um dado terreno depende das informações do perfil geológico e da capacidade de carga das diferentes camadas do seu subsolo, a fim de que se projete a solução mais adequada não só em termos de funcionalidade, como também em termos de custo.

No tocante aos demais projetos complementares (hidro-sanitário, incêndio, ar condicionado, alarme, elétrico, cabeamento estruturado e SPDA) também precisam ser adaptados. Devem ser compatíveis com novo terreno, para que possam ser satisfatoriamente interligados às redes de água, esgoto, telefonia, elétrica, águas pluviais existentes; e aos projetos de arquitetura e estrutural adaptados.

Portanto, todas essas alterações, se não forem realizadas durante a elaboração do projeto básico, antes da licitação da obra, terão que ser implementadas durante a execução da obra. Surgem aí alguns problemas de ordem prática.

Primeiramente, qualquer modificação em um projeto implica um novo registro de ART perante o CREA, uma vez que a Anotação de Responsabilidade Técnica serve para identificar a responsabilidade técnica pelas obras ou serviços prestados por profissionais ou empresas, proporcionando **segurança técnica e jurídica para quem contrata** e para quem é contratado.

Em princípio, um projeto contratado só deverá ser executado para os fins e locais indicados. A sua reprodução, respaldada no art. 5º, alínea XXVII da Constituição Federal e no art. 29 da Lei 9.610/1998 (Lei dos Direitos Autorias), depende de autorização prévia e expressa do autor. Além disso, para que os projetos sejam modificados, é imprescindível a anuência do respectivo autor, conforme art. 24, IV e 26 da Lei 9.610/98, pois as mudanças não autorizadas podem ser reclamadas, tendo o contratante que arcar com indenização por violação do direito moral e contra a honra do profissional autor.

Ademais, em princípio, tendo em vista o art. 18 da Lei 5.194/1966, as alterações do projeto só poderão ser feitas pelo profissional que o tenha elaborado. O parágrafo único do mesmo artigo prevê que, *"estando impedido ou recusando-se o autor do projeto ou plano original a prestar sua colaboração profissional, comprovada a solicitação, as alterações ou modificações deles **poderão ser feitas por outro profissional habilitado, a quem caberá a responsabilidade pelo projeto ou plano modificado"** (grifei).

O art. 50 da Lei 9.610/1998 prevê a possibilidade de cessão total ou parcial dos direitos de autor, que se fará sempre por escrito, constando no instrumento de cessão, obrigatoriamente, seus elementos essenciais, seu objeto e as condições de exercício do direito quanto a tempo, lugar e preço.

Portanto, é necessário verificar se, nos editais de contratação dos projetos complementares, há permissão dos autores dos projetos para outros profissionais fazerem as devidas adaptações, no caso de repetição, e registrarem a autoria dessas adaptações no Crea, se responsabilizando pelo projeto alterado. Ou se consta nos editais que tais adaptações serão realizadas pelos próprios autores. Importa definir ainda quais são os ônus para a administração em quaisquer das duas hipóteses. Trata-se de uma questão de definição da responsabilidade técnica no caso de eventual erro de projeto que possa causar dano à execução da obra, ou de eventual reclamação do autor quanto à abrangência de utilização do respectivo projeto, resguardando a administração pública.[64]

Essa situação envolve, além das contratações na área de engenharia e arquitetura, contratações na área de tecnologia da informação, uma vez que, muitas vezes, elas envolvem a criação de obras intelectuais. Temos, como exemplo desse tipo de situação, na jurisprudência do TCU, análise feita, conforme excerto transcrito:

Outra questão identificada pela secretaria instrutora diz respeito à dependência tecnológica da agência na customização e no desenvolvimento de módulos complementares da plataforma *McFile*, utilizada nos sistemas de ressarcimento. A fim de solucionar essa fragilidade, a SecexSaúde sugere que seja feita determinação para que a ANS adote providências com vistas a obter, junto à empresa Destaque Empreendimentos em Informática Ltda., a transferência dos códigos-fonte da plataforma, sem quaisquer ônus ou restrições à sua adaptação ou modificação, bem como a cessão de todos os demais dados relacionados, nos termos do entendimento adotado no Acórdão 5684/2013-TCU-Primeira Câmara e com fundamento no art. 111, parágrafo único, da Lei 8.666/1992, *in verbis*:

"Art. 111. A Administração só poderá contratar, pagar, premiar ou receber projeto ou serviço técnico especializado desde que o autor ceda os direitos patrimoniais a ele relativos e a Administração possa utilizá-lo de acordo com o previsto no regulamento de concurso ou no ajuste para sua elaboração.

Parágrafo único. Quando o projeto referir-se a obra imaterial de caráter tecnológico, insuscetível de privilégio, a cessão dos direitos incluirá o fornecimento de todos os dados, documentos e elementos de informação pertinentes à tecnologia de concepção, desenvolvimento, fixação em suporte físico de qualquer natureza e aplicação da obra."

---

[64] BRASIL. Tribunal de Contas da União. Acórdão nº 1.309/14-P. Disponível em: http://www. tcu.gov.br. Acesso em: 1 fev. 2021.

Acolho, na forma de recomendação, a proposta acima mencionada, baseada em orientação da auditora interna da própria ANS (peça 25, p. 22-24). Deixo de fazê-lo na forma de determinação pois, além de não ter sido promovida a oitiva da empresa Destaque Empreendimentos em Informática Ltda. nestes autos, a qual teria seus interesses afetados pela medida, também não se sabe ao certo os reais benefícios oriundos de tal exigência no presente caso. Isso porque a potencial independência do fornecedor para a manutenção do sistema de gestão de ativos digitais requer, entre outras coisas, além dos códigos-fonte, adequada documentação do sistema, descrição do modelo do banco de dados e pessoal treinado e capacitado para promover a manutenção necessária (Acórdão 3100/2012-TCU-Plenário). Em outras palavras, não se sabe, no caso, se a ANS tem recursos para fazer uso das informações solicitadas de forma a alcançar a independência tecnológica almejada."[65]

---

[65] BRASIL. Tribunal de Contas da União. Acórdão nº 3.078/16-P. Disponível em: http://www.tcu.gov.br. Acesso em: 1 fev. 2021.

CAPÍTULO 10

DAS ALTERAÇÕES CONTRATUAIS

Tanto a Lei nº 8.666/1993, como a Lei nº 13.303/2016 admitem, expressamente, alterações nos contratos da administração pública. Não havia outra opção ao legislador: a possibilidade de alteração é um imperativo da própria atuação da administração. Afinal, qualquer contrato objetiva atender o interesse público primário e secundário. E esse interesse é dinâmico, não podendo ficar algemado a regras que, no momento do planejamento da contratação, eram as melhores, mas que podem e rotineiramente sofrem alterações com o passar do tempo. Nunca é demais lembrar que, quando da decretação do estado de pandemia em nosso país, os órgãos/entidades e as estatais tinham uma série de contratos em andamento. Se é certo considerar que essas avenças atendiam o interesse público no momento em que foram planejadas, com a pandemia as circunstâncias sofreram profundas alterações, implicando a imperiosa necessidade de adaptar os contratos aos novos tempos, às novas necessidades, ao novo interesse público. Se a legislação não permitisse alterações, como ficariam as administrações contratantes, engessadas por regras que não eram mais interessantes?

Claro que sempre será possível alegar ter sido a pandemia uma situação absolutamente atípica, que não deveria, assim, ser considerada como uma regra. Mas mesmo nas situações absolutamente normais, rotineiras, há mutações constantes no interesse público a ser alcançado com determinada contratação. Foi pensando nisso que o legislador teve a cautela de colocar a possibilidade de alterações nas duas normas legais.

Não se trata, no entanto, de um cheque em branco concedido à contratante. Alterações podem ser feitas, sim, mas sempre, inevitavelmente, devidamente motivadas. Essa motivação deve estar relacionada, como regra, a fatos supervenientes. Não se deve promover alterações contratuais para corrigir erros cometidos no planejamento. Até podem ser feitas essas alterações, pois, afinal, muitas e muitas vezes, esses erros acabam por conduzir a um prejuízo ao interesse público, prejuízo ao próprio erário, que deve ser colocado como prioritário. Sim, corrija-se o erro alterando o contrato. Mas que se apurem as responsabilidades por esse erro, pelo menos para evitar sua repetição nos próximos processos, pois à administração pública, direta e indireta, não é dado o direito de conviver pacificamente com o erro. Gostamos de reproduzir excerto do Acórdão nº 1.733/09-P, do TCU, no qual é feita uma análise nesse tema:

> 15. O fato de o legislador ordinário facultar à Administração exigir do contratado que suporte acréscimos e supressões em até 25% do valor inicial atualizado do contrato não lhe autoriza agir contrariamente aos princípios que regem a licitação pública, essencialmente o que busca preservar a execução contratual de acordo com as características da proposta vencedora do certame, sob pena de se ferir o princípio constitucional da isonomia. Penso que tal previsão normativa teve como finalidade única viabilizar correções quantitativas do objeto licitado, conferindo certa flexibilidade ao contrato, mormente em função de eventuais erros advindos dos levantamentos de quantitativos do projeto básico.[66]

É fundamental, portanto, cada vez mais, que a fase de planejamento das contratações seja conduzida de forma correta, profissional, com análise adequada e suficiente sobre as regras que melhor atenderão o interesse público em cada avença. Sequer se admite a possibilidade de a administração, mesmo sabendo que as soluções propostas não são as melhores, deixar para alterá-las apenas no momento da execução contratual. Será erro crasso. Até pelos prejuízos que poderá trazer, inclusive financeiros, além de atrasos na execução, riscos de desvios de conduta etc. O ideal

---

[66] BRASIL. Tribunal de Contas da União. Acórdão nº 1.733/09-P. Disponível em: http://www.tcu.gov.br. Acesso em: 21 set. 2020.

seria executar todo o contrato sem alterações, a não ser aquelas ditadas por fatores exógenos supervenientes, como no exemplo da pandemia, anteriormente citado. Sabemos, no entanto, que tal condição acaba sendo difícil de alcançar, pelas deficiências que a fase de planejamento do processo quase sempre apresenta, como prazos curtos para definições, com falta de preparo dos agentes envolvidos, com desconhecimento de situações específicas do mercado etc. Mas não podemos esquecer que alterar um contrato deve ser situação de exceção. E, em assim sendo, será objeto, por certo, de análise mais aprofundada por parte dos órgãos de controle, interno e externo, podendo gerar desconforto com os servidores/empregados envolvidos. E, nesse sentido, a fundamentação adequada em relação à origem da necessidade da alteração passa a ser muito relevante. Afinal, qual a mudança ocorrida no mundo fático que obriga a administração a alterar o contrato, para melhor adequá-lo aos seus objetivos? É algo que precisa ficar muito bem motivado nos autos do processo, para evitar questionamentos futuros.

Pergunta-se: se a necessidade de alteração for decorrente de falha cometida no momento do planejamento, a administração poderia realizá-la ou, levando em conta a causa, deveria vetá-la? Inquestionavelmente, se a alteração for realisticamente indispensável para o melhor atendimento ao interesse público, que seja feita. O fato de haver sido originada de uma falha de planejamento não pode constituir impedimento à sua realização, sob pena de estarmos colocando o interesse público em plano secundário. O que se torna necessário, nesse caso, é a apuração de responsabilidade pela falha cometida, especialmente no caso de ela vir a constituir prejuízo ao erário. Por analogia, consideramos correto levar em conta, neste momento, a lição advinda do Acórdão nº 1.785/2003-P, do TCU, que trata da possibilidade de ser formalizada contratação emergencial, com fundamento nas disposições do art. 24, inc. IV, da Lei nº 8.666/1993, quando a emergência decorre de desídia administrativa:

> 12.2.4. Não há, portanto, que se confundir situação de emergência, amparada pela lei, provocada por fatores imprevisíveis, naturais e humanos (caso fortuito ou de força maior), com situação de urgência provocada por desídia dos administradores. Nesta última hipótese, forçoso é admitir a contratação, sem licitação, caso efetivamente ocorra a situação prevista no art. 24, IV, da Lei 8.666/93 ("situação que possa

ocasionar prejuízo ou comprometer a segurança de pessoas, obras, serviços, equipamentos e outros bens, públicos ou particulares"), sem prejuízo, entretanto, de punir-se o agente que a causou.[67]

Na Lei nº 8.666/1993, em se tratando de contratos administrativos, com predominância de regras de direito público, a possibilidade de alteração contratual acaba ficando mais simples, por ser tratar, muitas vezes, de cláusula exorbitante. No caso das estatais, como os contratos são de direito privado, a situação acaba ficando mais complicada, na medida em que toda e qualquer alteração precisará ser acolhida pelo contratado, que só o fará, por certo, se os seus interesses não estiverem sendo atingidos.

Assim dispõe a Lei nº 8.666/1993, a respeito das alterações contratuais:

Art. 65. Os contratos regidos por esta Lei poderão ser alterados, com as devidas justificativas, nos seguintes casos:
I – unilateralmente pela Administração:
a) quando houver modificação do projeto ou das especificações, para melhor adequação técnica aos seus objetivos;
b) quando necessária a modificação do valor contratual em decorrência de acréscimo ou diminuição quantitativa de seu objeto, nos limites permitidos por esta Lei;
II – por acordo das partes:
a) quando conveniente a substituição da garantia de execução;
b) quando necessária a modificação do regime de execução da obra ou serviço, bem como do modo de fornecimento, em face de verificação técnica da inaplicabilidade dos termos contratuais originários;
c) quando necessária a modificação da forma de pagamento, por imposição de circunstâncias supervenientes, mantido o valor inicial atualizado, vedada a antecipação do pagamento, com relação ao cronograma financeiro fixado, sem a correspondente contraprestação de fornecimento de bens ou execução de obra ou serviço;
d) para restabelecer a relação que as partes pactuaram inicialmente entre os encargos do contratado e a retribuição da administração para a justa remuneração da obra, serviço ou fornecimento, objetivando a manutenção do equilíbrio econômico-financeiro inicial do contrato, na hipótese de sobrevirem fatos imprevisíveis, ou previsíveis porém de consequências incalculáveis, retardadores ou impeditivos da execução do ajustado, ou, ainda, em caso de força maior, caso fortuito ou fato do

---

[67] BRASIL. Tribunal de Contas da União. Acórdão nº 1.785/03-P. Disponível em: http://www. tcu.gov.br. Acesso em: 19 out. 2020.

príncipe, configurando álea econômica extraordinária e extracontratual.

§1º O contratado fica obrigado a aceitar, nas mesmas condições contratuais, os acréscimos ou supressões que se fizerem nas obras, serviços ou compras, até 25% (vinte e cinco por cento) do valor inicial atualizado do contrato, e, no caso particular de reforma de edifício ou de equipamento, até o limite de 50% (cinquenta por cento) para os seus acréscimos.

§2º Nenhum acréscimo ou supressão poderá exceder os limites estabelecidos no parágrafo anterior, salvo:

I – (VETADO)

II – as supressões resultantes de acordo celebrado entre os contratantes.

§3º Se no contrato não houverem sido contemplados preços unitários para obras ou serviços, esses serão fixados mediante acordo entre as partes, respeitados os limites estabelecidos no §1º deste artigo.

§4º No caso de supressão de obras, bens ou serviços, se o contratado já houver adquirido os materiais e posto no local dos trabalhos, estes deverão ser pagos pela Administração pelos custos de aquisição regularmente comprovados e monetariamente corrigidos, podendo caber indenização por outros danos eventualmente decorrentes da supressão, desde que regularmente comprovados.

§5º Quaisquer tributos ou encargos legais criados, alterados ou extintos, bem como a superveniência de disposições legais, quando ocorridas após a data da apresentação da proposta, de comprovada repercussão nos preços contratados, implicarão a revisão destes para mais ou para menos, conforme o caso.

§6º Em havendo alteração unilateral do contrato que aumente os encargos do contratado, a Administração deverá restabelecer, por aditamento, o equilíbrio econômico-financeiro inicial.

§7º (VETADO)

§8º A variação do valor contratual para fazer face ao reajuste de preços previsto no próprio contrato, as atualizações, compensações ou penalizações financeiras decorrentes das condições de pagamento nele previstas, bem como o empenho de dotações orçamentárias suplementares até o limite do seu valor corrigido, não caracterizam alteração do mesmo, podendo ser registrados por simples apostila, dispensando a celebração de aditamento.

De início, verificamos que existem dois tipos de alterações contratuais na antiga Lei de Licitações: aquelas que podem ser determinadas unilateralmente pela administração contratante e aquelas que dependem da consensualidade das duas partes. As primeiras caracterizam cláusulas exorbitantes, próprias do direito público, independendo da vontade da parte contratada. As segundas só poderão ser realizadas se houver interesse das duas partes, houver um consenso.

As alterações unilaterais, por sua vez, podem ser divididas em duas espécies: alterações qualitativas e alterações quantitativas. São qualitativas aquelas que objetivam alterar aspectos relativos à qualidade do objeto. Como regra, devem ser decorrentes de situações supervenientes ou que só puderam ser verificadas de modo superveniente, implicando alterações nos projetos e/ou nas especificações.

Podemos exemplificar as alterações qualitativas com a mudança da especificação de um determinado material, decorrente de novas regras postas no mercado ou, de outra banda, de comportamentos típicos do mercado. Um material ou um equipamento foi especificado com determinadas características. Posteriormente, já no curso da execução da avença, uma regra legal obriga a alterar essas características. É um exemplo de alteração qualitativa. De outra banda, material especificado passa a não ser mais produzido no mercado. Exemplo: um material especificado para o revestimento da parede de uma obra ou serviço de engenharia deixa de ser produzido. Há, assim, imperiosa necessidade de sua substituição por outro que possua características similares e que esteja disponível. É outro exemplo de alteração qualitativa. Observe-se que, nessa situação, não há alteração na quantidade contratada para o objeto, mas tão somente de sua qualidade.

A administração pode, também, determinar unilateralmente alterações nos quantitativos contratados. Licitou e contratou o fornecimento de *n* unidades de determinado objeto. No curso da execução contratual, constata, de forma motivada, preferencialmente por fatos supervenientes, que a quantidade contratada deverá ser aumentada ou reduzida. Trata-se de uma alteração exclusivamente quantitativa, pois as especificações do objeto permanecem rigorosamente as mesmas.

Podemos ter, também, determinadas alterações enquadradas nas duas situações, ou seja, simultaneamente qualitativas e quantitativas. Há uma alteração nos projetos/especificações e, ao mesmo tempo, constata-se a necessidade de alteração da quantidade. Teremos aí uma alteração qualitativa e quantitativa.

Tanto as alterações qualitativas como as quantitativas estão sujeitas aos limites definidos nos §§1º e 2º do art. 65 da Lei nº 8.666/1993: 25% do valor inicial atualizado do contrato ou, em situações especiais, 50% do mesmo valor. Até os dias de hoje, há discussão doutrinária a respeito desses limites, com alguns respeitados doutrinadores afirmando que os limitem seriam aplicáveis exclusivamente às alterações quantitativas, não havendo limitação para as alterações qualitativas. Nunca nos filiamos a essa corrente. A uma, pela necessidade do estabelecimento de parâmetros limitadores nas duas situações, pois não haverá lógica na possibilidade de a administração pública licitar determinado objeto e ficar com liberdade absoluta para, no momento da execução do contrato, alterá-lo qualitativamente sem qualquer limite. Ofenderia um conjunto de princípios que regem a atividade pública, como os princípios da isonomia, da seleção da proposta mais vantajosa, do interesse público e da finalidade, por exemplo. Por outro lado, entendemos que o texto legal é claro nos dois parágrafos citados. No §1º do art. 65, a lei dispõe sobre limites numéricos, sem fazer qualquer distinção entre as formas de alteração tratadas no *caput* do artigo. E, no §2º, a norma legal é enfática: nenhuma alteração, e, portanto, nem qualitativa e nem quantitativa, pode superar os limites definidos no parágrafo anterior, salvo a exceção ali expressamente mencionada.

O Tribunal de Contas da União apreciou esse tema em importante deliberação, na qual, usando o seu poder de interpretar a lei de forma sistemática e principiológica, concluiu pela aplicação dos limites aos dois tipos de alteração, criando apenas uma situação excepcionalíssima, para melhor atender o interesse público em determinada situação. Mais importante: a deliberação do Tribunal foi proferida em sede de consulta, tornando-a de aplicação universal. Transcrevemos, a seguir, a deliberação do TCU na Decisão nº 215/99-P:

O Tribunal, diante das razões expostas pelo Relator, DECIDE:

8.1. com fundamento no art. 1º, inciso XVII, §2º, da Lei nº 8.443/92, e no art. 216, inciso II, do Regimento Interno deste Tribunal, responder à Consulta formulado pelo ex-Ministro de Estado do Meio Ambiente, dos Recursos Hídricos e da Amazônia Legal, Gustavo Krause Gonçalves Sobrinho, nos seguintes termos:

a) tanto as alterações contratuais quantitativas – que modificam a dimensão do objeto – quanto as unilaterais qualitativas – que mantêm intangível o objeto, em natureza e em dimensão, estão sujeitas aos limites preestabelecidos nos §§1º e 2º do art. 65 da Lei nº 8.666/93, em face do respeito aos direitos do contratado, prescrito no art 58, I, da mesma Lei, do princípio da proporcionalidade e da necessidade de esses limites serem obrigatoriamente fixados em lei;

n) nas hipóteses de alterações contratuais consensuais, qualitativas e excepcionalíssimas de contratos de obras e serviços, é facultado à Administração ultrapassar os limites aludidos no item anterior, observados os princípios da finalidade, da razoabilidade e da proporcionalidade, além dos direitos patrimoniais do contratante privado, desde que satisfeitos cumulativamente os seguintes pressupostos:

I – não acarretar para a Administração encargos contratuais superiores aos oriundos de uma eventual rescisão contratual por razões de interesse público, acrescidos aos custos da elaboração de um novo procedimento licitatório;

II – não possibilitar a inexecução contratual, à vista do nível de capacidade técnica e econômico-financeira do contratado;

III – decorrer de fatos supervenientes que impliquem em dificuldades não previstas ou imprevisíveis por ocasião da contratação inicial;

IV – não ocasionar a transfiguração do objeto originalmente contratado em outro de natureza e propósito diversos;

V – ser necessárias à completa execução do objeto original do contrato, à otimização do cronograma de execução e à antecipação dos benefícios sociais e econômicos decorrentes;

VI – demonstrar-se – na motivação do ato que autorizar o aditamento contratual que extrapole os limites legais mencionados na alínea "a", supra – que as consequências da outra alternativa (a rescisão contratual, seguida de nova licitação e contratação) importam sacrifício insuportável ao interesse público primário (interesse coletivo) a ser atendido pela obra ou serviço, ou seja gravíssimas a esse interesse; inclusive quanto à sua urgência e emergência;[68]

Apesar de se tratar de uma decisão antiga, o Tribunal tem mantido o mesmo entendimento até os dias de hoje, como vemos, por exemplo, na deliberação a seguir, bem mais recente:

146. A situação aqui analisada não é de modificação do projeto, mas de ampliação do objeto. Isso porque o projeto inicial foi mantido. O projeto licitado na Concorrência 1/2012 não foi alterado. O que ocorreu foi a contratação de um novo projeto mediante termo aditivo, o que

---

[68] BRASIL. Tribunal de Contas da União. Decisão nº 215/99-P. Disponível em: http://www.tcu.gov.br. Acesso em: 17 set. 2020.

CAPÍTULO 10
DAS ALTERAÇÕES CONTRATUAIS | 199

ampliou o alcance do evento ao expandi-lo para o Pavilhão Norte do Anhembi.

147. Portanto, o termo aditivo aqui analisado não tratou de modificação qualitativa, pois não foi uma mudança na concepção do projeto. Se assim fosse, tratar-se-ia da alínea 'a' do inciso I do artigo 65 da Lei 8.666/1993. O que houve foi modificação quantitativa, acréscimo nos quantitativos do objeto. E, situações dessa natureza enquadram-se na alínea 'b' do inciso I do artigo 65 da Lei 8.666/1993.

148. A excepcionalidade facultada na alínea 'b' do subitem 8.1 da *Decisão 215/99* – TCU – Plenário aplica-se 'nas hipóteses de alterações contratuais consensuais, qualitativas', não se aplica às variações quantitativas, como o caso em comento. Logo, a alínea 'b' do subitem 8.1 da *Decisão 215/99* – TCU – Plenário não se aplica ao presente caso.

149. Mesmo que por extrapolação se quisesse aplicar a alínea 'b' do subitem 8.1 da *Decisão 215/99* – TCU – Plenário ao presente caso, a decisão somente seria favorável se fossem satisfeitos cumulativamente os itens I a VI do subitem 8.1 daquele *decisum*.

150. Uma leitura dos itens I a VI do subitem 8.1 da *Decisão 215/99* – TCU – Plenário deixa claro que a situação que levou ao aditamento do contrato não satisfaz aos itens III e VI *in verbis*:

III – decorrer de fatos supervenientes que impliquem em dificuldades não previstas ou imprevisíveis por ocasião da contratação inicial;

(...)

VI – demonstrar-se – na motivação do ato que autorizar o aditamento contratual que extrapole os limites legais mencionados na alínea 'a', supra – que as consequências da outra alternativa (a rescisão contratual, seguida de nova licitação e contratação) importam sacrifício insuportável ao interesse público primário (interesse coletivo) a ser atendido pela obra ou serviço, ou seja gravíssima a esse interesse; inclusive quanto à sua urgência e emergência;

151. O caso em análise não foi fato superveniente, nem as consequências de uma nova licitação seriam danosas ao interesse público, haja vista já estar demonstrado nesta instrução que a licitação contemplava 12.000 visitantes, enquanto que um ano antes já havia 20.000 inscritos (peça 12, p. 42 do TC-029.688/2015-9).[69]

Pacificado esse entendimento, resta analisar a aplicação prática dos limites definidos em lei. Em primeiro lugar: o que significa "valor inicial atualizado do contrato"? Por óbvio, trata-se

---

[69] BRASIL. Tribunal de Contas da União. Acórdão nº 51/18-P. Disponível em: http://www. tcu.gov.br. Acesso em: 17 set. 2020.

do valor da avença no momento da formalização da contratação. A lei fala em valor "atualizado", referindo-se exclusivamente à atualização monetária obrigatória, nos termos da Lei nº 10.192, de 14 de fevereiro de 2001. Atualização de valor em contratos é o tema tratado no próximo capítulo desta obra.

Em regra, o limite máximo das alterações é de 25% desse valor inicial atualizado. Excepcionalmente, nos casos que envolvam reforma de edifícios ou reforma de equipamentos, esse limite é elevado para 50%, considerando que, quando falamos em reforma, há sempre a possibilidade do aparecimento de situações imprevistas, que acabam por alterar o valor inicial da avença.

Na situação particular das supressões, a lei permite que o limite máximo seja suplantado, mas condicionando a um consenso entre os contratantes. Assim, se houver necessidade de supressão, havendo concordância do contratado, o valor poderá ser reduzido e, até mesmo, completamente zerado. No entanto, despesas comprovadamente já realizadas pelo contratante com o objetivo de execução do objeto deverão ser indenizadas pela administração contratante. Mas em se tratando de acréscimo, o limite estabelecido é imperativo, sendo ilegal suplantá-lo, independentemente da motivação, exceto na situação excepcionalíssima definida na já citada Decisão nº 215/99-P, do TCU.

Os acréscimos serão calculados considerando os mesmos valores da contratação, na data-base considerada, conforme detalhamento no capítulo vindouro.

Durante muito tempo, a administração pública conviveu com uma situação não perfeitamente definida em relação à forma de cálculo das alterações. As disposições do art. 65 da Lei nº 8.666/1993 levavam à possibilidade de interpretações muitas vezes absolutamente divergentes. Alguns doutrinadores entendiam que, ao estabelecer como base de cálculo do limite máximo o valor inicial "atualizado", e lei estava propiciando a oportunidade de incluir, nessa base, as alterações já realizadas até então. Dessa maneira, se o valor inicial do contrato fosse de R$100,00 e, em determinado momento, a administração contratante fizesse um acréscimo de R$10,00, entendiam alguns que passaríamos a ter uma nova base de cálculo para as futuras alterações, que seria de R$110,00, ou seja, o valor inicial "atualizado" pelo acréscimo já realizado.

De outra banda, existia, igualmente, a interpretação no sentido de que poderia haver compensação entre acréscimos e supressões. Se a administração fizesse um acréscimo de R$10,00 e uma supressão de R$3,00, consideravam alguns que deveria ser considerada apenas a diferença de R$7,00 para efeito do cômputo do acréscimo.

Evidentemente, tratava-se de interpretações equivocadas. No primeiro caso, não podemos confundir valor inicial "atualizado" com valor inicial "alterado". São eventos absolutamente distintos. Atualização de valor significa mantê-lo no mesmo patamar econômico-financeiro inicial, sem alteração. Completamente diferente, portanto, do conceito de alteração, que modifica a equação inicial. No segundo caso, compensação entre acréscimos e supressões possibilitaria à administração modificar totalmente o objeto contratado, com fundamento legal. Bastava fazer uma supressão de 100% e um acréscimo de 100% e teríamos um **novo** objeto, mantido o valor inicial, o que, sem maiores digressões, não poderia ser acobertado pela norma legal.

Já no Acórdão nº 1.733/09-P, acima citado, o TCU posicionava-se nesse mesmo sentido. Nos últimos anos, esse assunto caminhou para uma pacificação. Especialmente, a partir de 2010, quando o TCU analisou caso concreto de um determinado/órgão entidade que fazia a compensação entre acréscimos e supressões e, consequentemente, ultrapassou os limites máximos definidos na lei. Fundamentalmente, a partir daí, ficou definida a impossibilidade de compensação e a forma de cálculo, como vemos nos acórdãos cujos excertos são transcritos a seguir:

> 9.2. determinar ao Departamento Nacional de Infraestrutura de Transportes que, em futuras contratações, para efeito de observância dos limites de alterações contratuais previstos no art. 65 da Lei nº 8.666/1993, passe a considerar as reduções ou supressões de quantitativos de forma isolada, ou seja, o conjunto de reduções e o conjunto de acréscimos devem ser sempre calculados sobre o valor original do contrato, aplicando-se a cada um desses conjuntos, individualmente e sem nenhum tipo de compensação entre eles, os limites de alteração estabelecidos no dispositivo legal;[70]

---

[70] BRASIL. Tribunal de Contas da União. Acórdão nº 749/10-P. Disponível em: http://www.tcu.gov.br. Acesso em: 21 set. 2020.

Diante de embargos de declaração interpostos pelo órgão interessado, o Tribunal, dando-lhes provimento parcial, alterando a redação do acórdão anterior, que ficou sendo a seguinte:

> 9.2. determinar ao Departamento Nacional de Infraestrutura de Transportes que, para efeito de observância dos limites de alterações contratuais previstos no art. 65 da Lei nº 8.666/1993, passe a considerar as reduções ou supressões de quantitativos de forma isolada, ou seja, o conjunto de reduções e o conjunto de acréscimos devem ser sempre calculados sobre o valor original do contrato, aplicando-se a cada um desses conjuntos, individualmente e sem nenhum tipo de compensação entre eles, os limites de alteração estabelecidos no dispositivo legal;[71]

A Orientação Normativa nº 50, de 25 de abril de 2014, a AGU, em sua redação original, dispõe no mesmo sentido:

> Os acréscimos e as supressões do objeto contratual devem ser sempre calculados sobre o valor inicial do contrato atualizado, aplicando-se a estas alterações os limites percentuais previstos no art. 65, §1º, da Lei nº 8.666, de 1993, sem qualquer compensação entre si.

Vamos exemplificar, para eliminar quaisquer dúvidas. Imaginemos um contrato firmado pela administração pública, com fundamento na Lei nº 8.666/1993, cujo valor inicial é de R$235.000,00. Ao iniciar-se a execução, a administração contratante estará ciente de que poderá alterar esse contrato, quantitativa e qualitativamente, para mais ou para menos, desde que atenda o limite máximo de acréscimo de 25% desse valor inicial, ou seja, R$58.750,00 (as supressões unilaterais também devem atender esse limite, mas as supressões consensuais podem atingir a 100% do valor contratado). A partir daí, deverá ser feito o gerenciamento das alterações. Imaginemos, então:

---

[71] BRASIL. Tribunal de Contas da União. Acórdão nº 591/11-P. Disponível em: http://www.tcu.gov.br. Acesso em: 21 set. 2020.

Valor inicial do contrato: R$235.000,00	
Acréscimos	**Supressões**
Valor inicial disponível: R$58.750,00	Valor inicial disponível: R$58.750,00
1º acréscimo: R$11.000,00	
2º acréscimo: R$8.740,00	1ª supressão: R$5.109,00
	2ª supressão: R$1.035,00

Na medida em que forem sendo realizados acréscimos, o valor dos mesmos será abatido do limite máximo inicial, no caso do exemplo, de R$58.750,00. Igual procedimento deve ser feito para as supressões, sempre separadamente dos acréscimos, ainda que sejam formalizados em um mesmo instrumento aditivo ao contrato.

Recente deliberação do TCU veio esclarecer situação que ocorre muitas vezes na administração pública. Interessante notar que tal deliberação foi proferida em resposta à consulta formulada, o que lhe dá o caráter normativo, caracterizando necessidade de observância *erga omnes*. Estamos nos referindo ao Acórdão nº 66/21-P, que assim decidiu:

> 9.1. conhecer da presente Consulta, por preencher os requisitos de admissibilidade previstos nos arts. 264, **caput** e inciso IV, §§ 1º e 2º, e 265, do Regimento Interno do TCU;
> 9.2. com fundamento no art. 1º, inciso XVII e § 2º, da Lei 8.443/1992, responder ao consulente que o restabelecimento total ou parcial de quantitativo de item anteriormente suprimido por aditivo contratual, com fundamento nos §§ 1º e 2º do art. 65 da Lei 8.666/1993, por causa de restrições orçamentárias, desde que observadas as mesmas condições e preços iniciais pactuados, não configura a compensação vedada pela jurisprudência do Tribunal de Contas da União, consubstanciada nos Acórdão 1536/2016-TCU-Plenário, rel. Bruno Dantas, e 2.554/2017-TCU-Plenário, rel. André de Carvalho, visto que o objeto licitado ficou inalterado, sendo possível, portanto, além do restabelecimento, novos acréscimos sobre o valor original do contrato, observado o limite estabelecido no § 1º do art. 65 da Lei 8.666/1993;[72]

---

[72] BRASIL. Tribunal de Contas da União. Acórdão nº 66/21-P. Disponível em: http://www.tcu.gov.br. Acesso em: 02 jul. 2021.

Assim, o restabelecimento de quantitativo anteriormente suprimido de um mesmo item contratual não só não configura a ilegalidade da compensação, como também não afeta a disponibilidade para novos acréscimos futuros. Tal deliberação implicou alteração da Orientação Normativa nº 50, da AGU, que passou a ter a seguinte redação:

I – Os acréscimos e as supressões do objeto contratual devem ser sempre calculados sobre o valor inicial do contrato atualizado, **aplicando-se de forma isolada** os limites percentuais previstos em lei ao conjunto de acréscimos e supressões, **vedada a compensação** de acréscimos e supressões entre itens distintos, **não se admitindo** que a supressão de quantitativos de um ou mais itens seja compensada por acréscimos de itens diferentes ou pela inclusão de novos itens.

II – No âmbito do mesmo item, o restabelecimento parcial ou total de quantitativo anteriormente suprimido não representa compensação vedada, desde que sejam observadas as mesmas condições e preços iniciais pactuados, não haja fraude ao certame ou à contratação direta, jogo de planilha, nem descaracterização do objeto, sendo juridicamente possível, além do restabelecimento, a realização de aditamentos para novos acréscimos ou supressões, observados os limites legais para alterações do objeto em relação ao valor inicial e atualizado do contrato.

Três situações que ocorrem com frequência nos processos de contratação merecem uma análise individualizada, por possuírem características próprias e diferenciadas. Estamos nos referindo aos contratos que envolvem vários itens/lotes, aos contratos relativos a serviços a serem prestados de forma contínua e aos contratos cujos valores são estimados.

No primeiro caso, vale lembrar que a administração pode realizar processos de contratação com critérios de julgamento por item, por lote ou por preço global. Embora a regra seja a licitação por itens, para atendimento ao princípio do parcelamento do objeto, expressamente previsto no art. 23 da Lei nº 8.666/1993, nem sempre isso será indicado para o melhor atendimento ao interesse público, sendo comuns situações em que a adjudicação deve ser feita para a melhor proposta por lote ou, até mesmo, para a melhor proposta pelo preço global.

Quando a administração realiza uma licitação por itens, para contratação de "n" objetos, estará, realisticamente, realizando várias licitações simultâneas, pois cada um dos itens deverá ser licitado *per se*. Eles estarão agrupados em único procedimento por

CAPÍTULO 10
DAS ALTERAÇÕES CONTRATUAIS | 205

economia processual: em lugar de realizar "n" licitações distintas, realiza-se uma única, envolvendo os "n" itens. Como, no entanto, são, faticamente, certames distintos, o licitante poderá participar de apenas alguns deles, os que lhe interessarem, poderemos ter um mesmo licitante sendo inabilitado em um item e habilitado em outro, mesmo licitante pode ser adjudicatário em um item e ter sua proposta desclassificada em outro etc. Efetivamente, eles não se confundem, sendo absolutamente distintos.

Nesse caso, a regra é termos, ao final do certame, um contrato para cada item. Mas também, por economia processual, é comum encontrarmos, na hipótese de o mesmo licitante ser declarado adjudicatário em dois ou mais itens, um único termo de contrato. A pergunta que se faz é como tratar o limite dos aditivos nesse único termo de contrato?

Não podemos esquecer que o instrumento é único, mas são dois ou mais contratos, avenças, ali presentes. Não podemos mais confundir "contrato" com "termo de contrato". Então, cada um dos contratos deve ser tratado isoladamente. O limite máximo será, então, para cada item (contrato), de 25% do valor inicial atualizado **desse item**. Exemplo: um único termo de contrato englobando três itens licitados separadamente, com os seguintes valores, respectivamente: R$16.000,00, R$32.8800 e R$44.000,00. Para o primeiro item, que é o primeiro contrato, o limite do aditivo será de R$4.000,00; para o segundo, de R$8.200,00; e, para o terceiro, de R$11.000,00.

Outra pergunta: nessa hipótese, imaginando que seja realizada uma supressão total do item 2 (supressão consensual de 100% do valor do item), seria possível utilizar o valor suprimido para acrescer os dois outros itens? Evidentemente, a resposta é negativa. Se não é possível compensar acréscimos com supressões em um mesmo contrato, muito menos seria possível fazê-lo em contratos distintos.

Nos casos de contratos relativos aos serviços continuados, a dificuldade parece estar no fato de essas avenças admitirem, rotineiramente, prorrogações do prazo de vigência inicialmente pactuado. Contrata-se, por exemplo, por 12 meses, mas, através de prorrogações, a vigência poderá atingir 60 meses, ou, excepcionalmente, 72. A pergunta é: como considerar o valor inicial desse tipo de contrato para efeito de definição do limite de acréscimos/supressões?

Há duas hipóteses que merecem ser analisadas, que acabam por conduzir a um resultado final praticamente idêntico, com variações apenas nos procedimentos de alterações ao longo da vigência. A primeira hipótese é considerar cada período contratual como sendo um contrato **distinto**. Explique-se: se vamos fazer um contrato com vigência de 12 meses, com possibilidade de prorrogações sucessivas por períodos de 12 meses, cada um desses períodos deve ser considerado como se fosse um contrato isolado, apenas para efeito do cálculo do limite das alterações. Exemplo: firmamos um contrato de prestação de serviços continuados, pelo prazo de 12 meses, com valor mensal de R$1.000,00 e, consequentemente, valor global de R$12.000,00. O limite das alterações, durante esse período de vigência, será de R$3.000,00. Quando fazemos a prorrogação do prazo de vigência por mais 12 meses, teremos o mesmo cálculo (evidentemente, o valor da avença vai sofrendo alteração pela atualização anual, que não é aqui considerada por não influir na inteligência do processo), e assim sucessivamente. Cada período é considerado um contrato único, embora não passe de uma prorrogação da mesma avença. O TCU entendeu esse procedimento como adequado, como podemos ver aqui:

> 4. Após as primeiras audiências e análises pertinentes, foram acatadas as justificativas dos responsáveis em relação à suposta extrapolação do limite de 25% de acréscimo de valores previsto no art. 65, §1º, da Lei 8.666/1993, conforme a análise de mérito realizada pela unidade técnica à peça 48, da qual permito-me extrair o seguinte excerto:

> 19. Não obstante o citado entendimento da Consultoria Jurídica, considera-se que o mesmo raciocínio utilizado por esta Unidade Técnica para dizer que os acréscimos resultantes do terceiro e do quarto termo aditivo não ultrapassaram o limite previsto na norma também pode ser estendido à alteração quantitativa ocorrida com o sexto aditivo. Isso porque, durante a vigência da segunda prorrogação contratual (quinto aditivo), o acréscimo de R$605.170,00 (sexto aditivo) correspondeu a 25% sobre o valor inicial atualizado do contrato (R$2.420.682,96), conforme no art. 65, §1º, da Lei 8.666/1993. Nesse particular, prevalece a exegese segundo a qual, nos contratos de duração continuada, a exemplo dos serviços de manutenção predial, o limite de 25% deve incidir sobre o valor atualizado do contrato para cada período. "Nesse caso, **cada contratação é autônoma entre si**. Essa solução tem sido adotada depois da alteração da redação do art. 57, II, da Lei 8.666/93 e, em especial, por efeito das regras de responsabilidade fiscal. Considerando-se que cada

contratação deve ser compatível com o conteúdo da lei orçamentária, tem-se imposto a segregação entre os diversos contratos" (grifamos) (Marçal Justen Filho, Comentários à Lei de Licitações e Contratos Administrativos, 16ª edição, editora Revista dos Tribunais, 2014, pág. 1048).[73](destaques no original)

Há uma alternativa a esse procedimento, que sempre adotamos no período em que exercemos atividades na administração pública. Vai conduzir ao mesmo resultado final, porém, com pequenas diferenças no procedimento. Trata-se da alternativa de trabalhar com o valor inicial **mensal** do contrato. Imaginando o mesmo exemplo numérico formulado acima, temos, nos primeiros 12 meses, um valor total de R$12.000,00 e, portanto, o valor inicial mensal do contrato será de R$1.000,00. A ideia é limitar as alterações, em cada mês, a 25% desse valor inicial mensal. Assim, em nenhum mês da vigência, o valor contratado poderá ultrapassar o somatório do valor original (R$1.000,00) com os acréscimos realizados (no máximo, 25% de R$1.000,00, isto é, R$250,00). Se a administração realizar o acréscimo máximo em todos os meses da contratação, durante o primeiro ano o valor despendido será de R$12.000,00 (contratado) somado com R$3.000,00 (acréscimos), exatamente idêntico ao procedimento anterior. A diferença estará no fato de a limitação ser aplicada mês a mês. No cálculo admitido pelo TCU, no acórdão acima citado, o acréscimo total de R$3.000,00, correspondente ao primeiro ano, poderá ser aplicado em qualquer mês da contratação. Com as devidas vênias, não consideramos haver lógica na possibilidade de termos um contrato de serviço continuado com valor mensal de R$1.000,00, em que se admita que, em determinado mês, seja aplicado o limite máximo de acréscimo, passando, nesse mês, o valor do contrato a ser de R$4.000,00 (R$1.000,00 original somado ao acréscimo de R$3.000,00). Entendemos que o procedimento de cálculo mês a mês tem mais lógica.

Finalmente, temos a situação dos contratos formalizados com valor total estimado. Alguns objetos contratados rotineiramente pela administração pública tem um valor meramente estimado, tendo

---

[73] BRASIL. Tribunal de Contas da União. Acórdão nº 8.324/17-2ªC. Disponível em: http://www.tcu.gov.br. Acesso em: 21 set. 2020.

em vista a impossibilidade de precisão. É o caso, por exemplo, do serviço de emissão de bilhetes de passagens aéreas. A administração tem uma perspectiva de utilizar determinado montante, calculado por base em critérios estatísticos e em planejamento. Mas não há a certeza de realização desses quantitativo. Nesse tipo de contratação, preferimos trabalhar com o Sistema de Registro de Preços, que nos parece mais indicado exatamente para situações em que não há precisão em relação aos valores a serem despendidos. Recomendamos consultar nossa obra *Sistema de registro de preços*, publicada pela Editora Fórum, no ano de 2020.[74] Reconhecemos, no entanto, que, muitas e muitas vezes, a administração acaba utilizando-se de um procedimento normal de contratação, gerando um contrato com valor estimado. A pergunta: como considerar, nesse caso, o limite para alterações contratuais? Não há qualquer mudança no procedimento: calcula-se o limite em função do valor inicial estimado do contrato. Situação da espécie foi analisada pelo TCU, como vemos a seguir:

> 38. A utilização do empenho por estimativa, segundo alegado pelo responsável, não permite desrespeitar o art. 65, §1º, da Lei n. 8.666/1993. O empenho, consoante estabelecido no art. 58 da Lei n. 4.320/1964, é o ato emanado de autoridade competente que cria para o Estado obrigação de pagamento pendente ou não de implemento de condição. De forma mais didática, o empenho constitui uma reserva orçamentária que o Estado faz em nome de algum credor.
>
> 39. O empenho por estimativa é utilizado nos casos em que a administração não pode determinar o montante exato da despesa. No caso sob apreciação, a utilização dessa modalidade de empenho afigura-se correta, pois, no início do exercício, somente existia a previsão do montante a ser gasto.
>
> 40. A utilização do empenho por estimativa não se traduz em carta branca para o gestor extrapolar o limite de 25% previsto no art. 65, §1º, da Lei de Licitações. Ademais, convém acrescentar que o empenho não se confunde com o contrato. A permissão dada nesse dispositivo refere-se à fase do contrato, ou seja, é um freio para o administrador não aditar contratos indiscriminadamente. Conclui-se, então, que, independentemente da modalidade de empenho utilizada, deve a administração respeitar o mencionado limite.

---

[74] REIS, Paulo Sérgio de Monteiro. *Sistema de registro de preços*: uma forma inteligente de contratar: teoria e prática. Belo Horizonte: Fórum, 2020. 191 p.

41. No caso em tela, verifico a ocorrência de inadequado planejamento por parte dos gestores do TRE/RR acerca do quantitativo de passagens aéreas que deveriam ser utilizadas durante o exercício. A errônea previsão não pode servir de motivo para o órgão transgredir os normativos legais. Nem mesmo a alegação no sentido de que, naquele momento, seria mais viável fazer a prorrogação, pois os preços praticados eram compatíveis ao do mercado, pode socorrer o gestor. A questão do preço não deve ser a única a balizar a conduta da administração. Não se pode olvidar que a realização de licitação deve atender a todos os princípios insculpidos no art. 3º da Lei n. 8.666/1993. Entre esses, está o da isonomia, que permite a qualquer particular oferecer os seus serviços para o Estado. Assim, o correto, no presente caso, seria a realização de novo procedimento licitatório para que a administração lograsse a atingir os referidos princípios, bem como obedecesse ao disposto nos normativos que regem a despesa pública.[75]

Entendemos oportuno lembrar que, no caso específico de o objeto do contrato ser uma obra ou um serviço de engenharia, cria-se a necessidade da adoção de procedimentos diferenciados em relação à regra geral. A uma, devemos considerar que, se a obra/serviço tiver definido como regime de execução algum daqueles incluídos no que denominamos de "família preço global",[76] é vedada a realização de aditivos decorrentes de falhas no projeto básico que pudessem ter sido constatadas no curso da licitação, pois, nesses casos, o licitante deveria ter impugnado o instrumento convocatório, para que as falhas fossem corrigidas. Se não o fez, assumirá a responsabilidade por elas, não cabendo o pleito de aditivos em relação a esses itens, no curso da execução do contrato.

A duas, porque deve ser mantido o desconto concedido pelo licitante vencedor no momento do procedimento licitatório. Exemplifiquemos: imagine-se que o preço global estimado de uma obra é de R\$2.000.000,00. Realizado o certame, é declarado vencedor e adjudicatário licitante que ofereceu o valor de R\$1.935.000,00. A diferença entre o valor estimado e o valor inicial do contrato é de 3,25%. Essa diferença, denominada "desconto", deve ser, no mínimo,

---

[75] BRASIL. Tribunal de Contas da União. Acórdão nº 412/08-P. Disponível em: http://www.tcu.gov.br. Acesso em: 21 set. 2020.

[76] Empreitada por preço global, empreitada integral, contratação integrada, contratação semi-integrada e, em algumas situações, a tarefa. Na nova Lei de Licitações, também o regime de fornecimento e prestação de serviço associado.

mantida até o final da execução da obra, devendo ser observada a cada realização de aditivo contratual. Isso pode implicar, inclusive, a necessidade da adoção de uma taxa compensatória negativa, como se vê no Acórdão nº 2.699/19-P do TCU:

> 9.2.2. em caso de necessidade de celebração de termos aditivos em contratos de obras públicas, deve ser observado o disposto nos arts. 14 e 15 do Decreto 7.983/2013, sendo necessário, para tanto, que se realize análise da planilha confrontando a situação antes e depois do aditivo pretendido para averiguar quanto à eventual redução no percentual do desconto originalmente concedido;
>
> 9.2.3. na hipótese de celebração de aditivos contratuais para a inclusão de novos serviços, tal qual consta na publicação "Orientações para Elaboração de Planilhas Orçamentárias de Obras Públicas" (TCU, 2014), o preço desses serviços deve ser calculado considerando o custo de referência e a taxa de BDI de referência especificada no orçamento-base da licitação, subtraindo desse preço de referência a diferença percentual entre o valor do orçamento-base e o valor global do contrato obtido na licitação, com vistas a garantir o equilíbrio econômico-financeiro do contrato e a manutenção do percentual de desconto ofertado pelo contratado, em atendimento ao art. 37, inciso XXI, da Constituição Federal e aos arts. 14 e 15 do Decreto n. 7.983/2013;
>
> 9.2.4. nas situações em que, em virtude do aditivo, houver diminuição do desconto originalmente concedido, pode-se incluir parcela compensatória negativa como forma de se dar cumprimento ao art. 14 do Decreto 7.983/2013, ressalvada a exceção prevista em seu parágrafo único;[77]

Alterações contratuais devem ser sempre formalizadas através de aditivos ao contrato original. Esses aditivos devem ser firmados previamente à autorização para execução das alterações, como vimos no Capítulo 9.

As empresas estatais também estão condicionadas aos mesmos limites de acréscimos e supressões. Com uma diferença fundamental, no entanto: como os contratos por elas firmados são regidos por regras de direito privado, não existirá a figura da alteração unilateral. Assim dispõe a Lei nº 13.303, de 2016:

---

[77] BRASIL. Tribunal de Contas da União. Acórdão nº 2.699/19-P. Disponível em: http://www.tcu.gov.br. Acesso em: 19 out. 2020.

Art. 81. Os contratos celebrados nos regimes previstos nos incisos I a V do art. 43 contarão com cláusula que estabeleça a possibilidade de alteração, por acordo entre as partes, nos seguintes casos:

I – quando houver modificação do projeto ou das especificações, para melhor adequação técnica aos seus objetivos;

II – quando necessária a modificação do valor contratual em decorrência de acréscimo ou diminuição quantitativa de seu objeto, nos limites permitidos por esta Lei;

III – quando conveniente a substituição da garantia de execução;

IV – quando necessária a modificação do regime de execução da obra ou serviço, bem como do modo de fornecimento, em face de verificação técnica da inaplicabilidade dos termos contratuais originários;

V – quando necessária a modificação da forma de pagamento, por imposição de circunstâncias supervenientes, mantido o valor inicial atualizado, vedada a antecipação do pagamento, com relação ao cronograma financeiro fixado, sem a correspondente contraprestação de fornecimento de bens ou execução de obra ou serviço;

VI – para restabelecer a relação que as partes pactuaram inicialmente entre os encargos do contratado e a retribuição da administração para a justa remuneração da obra, serviço ou fornecimento, objetivando a manutenção do equilíbrio econômico-financeiro inicial do contrato, na hipótese de sobrevirem fatos imprevisíveis, ou previsíveis porém de consequências incalculáveis, retardadores ou impeditivos da execução do ajustado, ou, ainda, em caso de força maior, caso fortuito ou fato do príncipe, configurando álea econômica extraordinária e extracontratual.

§1º O contratado poderá aceitar, nas mesmas condições contratuais, os acréscimos ou supressões que se fizerem nas obras, serviços ou compras, até 25% (vinte e cinco por cento) do valor inicial atualizado do contrato, e, no caso particular de reforma de edifício ou de equipamento, até o limite de 50% (cinquenta por cento) para os seus acréscimos.

§2º Nenhum acréscimo ou supressão poderá exceder os limites estabelecidos no §1º, salvo as supressões resultantes de acordo celebrado entre os contratantes.

§3º Se no contrato não houverem sido contemplados preços unitários para obras ou serviços, esses serão fixados mediante acordo entre as partes, respeitados os limites estabelecidos no §1º.

§4º No caso de supressão de obras, bens ou serviços, se o contratado já houver adquirido os materiais e posto no local dos trabalhos, esses materiais deverão ser pagos pela empresa pública ou sociedade de economia mista pelos custos de aquisição regularmente comprovados e monetariamente corrigidos, podendo caber indenização por outros danos eventualmente decorrentes da supressão, desde que regularmente comprovados.

§5º A criação, a alteração ou a extinção de quaisquer tributos ou encargos legais, bem como a superveniência de disposições legais, quando ocorridas após a data da apresentação da proposta, com comprovada repercussão nos preços contratados, implicarão a revisão destes para mais ou para menos, conforme o caso.

§6º Em havendo alteração do contrato que aumente os encargos do contratado, a empresa pública ou a sociedade de economia mista deverá restabelecer, por aditamento, o equilíbrio econômico-financeiro inicial.

§7º A variação do valor contratual para fazer face ao reajuste de preços previsto no próprio contrato e as atualizações, compensações ou penalizações financeiras decorrentes das condições de pagamento nele previstas, bem como o empenho de dotações orçamentárias suplementares até o limite do seu valor corrigido, não caracterizam alteração do contrato e podem ser registrados por simples apostila, dispensada a celebração de aditamento.

§8º É vedada a celebração de aditivos decorrentes de eventos supervenientes alocados, na matriz de riscos, como de responsabilidade da contratada.

O *caput* do artigo já deixa clara a inexistência de alterações unilaterais, condicionando todas elas ao consenso entre as partes. Esse fato deixa bem claro a necessidade de a estatal ser muito cuidadosa na fase de planejamento da contratação, de modo a definir, com a maior precisão possível, o objeto cuja execução será contratada. Não há como deixar, intencionalmente, alguma coisa para ser definida no momento da execução do contrato. Como a contratada tem a faculdade de acatar ou não a solicitação de alteração, não podemos ter dúvidas em afirmar que ela só responderá positivamente se isso lhe trouxer alguma vantagem, ou, no mínimo, se isso não contrariar seus interesses. Em caso contrário, ela terá a opção de simplesmente recusar a alteração, deixando a estatal em situação complicada, na medida em que necessitará de alguma mudança, mas não terá como viabilizá-la, podendo até ser obrigada a fazer um novo processo de contratação, com enorme perda de tempo.

Além disso, a novidade trazida pela Lei das Estatais é aquela constante do §8º do art. 81: a vedação à celebração de aditivos quando decorrentes de fatos supervenientes que estejam alocados na matriz de risco como sendo de responsabilidade da contratada.

A matriz de risco tem a grande utilidade de eliminar discussões sobre responsabilidade por eventos possíveis e, muitas vezes, prováveis, mas não certos, durante a execução da avença.

Ela já traz essa responsabilidade definida, razão pela qual, em sendo a mesma um encargo da contratada, deve-se supor que já foi incluída, como um percentual de risco, no valor constante de sua proposta. Se, de um lado, isso pode representar uma elevação de preço, pois o percentual de risco embutido na proposta eleva o valor, de outra banda impõe a execução à contratada, que não poderá se recusar a fazê-lo.

A Lei nº 14.133/2021 trata das alterações contratuais, basicamente, da mesma forma como consta da Lei nº 8.666/1993. Algumas condições diferenciadas, no entanto, precisam ser observadas, quase sempre decorrentes de situações pacificadas em entendimentos jurisprudenciais. Assim dispõe a nova lei:

Art. 124. Os contratos regidos por esta Lei poderão ser alterados, com as devidas justificativas, nos seguintes casos:

I – unilateralmente pela Administração:

a) quando houver modificação do projeto ou das especificações, para melhor adequação técnica a seus objetivos;

b) quando for necessária a modificação do valor contratual em decorrência de acréscimo ou diminuição quantitativa de seu objeto, nos limites permitidos por esta Lei;

II – por acordo entre as partes:

a) quando conveniente a substituição da garantia de execução;

b) quando necessária a modificação do regime de execução da obra ou do serviço, bem como do modo de fornecimento, em face de verificação técnica da inaplicabilidade dos termos contratuais originários;

c) quando necessária a modificação da forma de pagamento por imposição de circunstâncias supervenientes, mantido o valor inicial atualizado e vedada a antecipação do pagamento em relação ao cronograma financeiro fixado sem a correspondente contraprestação de fornecimento de bens ou execução de obra ou serviço;

d) para restabelecer o equilíbrio econômico-financeiro inicial do contrato em caso de força maior, caso fortuito ou fato do príncipe ou em decorrência de fatos imprevisíveis ou previsíveis de consequências incalculáveis, que inviabilizem a execução do contrato tal como pactuado, respeitada, em qualquer caso, a repartição objetiva de risco estabelecida no contrato.

§1º Se forem decorrentes de falhas de projeto, as alterações de contratos de obras e serviços de engenharia ensejarão apuração de responsabilidade do responsável técnico e adoção das providências necessárias para o ressarcimento dos danos causados à Administração.

§2º Será aplicado o disposto na alínea "d" do inciso II do *caput* deste artigo às contratações de obras e serviços de engenharia, quando a execução for obstada pelo atraso na conclusão de procedimentos de desapropriação, desocupação, servidão administrativa ou licenciamento ambiental, por circunstâncias alheias ao contratado.

Art. 125. Nas alterações unilaterais a que se refere o inciso I do *caput* do art. 124 desta Lei, o contratado será obrigado a aceitar, nas mesmas condições contratuais, acréscimos ou supressões de até 25% (vinte e cinco por cento) do valor inicial atualizado do contrato que se fizerem nas obras, nos serviços ou nas compras, e, no caso de reforma de edifício ou de equipamento, o limite para os acréscimos será de 50% (cinquenta por cento).

Art. 126. As alterações unilaterais a que se refere o inciso I do *caput* do art. 124 desta Lei não poderão transfigurar o objeto da contratação.

Art. 127. Se o contrato não contemplar preços unitários para obras ou serviços cujo aditamento se fizer necessário, esses serão fixados por meio da aplicação da relação geral entre os valores da proposta e o do orçamento-base da Administração sobre os preços referenciais ou de mercado vigentes na data do aditamento, respeitados os limites estabelecidos no art. 125 desta Lei.

Art. 128. Nas contratações de obras e serviços de engenharia, a diferença percentual entre o valor global do contrato e o preço global de referência não poderá ser reduzida em favor do contratado em decorrência de aditamentos que modifiquem a planilha orçamentária.

Art. 129. Nas alterações contratuais para supressão de obras, bens ou serviços, se o contratado já houver adquirido os materiais e os colocado no local dos trabalhos, estes deverão ser pagos pela Administração pelos custos de aquisição regularmente comprovados e monetariamente reajustados, podendo caber indenização por outros danos eventualmente decorrentes da supressão, desde que regularmente comprovados.

Art. 130. Caso haja alteração unilateral do contrato que aumente ou diminua os encargos do contratado, a Administração deverá restabelecer, no mesmo termo aditivo, o equilíbrio econômico-financeiro inicial.

Art. 131. A extinção do contrato não configurará óbice para o reconhecimento do desequilíbrio econômico-financeiro, hipótese em que será concedida indenização por meio de termo indenizatório.

Parágrafo único. O pedido de restabelecimento do equilíbrio econômico-financeiro deverá ser formulado durante a vigência do contrato e antes de eventual prorrogação nos termos do art. 107 desta Lei.

Art. 132. A formalização do termo aditivo é condição para a execução, pelo contratado, das prestações determinadas pela Administração no curso da execução do contrato, salvo nos casos de justificada necessidade de antecipação de seus efeitos, hipótese em que a formalização ocorrer no prazo máximo de 1 (um) mês.

Art. 133. Nas hipóteses em que for adotada a contratação integrada ou semi-integrada, é vedada a alteração dos valores contratuais, exceto nos seguintes casos:

I – para restabelecimento do equilíbrio econômico–financeiro decorrente de caso fortuito ou força maior;

II – por necessidade de alteração do projeto ou das especificações para melhor adequação técnica aos objetivos da contratação, a pedido da Administração, desde que não decorrente de erros ou omissões por parte do contratado, observados os limites estabelecidos no art. 125 desta Lei;

III – por necessidade de alteração do projeto nas contratações semi-integradas, nos termos do §5º do art. 46 desta Lei;

IV – por ocorrência de evento superveniente alocado na matriz de riscos como de responsabilidade da Administração.

Continuam previstas legalmente as alterações qualitativas e quantitativas (respectivamente, art. 124, I, "a" e "b"), bem como as unilaterais e as consensuais. Permanecem, igualmente, os mesmos limites que constam da Lei nº 8.666/1993. Deve-se considerar, para a nova lei, a extrapolação desses limites apenas na situação prevista na Decisão nº 215/99-P, do Tribunal de Contas da União, assunto já tratado nesta obra.

Os parágrafos do art. 124 trazem novidades. O §1º trata da necessidade de apuração de responsabilidade quando, no caso de obras e serviços de engenharia, as alterações forem originadas por falhas decorrentes de projeto, com adoção de providências para ressarcimento dos danos causados à administração contratante. Por sua vez, o §2º trata de reequilíbrio da equação econômico-financeira, assunto a ser detalhado no próximo capítulo desta obra.

A respeito da aplicação do limite máximo de 25% (ou, 50%) tanto para as alterações unilaterais quantitativas, como para as qualitativas, entendemos que a nova lei é muita clara, eliminando definitivamente a possibilidade de interpretação em sentido contrário. O art. 125, de forma clara, dispõe que o contrato é obrigado a aceitar acréscimos ou supressões de até 25% (ou, 50%) do valor inicial atualizado "nas alterações unilaterais a que se refere o inciso

I do *caput* do art. 124 desta Lei". Ora, o mencionado art. 124, no seu inciso I, traz duas alíneas: a alínea "a", que trata exatamente das alterações qualitativas, e a alínea "b", que trata das alterações quantitativas. Assim, indiscutivelmente, as duas situações devem obedecer ao limite percentual fixado na lei, não mais havendo margem à interpretação de que esse limite estaria limitado às alterações quantitativas.

O art. 126 dispõe sobre o óbvio. Mas o óbvio, muitas e muitas vezes, precisa estar escrito para que seja efetivamente observado. Alterações são ajustes, que devem ser decorrentes, como regra, de situações supervenientes, embora, com frequência, sejam consequências de falhas e omissões. De qualquer forma, não podem transfigurar o objeto licitado.

O art. 128 traz uma regra muito importante no caso de licitações que envolvam obras e serviços de engenharia, especialmente para evitar a situação de um bom resultado obtido na licitação ser completamente desvirtuado por ocasião da execução da avença. Mas não se trata de regra nova, como já visto acima e tendo em vista que já consta expressamente do Decreto nº 7.983, de 8 de abril de 2013, que estabelece regras e critérios para elaboração do orçamento de referência de obras e serviços de engenharia contratados e executados com recursos dos orçamentos da União, além de trazer disposições adicionais. A manutenção da diferença percentual obtida na licitação deverá ser objeto de análise em todos os aditivos que venham a ser formalizados nas obras/serviços. Como a diferença percentual mencionada refere-se ao preço global contratado, pode não ser exatamente a mesma registrada em cada item da planilha que vai ser objeto de aditamento, o que implica a necessidade de ajustes, até mesmo com a aplicação, em determinadas situações, de um redutor. Nesse sentido, encontramos na jurisprudência do TCU:

> 9.2.2. em caso de necessidade de celebração de termos aditivos em contratos de obras públicas, deve ser observado o disposto nos arts. 14 e 15 do Decreto 7.983/2013, sendo necessário, para tanto, que se realize análise da planilha confrontando a situação antes e depois do aditivo pretendido para averiguar quanto à eventual redução no percentual do desconto originalmente concedido;
>
> 9.2.3. na hipótese de celebração de aditivos contratuais para a inclusão de novos serviços, tal qual consta na publicação "Orientações para

Elaboração de Planilhas Orçamentárias de Obras Públicas" (TCU, 2014), o preço desses serviços deve ser calculado considerando o custo de referência e a taxa de BDI de referência especificada no orçamento-base da licitação, subtraindo desse preço de referência a diferença percentual entre o valor do orçamento-base e o valor global do contrato obtido na licitação, com vistas a garantir o equilíbrio econômico-financeiro do contrato e a manutenção do percentual de desconto ofertado pelo contratado, em atendimento ao art. 37, inciso XXI, da Constituição Federal e aos arts. 14 e 15 do Decreto n. 7.983/2013;

9.2.4. nas situações em que, em virtude do aditivo, houver diminuição do desconto originalmente concedido, pode-se incluir parcela compensatória negativa como forma de se dar cumprimento ao art. 14 do Decreto 7.983/2013, ressalvada a exceção prevista em seu parágrafo único;[78]

Vamos a um exemplo prático em relação ao tema. Imaginemos a seguinte situação em uma obra de engenharia contratada pela administração pública:

- Valor global do orçamento estimado (custo + BDI de 23%): R$9.865.070,50
- Valor global da proposta vencedora e contratada (custo + BDI de 22,7%): R$9.531.469,12
- Diferença percentual registrada na licitação: 3,40%

Essa diferença não pode, em qualquer hipótese, ser reduzida durante a execução contratual, por força de aditivos. Deve, no mínimo, ser mantida.

Destacamos, a seguir, um trecho da planilha contratada:

---

[78] BRASIL. Tribunal de Contas da União. Acórdão nº 2.699/19-P. Disponível em: http://www. tcu.gov.br. Acesso em: 29 jan. 2021.

ITEM	SERVIÇO	UNID.	QUANT.	PREÇOS (R$) UNITÁRIO	PREÇOS (R$) TOTAL
1.	**TRECHOS COM LAJE DE COBERTURA**				
1.1.	Escavação, deslocamento, e carga	m3	1.344	22,92	30.804,48
1.2.	Transporte de material até distância 16 Km	m3	1.344	7,71	10.362,24
1.3.	Ensecadeira de parede simples, com retirada do material	m2	552	42,52	23.471,04
1.4.	Concreto magro	m3	840	119,53	100.405,20
1.5.	Tela Telcon ou similar	kg	29.232	1,74	50.863,68
1.6.	Concreto estrutural bombeável	m3	504	134,85	67.964,40
1.7.	Barbacá 4"	un	672	6,45	4.334,40
2.	**TRECHOS SEM LAJE DE COBERTURA**				
2.1.	Escavação, deslocamento, e carga	m3	26.208	14,20	372.153,60
2.2.	Transporte de material até distância 11 Km	m3	26.208	6,34	166.158,72
2.3.	Ensecadeira de parede simples, com retirada do material	m2	10.764	30,64	329.808,96
2.4.	Concreto magro	m3	16.380	119,53	1.957.901,40
2.5.	Tela Telcon ou similar	kg	570.024	1,74	991.841,76
2.6.	Concreto estrutural bombeável	m3	9.828	134,85	1.325.305,80
2.7.	Barbacá 4"	un	13.104	6,45	84.520,80

Imaginemos que a administração contratante precisa fazer as seguintes alterações de acréscimos:

TRECHO COM LAJE DE COBERTURA
1) Acréscimo de 97 m^3 no item CONCRETO ESTRUTURAL BOMBEÁVEL
Custo de referência: R$137,58
Custo contratado: R$134,85

2) Acréscimo de 147 m^3 no item CONCRETO MAGRO
Custo de referência: R$120,50
Custo contratado: R$119,53

Cálculo do aditivo:
- **Preço total do aditivo calculado de acordo com o valor de referência:**
- 97 m^3 x R$137,58 = R$13.345,26 (43%)
- 147 m^3 x R$120,50 = R$17.713,50 (57%)
- **Total: R$31.058,76 + 23% (BDI) = 38.202,27**
- **Preço total do aditivo calculado de acordo com o contrato:**
- 97 m^3 x R$134,85 = R$13.080,45
- 147 m^3 x R$119,53 = R$17.570,91
- **Total: R$30.651,36 + 22,7% (BDI) = 37.609,21**

Fazendo-se a relação entre os dois valores, verifica-se que o percentual de desconto no aditivo é de 1,55%, inferior àquele que foi obtido na licitação (3,40%). Como a diferença percentual inicial não pode ser reduzida, deve-se aplicar um redutor no valor do aditivo, de modo a mantê-la inalterada. Dessa forma, o valor do aditivo (calculado de acordo com a planilha contratada) deve ser reduzido de R$37.609,21 para R$36.903,39, Com a aplicação desse redutor, que, no Acórdão do TCU acima mencionado, é chamado de parcela compensatória, será mantida a diferença percentual obtida na licitação (3,40%).

O art. 132 da nova lei define a necessidade de as alterações processadas serem formalizadas através de termo aditivo, antes da autorização para execução. Abre, no entanto, uma exceção, para situações de justificada necessidade de antecipação dos efeitos, determinando, entretanto, que a formalização seja feita no prazo máximo de um mês, que deve ser contado a partir da autorização para execução. Foi bem realista o legislador nesse momento, na medida em que, muitas e muitas vezes, a burocracia contraria frontalmente o princípio da eficiência, impedindo que o termo aditivo seja formalizado a tempo de não provocar a paralisação da execução do objeto, o que seria extremamente prejudicial para o interesse público. No entanto, deve a administração contratante observar a necessidade de:

1. sempre que possível, formalizar o aditivo **antes** de determinar a execução da alteração, procurando modificar seus procedimentos internos, de modo a evitar atrasos provocados simplesmente por burocracia; e,

2. se isso não for possível, autorizar a execução antes da formalização do aditivo, mas justificar as causas nos autos do processo. Afinal, a exceção foi aberta para casos de "justificada necessidade". E, em seguida, procurar ajustar seus procedimentos, para que essa situação passe a ser efetivamente excepcional.

O art. 133 traz uma efetiva novidade em relação à Lei nº 8.666, de 1993, considerando que nela não existiam os regimes de contratação integrada e contratação semi-integrada. Mas são regras básicas, já conhecidas por quem usa o RDC (contratação integrada) e por quem atua nas estatais (os dois regimes). Esses regimes, pelas suas próprias características, não admitem, como regra, alterações contratuais. Por serem regimes que geram obrigações de resultado, as definições finais são feitas pelo contratado, devendo ele responsabilizar-se, assim, pelos resultados advindos. Não teria sentido permitir que o contratado elaborasse o projeto básico (no caso da contratação semi-integrada, para adequar às alterações por ele propostas) e, posteriormente, permitir que fossem realizadas alterações oriundas do mesmo. Mas há exceções, situações que se justificam, dispostas nos incisos do art. 133. Além da situação de reequilíbrio da equação econômico-financeira, que será tratada no próximo capítulo, a lei trata de alterações solicitadas pela administração, para melhor adequação aos seus interesses, que podem ser de especificações ou de projeto. Lembremos que a administração, no início da execução, aprovou o projeto básico apresentado pelo contratado. O inc. II do art. 133 está tratando, portanto, de situações que se apresentaram de forma superveniente, as quais devem ser sempre devidamente motivadas. Não se admite qualquer tipo de alteração para corrigir falhas de projeto, as quais serão de responsabilidade exclusiva do contratado. Essas alterações por interesse da administração estão adstritas aos limites máximos de 25% ou 50%, conforme o caso.

O inc. III trata especificamente da contratação semi-integrada, regime que autoriza o contratado a propor à administração contratante alterações no projeto básico utilizado na licitação, nos termos do art. 46, §5º:

> Art. 46. Na execução indireta de obras e serviços de engenharia, são admitidos os seguintes regimes:
> I – empreitada por preço unitário;
> II – empreitada por preço global;
> III – empreitada integral;
> IV – contratação por tarefa;
> V – contratação integrada;
> VI – contratação semi-integrada;
> VII – fornecimento e prestação de serviço associado.
> (...)
> §5º Na contratação semi-integrada, mediante prévia autorização da Administração, o projeto básico poderá ser alterado, desde que demonstrada a superioridade das inovações propostas pelo contratado em termos de redução de custos, de aumento da

qualidade, de redução do prazo de execução ou de facilidade de manutenção ou operação, assumindo o contratado a responsabilidade integral pelos riscos associados à alteração do projeto básico.

É uma situação bem específica, na qual o projeto básico precisará ser alterado. Mas, como bem dispõe a legislação, para que essa alteração seja autorizada, é necessário que fiquem demonstradas as vantagens que a administração contratante obterá com elas, que podem ser de redução de custo ou do prazo de execução, de melhoria da qualidade ou de alguma facilidade na futura manutenção ou operação. Convencida disso, a administração autorizará o contratado a alterar o projeto básico, por sua conta e risco.

Finalmente, o inc. IV do art. 133 trata de alterações decorrentes de fatos supervenientes, em itens alocados na matriz de risco, assunto a ser tratado posteriormente.

CAPÍTULO 11

DO EQUILÍBRIO DA EQUAÇÃO ECONÔMICO-FINANCEIRA DOS CONTRATOS

Ao divulgar um instrumento convocatório completo de uma licitação, a administração pública estará definindo uma série de encargos que deverão ser cumpridos obrigatoriamente pelo futuro contratado, o adjudicatário do certame. O interessado em participar da disputa deve, então, fazer um levantamento completo nos documentos que compõem o instrumento convocatório, de forma a definir precisamente todos os encargos a que estará obrigado, permitindo, assim, o cálculo dos respectivos custos e preço final a ser proposto. Pressupõe-se que neste estão incluídas todas as obrigações impostas pelo edital e pelo ordenamento jurídico, obrigações essas que serão cobradas pela fiscalização, por ocasião da execução da avença.

Ao selecionar a proposta mais vantajosa, a administração promotora do certame estará, implicitamente, declarando que considera o preço ofertado compatível com as obrigações editalícias. Isso resulta na formação de uma equação econômico-financeira do contrato, que pode ser assim representada:

ENCARGOS = REMUNERAÇÃO

Denominamos de encargos todas as obrigações impostas ao contratado; remuneração é o valor que o órgão/entidade contratante vai pagar ao contratado pelo cumprimento de suas obrigações contratuais.

Assim dispõe a Constituição Federal vigente:

Art. 37. (...)
(...)
XXI – ressalvados os casos especificados na legislação, as obras, serviços, compras e alienações serão contratados mediante processo de licitação pública que assegure igualdade de condições a todos os concorrentes, com cláusulas que estabeleçam obrigações de pagamento, mantidas as condições efetivas da proposta, nos termos da lei, o qual somente permitirá as exigências de qualificação técnica e econômica indispensáveis à garantia do cumprimento das obrigações.

Na parte que ora nos interessa, a Carta Magna, ao dispor sobre os pagamentos a serem realizados, determina que sejam "mantidas as condições efetivas da proposta". Em outras palavras, a CF/88 está determinando que a equação econômico-financeira inicial do contrato não pode ser alterada: deve ser mantida íntegra até o final da vigência contratual.

Não podemos nos esquecer de que a CF vigente veio ao mundo em um momento de desequilíbrio nas condições econômicas de nosso país, com a inflação atingindo números bem elevados. Isso fazia com que uma proposta apresentada em determinado momento, representando as condições daquele momento, já se tornasse inviável em curto prazo, no mês seguinte, pela perda do poder aquisitivo da moeda nacional. Por esse motivo, nossa Carta Magna teve a cautela de estabelecer a condição acima transcrita, que garante a inalterabilidade da equação econômico-financeira da proposta até o final da execução da avença: o contratado estará obrigado a executar os encargos definidos e terá a garantia de recebimento de remuneração sempre proporcionalmente compatível com aquela prevista no momento da apresentação de sua proposta.

Para que a regra constitucional seja cumprida, é indispensável que a equação econômico-financeira seja reequilibrada sempre que, qualquer que seja o motivo, venha a sofrer um desequilíbrio. Assim, aumento de encargos deve implicar, necessariamente, aumento proporcional da remuneração e vice-versa.

Vários são os fatores que podem causar desequilíbrio em uma equação econômico-financeira referente a um contrato da administração pública, direta ou indireta. Alguns deles são exógenos, isto é, originados fora do contrato; outros são endógenos, isto é, causados por fatores inerentes à própria execução contratual. Estes últimos são representados pelas alterações contratuais, analisadas no capítulo anterior. Se, por exemplo, a administração determina a realização de um acréscimo quantitativo no contrato, estará promovendo um aumento nos encargos inicialmente previstos, desequilibrando, assim, a equação. Terá a obrigação, para cumprir as disposições constitucionais, de promover o reequilíbrio, aumentando proporcionalmente a remuneração. Em sentido contrário, se a contratante determina (unilateralmente) ou acorda (consensualmente) uma supressão quantitativa, haverá uma redução nos encargos, tornando obrigatório o reequilíbrio da equação, através da redução equivalente da remuneração.

Muitas vezes, no entanto, o desequilíbrio é causado por fatores externos ao contrato. São os fatores exógenos, como, para exemplificar, a inflação, que significa a perda do poder aquisitivo da moeda. A proposta é apresentada no momento do certame, presumindo-se estar equilibrada em relação às obrigações. Com o passar do tempo, entretanto, a inflação corrói o poder da moeda nacional de tal modo que, ao final de algum tempo, não será mais possível cumprir as obrigações recebendo o mesmo valor cotado na proposta. Isso causa desequilíbrio na equação econômico-financeira, na medida em que, embora mantidos os encargos inicialmente previstos, o valor **real** da remuneração sofre uma perda. Para que sejam cumpridos os preceitos constitucionais acima indicados, torna-se indispensável manter as condições **efetivas** da proposta. Observe-se que a CF não dispõe sobre a manutenção efetiva das condições do **contrato**. Vai além. Determina as manutenções das condições da **proposta**, presumindo que essas condições foram analisadas no momento em que a mesma é apresentada.

Vale registrar que, no ano de 2020, foi publicada a Orientação Normativa nº 5, oriunda da Consultoria Jurídica da União Especializada Virtual de Aquisições da AGU, que dispõe:

> O reajuste de preços em sentido estrito não se confunde com o reequilíbrio econômico-financeiro do contrato, razão pela qual, diante de sua ausência no edital ou no contrato, fica impossibilitada sua concessão por intermédio de aditivo, em respeito aos princípios da isonomia dos licitantes e da vinculação ao instrumento convocatório.

Com todo o merecido respeito, discordamos frontalmente dessa ON. A uma, porque a mesma admite a ausência, no edital e/ou no termo de contrato das regras relativas ao reajustamento, que são obrigatórias, tanto na Lei nº 8.666/1993, como na Lei nº 14.133/2021. A ausência dessas regras implica uma irregularidade grave, pela qual não podem ser punidos os contratados. A duas, porque, indiscutivelmente, em um país com regime inflacionário como é o caso do Brasil, o reajustamento é, sim, uma forma de reequilibrar a equação econômico-financeira, na medida em que, com o transcorrer do tempo, a perda do poder aquisitivo da nossa moeda reduz, em termos reais, a remuneração do contratado. Nesse sentido, aliás, a nova Lei de Licitações é explícita ao considerar o reajustamento como forma de reequilíbrio, tanto em seu sentido estrito, quanto na forma de repactuação:

Art. 6º Para os fins desta Lei, consideram-se:
(...)
LVIII – reajustamento em sentido estrito: forma de manutenção do equilíbrio econômico-financeiro de contrato consistente na aplicação do índice de correção monetária previsto no contrato, que deve retratar a variação efetiva do custo de produção, admitida a adoção de índices específicos ou setoriais;
LIX – repactuação: forma de manutenção do equilíbrio econômico-financeiro de contrato utilizada para serviços contínuos com regime de dedicação exclusiva de mão de obra ou predominância de mão de obra, por meio da análise da variação dos custos contratuais, devendo estar prevista no edital com data vinculada à apresentação das propostas, para os custos decorrentes do mercado, e com data vinculada ao acordo, à convenção coletiva ou ao dissídio coletivo ao qual o orçamento esteja vinculado, para os custos decorrentes da mão de obra;

Outras condições externas podem influenciar no equilíbrio da equação. São condições que, muito embora previsíveis, não há como mensurá-las de modo efetivo no momento em que a oferta é feita. Como exemplo, podemos destacar as propostas que envolvem a prestação de serviços continuados com mão de obra dedicada. São contratos de duração mais longa. Muito embora a administração que promove a licitação e o licitante saibam que o valor correspondente à remuneração da mão de obra sofrerá variações, pois as categorias econômicas organizadas têm essa previsão estabelecida de forma legal, não se sabe, no momento da licitação, qual será essa variação.

Para situações como essa, previsíveis, a Lei nº 8.666/1993 prevê a utilização do instituto do reajustamento de preços como o meio hábil, legal, efetivo, de manter a equação econômico-financeira equilibrada. Reajustar significa **atualizar** o valor contratado. Rotineiramente, utilizamos em nosso país o termo reajustar como sendo sinônimo de **aumentar**. Mas podemos ter, igualmente, um reajustamento que reduza o valor contratado, na hipótese da prevalência, em determinado período, de uma deflação, que, em lugar de reduzir, aumentaria o poder de compra da moeda. Assim, é sempre conveniente utilizado o verbo reajustar como sendo sinônimo de atualizar.

O reajustamento, aqui considerado em seu sentido mais amplo, pode ser aplicado de duas formas: na forma de **reajuste em sentido estrito** e na forma de **repactuação**.

Em se tratando de situações absolutamente previsíveis, o reajustamento deverá estar expressamente previsto no instrumento convocatório e no termo de contrato. É a inteligência da Lei nº 8.666/1993, nos arts. 40, inc. XI, e 55, inc. III, a saber:

> Art. 40. O edital conterá no preâmbulo o número de ordem em série anual, o nome da repartição interessada e de seu setor, a modalidade, o regime de execução e o tipo da licitação, a menção de que será regida por esta Lei, o local, dia e hora para recebimento da documentação e proposta, bem como para início da abertura dos envelopes, e indicará, obrigatoriamente, o seguinte:
> (...)
> XI – critério de reajuste, que deverá retratar a variação efetiva do custo de produção, admitida a adoção de índices específicos ou setoriais, desde a data prevista para apresentação da proposta, ou do orçamento a que essa proposta se referir, até a data do adimplemento de cada parcela;
> (...)

> Art. 55. São cláusulas necessárias em todo contrato as que estabeleçam:
> (...)
> III – o preço e as condições de pagamento, os critérios, data-base e periodicidade do reajustamento de preços, os critérios de atualização monetária entre a data do adimplemento das obrigações e a do efetivo pagamento;

Não poderia ser outra a disposição da lei. Afinal, o reajustamento do valor contratado possui fundamento legal na própria Constituição Federal, como já analisado anteriormente. Admitir de outra forma significaria termos uma lei ordinária contrariando expressa disposição constitucional, o que seria absolutamente inadmissível.

Questiona-se sobre o procedimento a ser adotado pela administração contratante na hipótese de o reajustamento não estar previsto nem no instrumento contratual e nem no termo de contrato. Poderia isso significar que, naquela avença, não haveria aplicação do reajustamento, devendo o preço cotado permanecer fixo e irreajustável durante toda a vigência? Poderia significar que, não impugnando o instrumento convocatório completo no momento adequado, o contratado teria aquiescido com essa situação e, consequentemente, renunciado a qualquer direito posterior à aplicação do reajustamento? Nosso entendimento sempre foi em sentido contrário. Afinal, não custa repetir, em se tratando de um comando impositivo constitucional, não poderia a legislação inferior e muito menos o instrumento convocatório de uma licitação contrariá-lo, ignorá-lo. Em sendo omisso o edital, teremos uma primeira situação a ser observada: o mesmo conterá uma ilegalidade. Afinal, cumprindo a CF/88, a Lei de Licitações determina que o edital conterá **obrigatoriamente** o critério de reajustamento dos preços. De outra banda, o mesmo diploma legal determina que o termo de contrato conterá, como **cláusula necessária**, as regras para aplicação desse instituto. Não há, assim, discricionariedade prevista para a administração pública. Ao revés, ela estará, sempre, vinculada a regras impositivas, constituindo-se em ilegalidade a sua omissão. E, em sendo uma ilegalidade, não poderá prevalecer. Afinal, é pacífico no direito o entendimento no sentido de que *nemo auditir propriam turpitudinem allegans,* ou seja, ninguém pode se beneficiar de sua própria torpeza, de seus próprios erros. Não custa lembrar que cabe à administração elaborar o instrumento convocatório, do qual constituem partes integrantes o edital e a minuta do termo de contrato. O Código de Processo Penal, no art. 565, dispõe a respeito:

> Art. 565. Nenhuma das partes poderá arguir nulidade a que haja dado causa, ou para que tenha concorrido, ou referente a formalidade cuja observância só à parte contrária interesse.

Em oportuna análise sobre o tema, a Advocacia Geral da União se manifestou no Parecer nº 06/2016/CPLC/DEPCONSU/PGF/AGU, de cuja conclusão extraímos, *in verbis*:

> 28. Face ao exposto, opinamos no sentido de que:
> a) a previsão do critério de reajuste é sempre obrigatória, por força do disposto no inc. XI do art. 40 e no inc. III do art. 55, ambos da Lei 8.666, de 1993, sendo uma falha grave sua omissão.
> b) é cabível o reajuste do valor contratual, independente de previsão contratual, sempre o que o período entre a oferta da proposta feita na licitação, ou do orçamento a que essa proposta se referir, e o adimplemento da parcela exceder a 12 meses;
> c) a omissão da previsão de reajuste no contrato deve ser corrigida por termo aditivo, de forma a restar estabelecido formalmente o critério de reajustamento a ser utilizado (reajuste em sentido estrito ou repactuação).[79]

No mesmo sentido já se posicionou o TCU, como vemos, por exemplo, na seguinte deliberação:

> 66. Entretanto, o estabelecimento dos critérios de reajuste dos preços, tanto no edital quanto no instrumento contratual, não constitui discricionariedade conferida ao gestor, mas sim verdadeira imposição, ante o disposto nos artigos 40, inciso XI, e 55, inciso III, da Lei 8.666/93. Assim, a sua ausência constitui irregularidade, tendo, inclusive, este Tribunal se manifestado acerca da matéria, por meio do Acórdão 2804/2010-TCU-Plenário, no qual julgou ilegal a ausência de cláusula neste sentido, por violar os dispositivos legais acima reproduzidos. Até em contratos com prazo de duração inferior a doze meses, o TCU determina que conste no edital cláusula que estabeleça o critério de reajustamento de preço (Acórdão 73/2010-TCU-Plenário, Acórdão 597/2008-TCU-Plenário e Acórdão 2715/2008-TCU-Plenário, entre outros).[80]

Temos, igualmente, diversas decisões em processos judiciais acompanhando esse entendimento da obrigatoriedade do reajustamento, quando cabível. Citamos como exemplo:

---

[79] BRASIL. Advocacia Geral da União. Parecer nº 06/2016/CPLC/DEPCONSU/PGF/AGU. Disponível em https://www.gov.br/agu/pt-br. Acesso em 09 nov 2020.

[80] BRASIL. Tribunal de Contas da União. Acórdão nº 2.205/16-P. Disponível em: http://www.tcu.gov.br. Acesso em: 09 nov. 2020.

> Havendo previsão contratual expressa no sentido de que os contratos celebrados com prazo de vigência superior a doze meses terão seus valores anualmente reajustados por índice adotado em lei, ou na falta de previsão específica, pelo Índice Nacional de Preços ao Consumidor – INPC, **o reajuste é um direito da empresa, o qual a Administração Pública não pode se escusar a cumprir**, devendo, portanto, adimplir com o devido reajuste contratual a cada período de 12 (doze) meses de duração do contrato.
>
> (...)
>
> **O reajuste contratual deverá ser automático**, sem que a parte contratada necessite requerê-lo expressamente, mas havida a manifestação da empresa pleiteando o reajuste, **não cabe a alegação de que ocorreu a preclusão lógica do direito de receber a diferença dos preços reajustáveis retroativamente**. (destaques nossos)[81]

Dispõe a antiga Lei de Licitações e Contratos não só sobre a obrigatoriedade de o instrumento convocatório conter as regras do reajustamento, como delas estarem igualmente estabelecidas no termo de contrato. São basicamente três essas regras:

– os critérios, isto é, como deverá ser feita a aplicação do reajustamento;

– a data-base, isto é, o marco inicial para a contagem dos prazos;

– a periodicidade.

As regras para atualização monetária de valores dos contratos da administração pública estão vigentes, hoje, na Lei nº 10.192, de 14 de fevereiro de 2001. Transcrevemos e comentamos, a seguir, os seus arts. 2º e 3º, por serem relevantes para nosso tema:

> Art. 2º É admitida estipulação de correção monetária ou de reajuste por índices de preços gerais, setoriais ou que reflitam a variação dos custos de produção ou dos insumos utilizados nos contratos de prazo de duração igual ou superior a um ano.
>
> §1º É nula de pleno direito qualquer estipulação de reajuste ou correção monetária de periodicidade inferior a um ano.
>
> §2º Em caso de revisão contratual, o termo inicial do período de correção monetária ou reajuste, ou de nova revisão, será a data em que a anterior revisão tiver ocorrido.

---

[81] BRASIL. Tribunal de Justiça do Distrito Federal e dos Territórios. Processo nº 20130111760847APO – TJDF. Disponível em http://www.tjdft.jus.br. Acesso em 09 nov. 2020.

CAPÍTULO 11
DO EQUILÍBRIO DA EQUAÇÃO ECONÔMICO-FINANCEIRA DOS CONTRATOS

§3º Ressalvado o disposto no §7º do art. 28 da Lei nº 9.069, de 29 de junho de 1995, e no parágrafo seguinte, são nulos de pleno direito quaisquer expedientes que, na apuração do índice de reajuste, produzam efeitos financeiros equivalentes aos de reajuste de periodicidade inferior à anual.

§4º Nos contratos de prazo de duração igual ou superior a três anos, cujo objeto seja a produção de bens para entrega futura ou a aquisição de bens ou direitos a eles relativos, as partes poderão pactuar a atualização das obrigações, a cada período de um ano, contado a partir da contratação, e no seu vencimento final, considerada a periodicidade de pagamento das prestações, e abatidos os pagamentos, atualizados da mesma forma, efetuados no período.

§5º O disposto no parágrafo anterior aplica-se aos contratos celebrados a partir de 28 de outubro de 1995 até 11 de outubro de 1997.

§6º O prazo a que alude o parágrafo anterior poderá ser prorrogado mediante ato do Poder Executivo.

Art. 3º Os contratos em que seja parte órgão ou entidade da Administração Pública direta ou indireta da União, dos Estados, do Distrito Federal e dos Municípios, serão reajustados ou corrigidos monetariamente de acordo com as disposições desta Lei, e, no que com ela não conflitarem, da Lei nº 8.666, de 21 de junho de 1993.

§1º A periodicidade anual nos contratos de que trata o caput deste artigo será contada a partir da data limite para apresentação da proposta ou do orçamento a que essa se referir.

Consideramos não ser das mais felizes a redação do *caput* do art. 2º, possibilitando especialmente àqueles que gostam de utilizar a interpretação literal de textos legais uma ideia equivocada em relação à figura do reajustamento de preços. Literalmente, a norma legal fala na admissão da aplicação da figura do reajuste "nos contratos de prazo de duração igual ou superior a um ano". Isso pode dar a ideia, aos menos atentos, que, se o contrato tiver prazo de vigência inferior a um ano, não seria possível aplicar esse instituto. Não podemos esquecer, no entanto, que uma lei constitui, na realidade, um sistema legal, devendo ser sempre interpretada em conjunto, sendo um erro importante pinçar dela algumas disposições, para interpretação isolada. Se interpretarmos o art. 2º em conjunto com as disposições do art. 3º, teremos uma visão clara em relação ao assunto.

A lei está determinando que a periodicidade mínima para aplicação do reajustamento é anual, sendo nula de pleno direito qualquer estipulação de periodicidade inferior a essa. A ciência está, no entanto, na contagem dessa anualidade, ou, mais propriamente, no marco inicial para essa contagem. O §1º do art. 3º traz duas hipóteses possíveis:

1. contar a anualidade a partir da data limite para apresentação da proposta;
2. contar a anualidade a partir da data do orçamento a que a proposta se referir.

Em primeiro lugar, observe-se que, em plena consonância com as disposições constitucionais, a Lei nº 10.192, de 2011, estabelece a contagem a partir da proposta e não da assinatura do contrato. A CF manda manter "as condições efetivas da proposta", razão pela qual ela, a proposta, é que deve ser considerada para fixação do prazo anual.

Na hipótese primeira, temos a contagem a partir da data limite para sua apresentação. Significa dizer, a partir da data estabelecida como limite máximo para que o licitante a apresente. Nas licitações presenciais, essa data coincide, normalmente, com aquela fixada para realização da sessão pública da licitação, pois o licitante poderá comparecer pessoalmente e, declarada aberta a sessão, fazer a entrega de seus envelopes. Nas licitações realizadas sob a forma eletrônica, o edital deverá estabelecer qual é essa última data que o interessado poderá utilizar para incluir sua proposta no sistema.

Na segunda situação, a anualidade será contada a partir da data do orçamento a que a proposta apresentada se referir. É um momento anterior à própria apresentação da oferta.

Essas duas hipóteses são alternativas, como a própria Lei nº 10.192, de 2011, deixa claro no §1º do art. 3º (uma **ou** outra, diz a lei). O edital deve estabelecer uma delas, portanto. Qual deve ser a alternativa definida? A segunda hipótese é utilizada quando a proposta, embora apresentada em determinada data, tenha por base um fato pertinente que ocorreu em data anterior. Vamos dar dois exemplos.

Imaginemos uma licitação para contratação de serviço continuado com dedicação exclusiva de mão de obra, referenciando-se a uma categoria econômica organizada, que é aquela que possui, definida por lei, uma data-base específica para discussão sobre questões econômicas, como as salariais. Imaginemos, para efeito de raciocínio, que a data-base da categoria envolvida na proposta seja 1º de maio de cada ano civil, e que a proposta está sendo apresentada no mês de outubro. Se a contratação envolver, além da mão de obra, o fornecimento de materiais/equipamentos, o licitante terá a seguinte situação fática:

1. para os materiais/equipamentos, ele poderá apresentar proposta contendo preços vigentes no momento da apresentação; e,

2. para a mão de obra, embora a proposta esteja sendo apresentada em outubro, o licitante deverá se basear nos valores que entraram em vigência em 1º de maio do mesmo ano, data-base da categoria.

Assim, em termos de reajustamento, o edital deverá estabelecer as seguintes regras:

1. para os materiais/equipamentos, como os preços propostos foram aqueles vigentes no dia da apresentação da oferta, a anualidade será contada a partir dessa data, isto é, a data limite para apresentação da proposta; e,

2. para a mão de obra, como os preços se referem a um orçamento vigente desde 1º de maio (e não da data de apresentação), a anualidade será contada a partir da data do orçamento a que a proposta se referir. No caso do exemplo, a partir de 1º de maio.

Outro exemplo que podemos apresentar é o caso das obras e serviços de engenharia. Nestas, o orçamento estimado da administração, como parte integrante obrigatória do projeto básico, é normalmente elaborado algum tempo antes da publicação do aviso de licitação, havendo usualmente um prazo considerável entre essas duas datas. Ocorre que esse orçamento estimado, em termos de valor global, é o preço máximo que a administração poderá aceitar, consoante disposição expressa do Decreto nº 7.983, de 8 de abril de 2013, em seu art. 13, inc. I. Termos, então, a seguinte situação exemplificativa:

1. orçamento estimado elaborado em maio, no valor global de R$1.000.000,00;

2. propostas apresentadas em outubro do mesmo ano.

Em outubro, ao apresentarem suas propostas, os licitantes estarão obrigados a atender o preço máximo, que é o valor global do orçamento estimado, elaborado em maio. Se for considerada para efeito de reajustamento a hipótese de ter o marco inicial como sendo a data limite de apresentação das propostas, o contratado teria que apresentar preço vigente em maio, porém, só faria jus ao reajustamento em outubro do ano seguinte. Apresentaria um preço já defasado (se apresentasse proposta baseada nos preços vigentes em outubro, seu valor global tenderia a ser superior ao da administração, este baseado nos preços vigentes em maio, levando à desclassificação da oferta, pois o preço da administração é máximo) e acabaria ficando com um lapso temporal superior a um ano para ver o preço atualizado, o que poderia, inclusive, tornar inviável a execução contratual.

Nesta hipótese, portanto, o edital deverá estabelecer como marco inicial do período de um ano para efeito do reajustamento a data do orçamento a que a proposta se referir.

A análise feita acima não é impositiva, mas, tão somente, baseada na lógica sempre indispensável, fundamentada nos princípios que regem as atividades da administração pública. É, assim, uma interpretação principiológica das disposições legais. Se a administração preferir adotar outro procedimento, poderá, devendo, no entanto, procurar fundamentar a decisão. Nesse sentido:

24. Como se vê, o gestor público pode adotar discricionariamente dois marcos iniciais distintos para efeito de reajustamento dos contratos: (i) a data limite para apresentação da proposta; e (ii) a data do orçamento. Ocorre que o segundo critério se mostra mais robusto, pois reduz os problemas advindos de orçamentos desatualizados em virtude do transcurso de vários meses entre a data-base da estimativa de custos e a data de abertura das propostas.

25. Por esse motivo, entendo pertinente recomendar ao MPOG que, em futuras licitações de obras públicas, quando se demonstrar demasiadamente complexa a atualização da estimativa orçamentária da contratação, adote como marco inicial para efeito de reajustamento contratual a data-base de elaboração da planilha orçamentária.[82]

---

[82] BRASIL. Tribunal de Contas da União. Acórdão nº 19/17-P. Disponível em: http://www. tcu.gov.br. Acesso em: 09 nov. 2020.

Indagação recorrente refere-se à contagem da anualidade, surgindo a dúvida se deve ser contada de data a data. O TCU esclareceu a dúvida, em 2003, no seguinte sentido:

> 9.2 determinar ao DNIT que:
>
> 9.2.1 estabeleça já a partir dos editais de licitação e em seus contratos, de forma clara, se a periodicidade dos reajustes terá como base a data-limite para apresentação da proposta ou a data do orçamento, observando-se o seguinte:
>
> 9.2.1.1 se for adotada a data-limite para apresentação da proposta, o reajuste será aplicável a partir do mesmo dia e mês do ano seguinte;
>
> 9.2.1.2 se for adotada a data do orçamento, o reajuste será aplicável a partir do mesmo dia e mês do ano seguinte se o orçamento se referir a um dia específico, ou do primeiro dia do mesmo mês do ano seguinte caso o orçamento se refira a determinado mês;
>
> 9.2.2 para o reajustamento dos contratos, observe que a contagem do período de um ano para a aplicação do reajustamento deve ser feita a partir da data base completa, na forma descrita no item 9.1.1, de modo a dar cumprimento ao disposto na Lei nº 10.192/2001, em seus arts. 2º e 3º, e na Lei nº 8.666/93, em seu art. 40, inciso XI;[83]

Em resumo:

1. se adotada a data limite para apresentação da proposta, a anualidade será contada de data a data;
2. se for adotada a data do orçamento a que a proposta se referir, a contagem será data a data se o orçamento se referir a um dia específico, ou, o reajustamento deve ser aplicado a partir do primeiro dia do mesmo mês do ano seguinte no caso de o orçamento se referir a determinado mês.

O reajustamento previsto em lei deve ser dividido em duas espécies: o reajuste em sentido estrito e a repactuação. Esta última é, no âmbito da Lei nº 8.666/1993, aplicada obrigatoriamente apenas na administração pública federal, tendo em vista que foi instituída através de regulamento dessa esfera governamental, no caso, o antigo Decreto nº 2.271, de 7 de julho de 1997, que foi revogado e substituído pelo hoje vigente Decreto federal nº 9.507, de 21 de

---

[83] BRASIL. Tribunal de Contas da União. Acórdão nº 1.707/03-P. Disponível em: http://www.tcu.gov.br. Acesso em: 09 nov. 2020.

setembro de 2018. A repactuação é uma espécie de reajustamento a ser aplicado exclusivamente no caso de contratos referentes a serviços continuados com mão de obra dedicada. Trata-se, portanto, de aplicação restrita e direcionada. Em todas as demais situações deverá ser aplicado o reajuste em sentido estrito. A Instrução Normativa nº 5, de 2017, dispõe a respeito:

> **Art. 54.** A **repactuação de preços**, como espécie de reajuste contratual, **deverá ser utilizada nas contratações de serviços continuados com regime de dedicação exclusiva de mão de obra**, desde que seja observado o interregno mínimo de um ano das datas dos orçamentos aos quais a proposta se referir. (negritamos)

No âmbito do TCU, encontramos deliberação no mesmo sentido:

> 25. Analiso neste tópico outras inconformidades que verifiquei no Edital de Tomada de Preços 1/2014 e nos demais documentos carreados aos autos.
>
> 26. A primeira delas refere-se à previsão de repactuação do contrato prevista no item 8 do citado edital. Tal disposição está afrontando pacífica jurisprudência deste Tribunal bem como o art. 37 da Instrução Normativa SLTI nº 2/2008, de que a repactuação de preços, como espécie de reajuste contratual, deverá ser utilizada apenas nas contratações de serviços continuados com dedicação exclusiva de mão de obra, desde que seja observado o interregno mínimo de um ano das datas dos orçamentos aos quais a proposta se referir, conforme estabelece o art. 5º do Decreto nº 2.271, de 1997.
>
> 27. O objeto licitado não se enquadra nem como serviço continuado, nem como atividade com dedicação exclusiva de mão de obra. Assim, o edital deveria prever o uso do instituto do reajuste, e não da repactuação. Como deixei registrado no voto condutor do Acórdão 1827/2008-TCU-Plenário, o reajuste de preços é a reposição da perda do poder aquisitivo da moeda por meio do emprego de índices de preços prefixados no contrato administrativo. Por sua vez, a repactuação, referente a contratos de serviços contínuos, ocorre a partir da variação dos componentes dos custos do contrato, devendo ser demonstrada analiticamente, de acordo com a Planilha de Custos e Formação de Preços.[84]

---

[84] BRASIL. Tribunal de Contas da União. Acórdão nº 1.574/15-P. Disponível em: http://www.tcu.gov.br. Acesso em: 09 nov. 2020.

As demais unidades federativas, mesmo na vigência, ainda, da antiga Lei de Licitações, podem utilizar a repactuação em seus contratos de serviços continuados com dedicação exclusiva de mão de obra, facultativamente. Recomenda-se essa utilização, até mesmo pelas vantagens que o instituto traz em relação ao reajuste em sentido estrito, nesse tipo de objeto.

Muito embora as regras para as duas espécies tenham a mesma base, existe mais uma diferença importante entre elas, além da citada anteriormente. O reajuste em sentido estrito, por depender na sua aplicação apenas de regras já dispostas no edital e no contrato (marco inicial, periodicidade e índice de variação de preços), deve ser aplicado automaticamente pela administração contratante, no momento adequado da execução contratual. Já a repactuação, que depende de demonstração formal, por parte da contratada, da variação analítica dos custos dos componentes do contrato, não pode ter automatismo, advindo, sempre, por provocação da interessada. Bem elucidativo a respeito é o Acórdão nº 1.374/06-P:

> A diferença entre repactuação e reajuste é que este é automático e deve ser realizado periodicamente, mediante a simples aplicação de um índice de preço, que deve, dentro do possível, refletir os custos setoriais. Naquela, embora haja periodicidade anual, não há automatismo, pois é necessária a demonstração da variação dos custos do serviço.[85]

Tanto o reajuste em sentido estrito como a repactuação são eventos previsíveis, cujas regras de aplicação estão obrigatoriamente previstas no termo de contrato. Desse modo, sua aplicação ao longo da vigência contratual não representa qualquer tipo de alteração na avença. Ao revés, trata-se de puro cumprimento de regras pactuadas. Dessa forma, nas duas situações, ficando dispensada a formalização de aditivo ao contrato para sua aplicação, podendo ser registrada por simples apostilamento nos autos do respectivo processo.

---

[85] BRASIL. Tribunal de Contas da União. Acórdão nº 1.374/06-P. Disponível em: http://www. tcu.gov.br. Acesso em: 09 nov. 2020.

Na Lei nº 14.133/2021, temos previsão semelhante, nos arts. 115 e 136:

> Art. 115. O contrato deverá ser executado fielmente pelas partes, de acordo com as cláusulas avençadas e as normas desta Lei, e cada parte responderá pelas consequências de sua inexecução total ou parcial.
>
> (...)
>
> §5º Em caso de impedimento, ordem de paralisação ou suspensão do contrato, o cronograma de execução será prorrogado automaticamente pelo tempo correspondente, anotadas tais circunstâncias mediante simples apostila.
>
> Art. 136. Registros que não caracterizam alteração do contrato podem ser realizados por simples apostila, dispensada a celebração de termo aditivo, como nas seguintes situações:
>
> I – variação do valor contratual para fazer face ao reajuste ou à repactuação de preços previstos no próprio contrato;
>
> II – atualizações, compensações ou penalizações financeiras decorrentes das condições de pagamento previstas no contrato;
>
> III – alterações na razão ou na denominação social do contratado;
>
> IV – empenho de dotações orçamentárias.

Para aplicação do reajuste em sentido estrito, sempre que possível, devem ser adotados índices de variação de preços que envolvem o setor do mercado diretamente compatível com o objeto do contrato. Se estivermos tratando, por exemplo, de um contrato relativo à execução de uma obra de engenharia, deve-se adotar o Índice Nacional da Construção Civil (INCC), gerenciado e publicado pela Fundação Getúlio Vargas (FGV), vigente desde 1984, quando substituiu o antigo Índice de Custo da Construção. Para diversos tipos de objetos, no entanto, não existem índices que analisem variação de preços naquele segmento do mercado, especificamente. Nesses casos, deve-se adotar um índice geral, como, por exemplo, o Índice Nacional de Preços ao Consumidor Amplo (IPCA), do Instituto Brasileiro de Geografia e Estatística (IBGE), o Índice de Preços ao Consumidor (IPC), da Fundação Instituto de Pesquisas Econômicas (FIPE), ou o Índice Nacional de Preços ao Consumidor (INPC), também do IBGE. A periodicidade a ser adotada deverá ser a mínima prevista em lei, a anual.

CAPÍTULO 11
DO EQUILÍBRIO DA EQUAÇÃO ECONÔMICO-FINANCEIRA DOS CONTRATOS | 239

Para a repactuação, considerando tratar-se de instituto, no primeiro momento, direcionado especificamente para a administração federal, as regras básicas estão contidas na Instrução Normativa nº 5, de 26 de maio de 2017, da Secretaria de Gestão do então Ministério do Planejamento, Desenvolvimento e Gestão, hoje gerenciada pela SEGES do Ministério da Economia. Assim dispõe a IN sobre a atualização de preços:

Art. 53. O ato convocatório e o contrato de serviço continuado deverão indicar o critério de reajustamento de preços, que deverá ser sob a forma de reajuste em sentido estrito, com a previsão de índices específicos ou setoriais, ou por repactuação, pela demonstração analítica da variação dos componentes dos custos.

Art. 54. A repactuação de preços, como espécie de reajuste contratual, deverá ser utilizada nas contratações de serviços continuados com regime de dedicação exclusiva de mão de obra, desde que seja observado o interregno mínimo de um ano das datas dos orçamentos aos quais a proposta se referir.

§1º A repactuação para fazer face à elevação dos custos da contratação, respeitada a anualidade disposta no *caput*, e que vier a ocorrer durante a vigência do contrato, é direito do contratado e não poderá alterar o equilíbrio econômico e financeiro dos contratos, conforme estabelece o inciso XXI do art. 37 da Constituição da República Federativa do Brasil, sendo assegurado ao prestador receber pagamento mantidas as condições efetivas da proposta.

§2º A repactuação poderá ser dividida em tantas parcelas quanto forem necessárias, em respeito ao princípio da anualidade do reajuste dos preços da contratação, podendo ser realizada em momentos distintos para discutir a variação de custos que tenham sua anualidade resultante em datas diferenciadas, tais como os custos decorrentes da mão de obra e os custos decorrentes dos insumos necessários à execução do serviço.

§3º Quando a contratação envolver mais de uma categoria profissional, com datas-bases diferenciadas, a repactuação deverá ser dividida em tantos quanto forem os Acordos, Convenções ou Dissídios Coletivos de Trabalho das categorias envolvidas na contratação.

§4º A repactuação para reajuste do contrato em razão de novo Acordo, Convenção ou Dissídio Coletivo de Trabalho deve repassar integralmente o aumento de custos da mão de obra decorrente desses instrumentos.

Art. 55. O interregno mínimo de um ano para a primeira repactuação será contado a partir:

I – da data limite para apresentação das propostas constante do ato convocatório, em relação aos custos com a execução do serviço decorrentes do mercado, tais como o custo dos materiais e equipamentos necessários à execução do serviço; ou

II – da data do Acordo, Convenção, Dissídio Coletivo de Trabalho ou equivalente vigente à época da apresentação da proposta quando a variação dos custos for decorrente da mão de obra e estiver vinculada às datas-bases destes instrumentos.

Art. 56. Nas repactuações subsequentes à primeira, a anualidade será contada a partir da data do fato gerador que deu ensejo à última repactuação.

Art. 57. As repactuações serão precedidas de solicitação da contratada, acompanhada de demonstração analítica da alteração dos custos, por meio de apresentação da planilha de custos e formação de preços ou do novo Acordo, Convenção ou Dissídio Coletivo de Trabalho que fundamenta a repactuação, conforme for a variação de custos objeto da repactuação.

§1º É vedada a inclusão, por ocasião da repactuação, de benefícios não previstos na proposta inicial, exceto quando se tornarem obrigatórios por força de instrumento legal, Acordo, Convenção ou Dissídio Coletivo de Trabalho, observado o disposto no art. 6º desta Instrução Normativa.

§2º A variação de custos decorrente do mercado somente será concedida mediante a comprovação pelo contratado do aumento dos custos, considerando-se:

I – os preços praticados no mercado ou em outros contratos da Administração;

II – as particularidades do contrato em vigência;

III – a nova planilha com variação dos custos apresentada;

IV – indicadores setoriais, tabelas de fabricantes, valores oficiais de referência, tarifas públicas ou outros equivalentes; e

V – a disponibilidade orçamentária do órgão ou entidade contratante.

§3º A decisão sobre o pedido de repactuação deve ser feita no prazo máximo de sessenta dias, contados a partir da solicitação e da entrega dos comprovantes de variação dos custos.

§4º As repactuações, como espécie de reajuste, serão formalizadas por meio de apostilamento, exceto quando coincidirem com a prorrogação contratual, em que deverão ser formalizadas por aditamento.

§5º O prazo referido no §3º deste artigo ficará suspenso enquanto a contratada não cumprir os atos ou apresentar a documentação solicitada pela contratante para a comprovação da variação dos custos.

§6º O órgão ou entidade contratante poderá realizar diligências para conferir a variação de custos alegada pela contratada.

§7º As repactuações a que o contratado fizer jus e que não forem solicitadas durante a vigência do contrato serão objeto de preclusão com a assinatura da prorrogação contratual ou com o encerramento do contrato.

Art. 58. Os novos valores contratuais decorrentes das repactuações terão suas vigências iniciadas da seguinte forma:

I – a partir da ocorrência do fato gerador que deu causa à repactuação, como regra geral;

II – em data futura, desde que acordada entre as partes, sem prejuízo da contagem de periodicidade e para concessão das próximas repactuações futuras; ou

III – em data anterior à ocorrência do fato gerador, exclusivamente quando a repactuação envolver revisão do custo de mão de obra em que o próprio fato gerador, na forma de Acordo, Convenção ou Dissídio Coletivo de Trabalho, contemplar data de vigência retroativa, podendo esta ser considerada para efeito de compensação do pagamento devido, assim como para a contagem da anualidade em repactuações futuras.

Parágrafo único. Os efeitos financeiros da repactuação deverão ocorrer exclusivamente para os itens que a motivaram e apenas em relação à diferença porventura existente.

Art. 59. As repactuações não interferem no direito das partes de solicitar, a qualquer momento, a manutenção do equilíbrio econômico dos contratos com base no disposto no art. 65 da Lei nº 8.666, de 1993.

Art. 60. A empresa contratada para a execução de remanescente de serviço tem direito à repactuação nas mesmas condições e prazos a que fazia jus a empresa anteriormente contratada, devendo os seus preços serem corrigidos antes do início da contratação, conforme determina o inciso XI do art. 24 da Lei nº 8.666, de 1993.

Art. 61. O reajuste em sentido estrito, como espécie de reajuste contratual, consiste na aplicação de índice de correção monetária previsto no contrato, que deverá retratar a variação efetiva do custo de produção, admitida a adoção de índices específicos ou setoriais.

§1º É admitida estipulação de reajuste em sentido estrito nos contratos de prazo de duração igual ou superior a um ano, desde que não haja regime de dedicação exclusiva de mão de obra.

§2º O reajuste em sentido estrito terá periodicidade igual ou superior a um ano, sendo o termo inicial do período de correção monetária ou reajuste, a data prevista para apresentação da proposta ou do orçamento a que essa proposta se referir, ou, no caso de novo reajuste, a data a que o anterior tiver se referido.

§3º São nulos de pleno direito quaisquer expedientes que, na apuração do índice de reajuste, produzam efeitos financeiros equivalentes aos de reajuste de periodicidade inferior à anual.

§4º Nos casos em que o valor dos contratos de serviços continuados seja preponderantemente formado pelos custos dos insumos, poderá ser adotado o reajuste de que trata este artigo.

Essas regras trazidas pela IN nº 5, de 2017, podem ser resumidas assim:

1. a administração precisa verificar, no momento da elaboração da minuta do instrumento contratual, qual a forma de reajustamento cabível. A repactuação é exclusiva para contratos de serviços continuados com dedicação exclusiva de mão de obra. Em todas as demais avenças, caberá o reajuste em sentido estrito;

2. em determinadas contratações, as duas situações devem ser previstas. Em se tratando de contratos DEMO, assim como nos contratos em que haja predominância de mão de obra,[86] com a obrigação adicional de fornecimento de materiais/equipamentos, aplica-se a repactuação para a mão de obra e o reajuste em sentido estrito para os fornecimentos;

3. a periodicidade de aplicação deve ser estabelecida contratualmente, recomendando-se a adoção do prazo legal mínimo de um ano;

4. deverá ser estabelecido o marco inicial para a contagem da anualidade. Quando a proposta está vinculada a valores vigentes em datas anteriores à de sua apresentação, recomenda-se adotar como marco inicial a data do orçamento ao qual a proposta se referir. Nos demais casos, recomenda-se a adoção da data limite para apresentação da proposta;

5. é sempre conveniente que o instrumento convocatório traga a forma de contagem perfeitamente definida, determinando a data a partir da qual o reajustamento produzirá efeitos: se contada data a data ou se válida a partir do primeiro dia do mesmo mês de ano subsequente;

6. em contratos DEMO nos quais exista mão de obra referente a mais de uma categoria profissional, com datas-base diferenciadas, a repactuação deverá ser parcelada, prevalecendo a anualidade para cada categoria;[87]

---

[86] Contrato DEMO é aquele em que haverá dedicação exclusiva de mão de obra.

[87] Nesse sentido, recomendamos consulta à Orientação Normativa nº 25, da AGU.

7. o reajuste em sentido estrito, vinculado a determinado índice obrigatoriamente estabelecido, deverá ser concedido pela administração automaticamente, quando completada a anualidade referente à data limite para apresentação da proposta, contada data a data;

8. as repactuações deverão ser precedidas de solicitação da contratada, com a apresentação da demonstração analítica da variação do custo da mão de obra, através do novo acordo, convenção ou dissídio coletivo do trabalho da categoria correspondente;

9. concedida a repactuação, a mesma produzirá efeitos a partir da data da ocorrência do fato gerador, e não da data da solicitação ou da concessão. Poderá, no entanto, ser efetiva a partir de data anterior, quando assim estabelecido no documento correspondente (acordo, convenção ou dissídio coletivo) ou em data posterior, quando acordado com o contratado.

Segundo dispõe o art. 57, §7º, da IN nº 05/2017, se o contratado não solicitar a repactuação a que tem direito, ainda durante a vigência do contrato, haverá a preclusão desse direito com a assinatura da prorrogação do prazo de vigência com o encerramento do contrato. Essa condição advém de uma deliberação do TCU, *in verbis*:

9.4. recomendar à Subsecretaria de Assuntos Administrativos do Ministério dos Transportes (SAAD/MT) que, em seus editais de licitação e/ou minutas de contrato referentes à prestação de serviços executados de forma contínua, deixe claro o prazo dentro do qual poderá o contratado exercer, perante a Administração, seu direito à repactuação contratual, qual seja, da data da homologação da convenção ou acordo coletivo que fixar o novo salário normativo da categoria profissional abrangida pelo contrato administrativo a ser repactuado até a data da prorrogação contratual subsequente, sendo que se não o fizer de forma tempestiva e, por via de consequência, prorrogar o contrato sem pleitear a respectiva repactuação, ocorrerá a preclusão do seu direito a repactuar;[88]

---

[88] BRASIL. Tribunal de Contas da União. Acórdão nº 1.827/08-P. Disponível em: http://www. tcu.gov.br. Acesso em: 09 nov. 2020.

A AGU adotou esse entendimento no Parecer nº AGU/JTB 01/2008. Esse Parecer foi aprovado pelo Advogado-Geral da União e pelo Presidente da República, passando a deter, assim, força normativa em toda a administração pública federal, consoante disposição expressa da Lei Complementar nº 73, de 10 de fevereiro de 1993:

> Art. 40. Os pareceres do Advogado-Geral da União são por este submetidos à aprovação do Presidente da República.
>
> §1º O parecer aprovado e publicado juntamente com o despacho presidencial vincula a Administração Federal, cujos órgãos e entidades ficam obrigados a lhe dar fiel cumprimento.
>
> §2º O parecer aprovado, mas não publicado, obriga apenas as repartições interessadas, a partir do momento em que dele tenham ciência.
>
> Art. 41. Consideram-se, igualmente, pareceres do Advogado-Geral da União, para os efeitos do artigo anterior, aqueles que, emitidos pela Consultoria-Geral da União, sejam por ele aprovados e submetidos ao Presidente da República.

Alguns doutrinadores discordam desse entendimento. Se a repactuação é uma espécie de reajustamento, e, sem qualquer dúvida, o é, sua aplicação decorre de imposição constitucional, como já visto alhures. Assim, ainda que dependa de apresentação, pelo contratado, da comprovação da variação analítica dos preços envolvidos, não pode existir um prazo limite para que essa solicitação seja feita sob pena de preclusão. Dizem que não se pode presumir que, não o fazendo em determinado prazo, a contratada estaria declarando tacitamente a desnecessidade da aplicação do instituto. Até porque é evidente que, em existindo variação do valor da mão de obra (e há, rotineiramente), sua não aplicação ensejará o desequilíbrio da equação econômico-financeira do contrato, contrariando expressamente a determinação da Carta Magna.

Preferimos filiar-nos ao entendimento esposado pela AGU, no Parecer nº 00079/2019/DECOR/CGU/AGU, cuja ementa é a seguinte:

> **EMENTA:** DIREITO ADMINISTRATIVO. LICITAÇÃO. EQUILÍBRIO ECONÔMICO-FINANCEIRO. DIREITO AO REAJUSTE CONTRATUAL. CONCESSÃO DE OFÍCIO PELA ADMINISTRAÇÃO PÚBLICA. IMPOSSIBILIDADE DE PRECLUSÃO.

I. A manutenção da cláusula econômico-financeira inicialmente estabelecida com a aceitação da proposta pela Administração constitui direito do contratado garantido pela Constituição da República (art. 37, inc. XXI).

II. Este direito foi regulamentado pela lei de licitações, Lei nº 8.666/93, que previu instrumentos para recompor o eventual desequilíbrio. Dentre eles está o reajuste (art. 40, inc. XI e art. 55, inc. III), que se caracteriza pela atualização do valor contratual conforme índice estabelecido contratualmente.

III. Assim, após certo período de execução contratual, a Administração Pública, de ofício, deve aplicar o índice financeiro estabelecido contratualmente para reajustar o seu preço e reequilibrar sua equação econômico-financeira.

IV. No Acórdão no 1.827/2008-Plenário, o TCU, diante de uma hipótese de repactuação, analisou a aplicabilidade do instituto da preclusão aos contratos administrativos, e lecionou que *"há a preclusão lógica quando se pretende praticar ato incompatível com outro anteriormente praticado."*

V. Em regra, não há preclusão lógica do direito ao reajuste, pois, não há a possibilidade da prática de ato incompatível com outro anteriormente praticado, já que para a sua concessão exige– se apenas a mera aplicação de ofício pela Administração Pública de índice previsto contratualmente.

VI. Exceção existe na hipótese em que as partes, com previsão expressa no edital e no contrato, acordem a obrigação de prévio requerimento do contratado para a concessão do reajuste. E neste caso específico seria possível entendermos pela preclusão lógica, se transcorrido o período para o reajuste, o contratado não requerer a sua concessão e concordar em prorrogar a vigência contratual por mais um período, mantidas as demais condições inicialmente pactuadas

VII. Visando tutelar a análise da vantajosidade para a prorrogação contratual (art. 57, inc. II, da Lei nº 8.666/93), caso tenha transcorrido o prazo para o reajuste sem a sua concessão, e chegado o momento da prorrogação contratual, quando, então, será o valor não reajustado que será parâmetro para a obtenção de preços e condições mais vantajosas para a administração, recomenda-se a negociação, com a contratada, para que esta abdique do reajuste, mantendo a vantajosidade necessária para garantir a prorrogação contratual.

Verifica-se, assim, ser importante, fundamental, que a regra da obrigatoriedade de o interessado requerer a repactuação, no momento devido, deve vir expressamente determinada no instrumento de contrato, alertando, inclusive, que a não solicitação antes da prorrogação do prazo de vigência ou do encerramento definitivo do contrato implicará, inexoravelmente, na preclusão do direito a receber o valor atualizado naquele período, sem prejuízo das futuras repactuações a que fizer jus.

Há uma ressalva, no entanto, em relação a essa situação. Essa ressalva ocorre quando, por ocasião da prorrogação ou encerramento definitivo do prazo, o contratado informar à administração contratante que não solicitou a repactuação a quem tem direito por ainda não ter sido publicado o instrumento que lhe dá base legal, ou seja, o acordo, convenção, dissídio coletivo ou equivalente. Nessa situação, por não ser decorrente de inércia do contratado, mas, sim, de impossibilidade fática de fazê-lo, não haverá a preclusão, devendo o contratado fazer a devida solicitação quando o documento estiver disponível, sendo processado regularmente pela contratante.

Em assim sendo, considerando toda a análise realizada, podemos resumir os prazos para aplicação do primeiro reajustamento, quer no caso de reajuste em sentido estrito, quer no caso de repactuação, no gráfico abaixo, no qual definimos os seis momentos importantes do processo. Destaque-se que o segundo reajustamento será concedido/analisado um ano após o fato gerador que provocou a concessão do primeiro, e assim sucessivamente.

O gráfico é este:

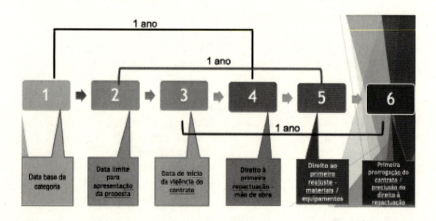

A outra forma de reequilibrar a equação econômico-financeira é o instituto da revisão, que alguns doutrinadores preferem denominar de recomposição ou de reequilíbrio propriamente dito. Essa figura está expressamente prevista na Lei nº 8.666/1993, em seu art. 65:

> Art. 65. Os contratos regidos por esta Lei poderão ser alterados, com as devidas justificativas, nos seguintes casos:
> (...)
> II – por acordo das partes:
> (...)
> d) para restabelecer a relação que as partes pactuaram inicialmente entre os encargos do contratado e a retribuição da administração para a justa remuneração da obra, serviço ou fornecimento, objetivando a manutenção do equilíbrio econômico-financeiro inicial do contrato, na hipótese de sobrevirem fatos imprevisíveis, ou previsíveis porém de consequências incalculáveis, retardadores ou impeditivos da execução do ajustado, ou, ainda, em caso de força maior, caso fortuito ou fato do príncipe, configurando álea econômica extraordinária e extracontratual.

A revisão será aplicada em situações excepcionais, quando o desequilíbrio for causado por fatos imprevisíveis, ou até mesmo por fatos previsíveis, mas, neste caso, de consequências incalculáveis, ou, ainda, em casos de força maior, caso fortuito ou fato do príncipe.

Fatos imprevisíveis são diferentes de casos imprevistos. Para estes, existe uma presunção de futura existência, não se sabendo, apenas, qual a sua mensuração; para aqueles, não há previsão de ocorrência. Exatamente por esse motivo, enquanto os primeiros são obrigatoriamente previstos no instrumento de contrato, através da figura do reajuste em sentido estrito ou da repactuação, conforme o caso, para os fatos imprevisíveis não existirá cláusula contratual. Afinal, não é possível exigir que se preveja contratualmente uma condição que é absolutamente imprevista. Assim, se o fato vier a ocorrer, deverá ser invocado pela parte interessada, provocando, dessa forma, a outra parte para que, após a competente análise e se for o caso, acorde a alteração das condições avençadas.

Vamos exemplificar uma situação típica que pode/deve ensejar a revisão dos valores pactuados. Imaginemos que, em uma obra de engenharia, a contratada já executou a estrutura do telhado do prédio, cumprindo, assim, sua obrigação contratual. Em determinado momento, porém, um evento da natureza, um furacão, atinge a obra e destrói a estrutura que já estava executada, obrigando a contratada a refazê-la. Trata-se de fato em cuja origem não existe a participação da interessada, no caso, a contratada, que será obrigada a refazer um trabalho já anteriormente executado. Por outro lado, é uma situação absolutamente imprevisível, pois, ainda que se saiba que poderá ocorrer, não se tem a menor ideia de quando isso se tornaria real e nem tampouco das consequências que traria para o contrato. Mas, indiscutivelmente, desequilibra a equação econômico-financeira, pois a contratada orçou a execução da estrutura do telhado apenas uma vez, sendo, no entanto, na prática, obrigada a realizá-la por duas vezes. Aplica-se, nesse exemplo, o instituto da revisão.

A lei dispõe, também, sobre situações originadas por fato do príncipe, caso fortuito ou força maior. O primeiro refere-se a um ato do governo que, aplicada ao contrato, desequilibra-o. Por exemplo, a instituição de um novo tributo ocasiona o desequilíbrio em desfavor da contrata. Inversamente, a extinção de um tributo existe no momento da apresentação da proposta, provoca o desequilíbrio em desfavor da administração contratante.

Caso fortuito é um evento provocado pela natureza, como tempestades e furacões. O exemplo do furacão, acima descrito, aqui se enquadra. Força maior é um evento provocado pelo homem, como guerras, revoluções, interdições de estradas etc.

O Código Civil brasileiro não faz distinção entre os dois termos:

> Art. 393. O devedor não responde pelos prejuízos resultantes de caso fortuito ou força maior, se expressamente não se houver por eles responsabilizado.
> Parágrafo único. O caso fortuito ou de força maior verifica-se no fato necessário, cujos efeitos não era possível evitar ou impedir.

A revisão do valor contratual para reequilibrar a equação econômico-financeira em função desses eventos absolutamente imprevisíveis deve ser encarada com muita cautela. A uma, por ser, efetivamente, um fato extraordinário, imprevisível, que precisa estar devidamente comprovado. A duas, porque, além da existência do fato, é indispensável que ele tenha impacto sobre o contrato firmado, inclusive em termos quantitativos. Pode ocorrer a existência de um fato efetivamente excepcional, não previsto, mas que não tenha qualquer impacto sobre o objeto da avença. Por exemplo, imaginemos que ocorreu efetivamente um furacão, mas o objeto do contrato era o fornecimento de papel tamanho A4, não tendo o evento da natureza trazido qualquer impacto, pois não atingiu o fabricante e nem o fornecedor, e muito menos a entrega do objeto.

Pode ocorrer, também, que o impacto seja muito reduzido. A tempestade ocorreu, mas a obra em execução só foi impactada pela perda de algumas telhas do barracão existente no canteiro. Nesses dois exemplos, não há revisão a ser feita, devendo a execução contratual prosseguir normalmente.

Na jurisprudência do TCU, encontramos deliberações a respeito de situações da espécie:

> 25. Com efeito, a desvalorização da moeda nacional ocorrida no início de 1999 já foi reconhecida pela Justiça e por este Tribunal como evento extracontratual impactante nos contratos administrativos em vigor na época. Contudo, não pode ser tida como uma condição suficiente e autônoma para justificar a revisão contratual.
>
> 26. Explico melhor, a aplicação da cláusula **rebus sic stantibus** aos contratos administrativos também requer demonstração objetiva de que ocorrências supervenientes tornaram a sua execução excessivamente onerosa para uma das partes. A simples variação cambial, por si só, não justifica a revisão contratual por um motivo simples: o particular contratado pode ter adquirido os insumos ou incorrido nas despesas impactadas pelo câmbio antes da ocorrência do evento. Em tal situação, ao contrário do alegado, a posterior desvalorização da moeda favoreceria ao contratado, pois os índices de reajuste contratual supervenientes captariam em maior ou menor grau o fato ocorrido.
>
> 27. Assim, o construtor seria beneficiado, pois teria sua remuneração majorada por índices que foram afetados ao menos parcialmente pelo câmbio, mas não incorreria em custos adicionais, haja vista que adquiriu os bens importados antes da depreciação do Real. Em outra circunstância, na qual o contratado ainda não tivesse incorrido nos gastos atrelados ao câmbio, certamente uma variação anômala da moeda poderia justificar o reequilíbrio.
>
> 28. Portanto, pleitos do gênero não podem se basear exclusivamente nos preços contratuais ou na variação de valores extraídos de sistemas referenciais de custos, sendo indispensável que se apresentem outros elementos adicionais do impacto cambial, tais como a comprovação dos custos efetivamente incorridos no contrato, demonstrados mediante notas fiscais.
>
> 29. Aferir a quebra do equilíbrio contratual não é uma tarefa simples, posto que a doutrina explicita a indispensabilidade de que seja

comprovado o prejuízo do particular. Nesse sentido é válido citar o ensinamento de Bandeira de Mello:

"Para tanto, o que importa, obviamente, não é a "aparência" de um respeito ao valor contido na equação econômico-financeira, mas o real acatamento dele. De nada vale homenagear a forma quando se agrava o conteúdo. O que as partes colimam em um ajuste não é a satisfação de fórmulas ou de fantasias, mas um resultado real, uma realidade efetiva que se determina pelo espírito da avença; vale dizer, pelo conteúdo verdadeiro do convencionado" (Celso Antônio Bandeira de Mello, "Curso de Direito Administrativo", 8ª ed., pág. 393).[89]

70. Do exposto, extraem-se as seguintes conclusões que sustentam as teses defendidas neste voto:

a) não há óbice à concessão de reequilíbrio econômico-financeiro de contrato administrativo, visando à revisão (ou recomposição) de preços de itens isolados, com fundamento no art. 65, inciso II, alínea "d", da Lei 8.666/1993, desde que:

a.1) estejam presentes os requisitos enunciados pela teoria da imprevisão, que são a imprevisibilidade (ou previsibilidade de efeitos incalculáveis) e o impacto acentuado na relação contratual;

a.2) haja análise demonstrativa acerca do comportamento dos demais insumos do contrato, ao menos os mais importantes em aspecto de materialidade, com a finalidade de identificar outras oscilações de preços enquadráveis na teoria da imprevisão que possam, de igual maneira, impactar significativamente o valor ponderado do contrato.[90]

Recente deliberação do Tribunal de Contas da União analisou caso concreto bem interessante. A contratante, estatal federal, necessitou contratar aditivo em determinada obra que estava em execução, realizando uma alteração qualitativa em item que já constou originalmente na planilha de orçamento. A contratada, no entanto, pleiteou uma revisão no preço contratado, alegando que o mesmo encontrava-se em patamar de inexequibilidade. Assim se posicionou o Tribunal, nesta parte da deliberação, conforme excerto do Voto do Relator:

Não se discute a pertinência, ou não, da realização desse ajuste, visto que se trata de alteração qualitativa no objeto licitado, prevista no art.

---

[89] BRASIL. Tribunal de Contas da União. Acórdão nº 1.085/15-P. Disponível em: http://www.tcu.gov.br. Acesso em: 17 nov. 2020.

[90] BRASIL. Tribunal de Contas da União. Acórdão nº 1.604/15-P. Disponível em: http://www.tcu.gov.br. Acesso em: 17 nov. 2020.

CAPÍTULO 11
DO EQUILÍBRIO DA EQUAÇÃO ECONÔMICO-FINANCEIRA DOS CONTRATOS | 251

65, inciso I, alínea "a", da Lei 8.666/1993, aplicável à companhia estatal à época da execução do contrato ora em análise. Porém, foi impugnado o preço do mencionado transporte acordado, no valor de R$59,00/m³, pois já havia, na planilha contratual originalmente contratada, previsão de transporte de areia natural do município de Três Lagoas/MS para o canteiro de obras, no valor de R$25,67/m³.

Os responsáveis tentaram justificar o novo preço acordado apresentando composições de custo unitário para os serviços, nas quais a unidade técnica apontou algumas inconsistências e evidenciou haver algum tipo de superestimativa de custos. Também foram apresentadas notas fiscais dos transportes efetuados que justificariam o valor adotado de R$59,00/m³.

O exame de mérito da Seinfra Elétrica acolheu o argumento de que o preço ofertado na licitação (R$25,67/m³) seria inexequível, propondo utilizar como parâmetro o valor referencial de R$57,60/m³, com base nos parâmetros do Sistema Sicro-2, de maio/2009, conforme demonstrado na tabela seguinte:

A aplicação do novo parâmetro de R$57,60/m³ resultaria na redução do superfaturamento observado no item para apenas R$146.389,18, obtido em todos os serviços que utilizaram em sua composição o transporte de areia natural.

Entendo que o exame procedido pela unidade instrutiva não observou o art. 65, §1º, da Lei 8.666/1993, que estabelece a obrigação de o contratado aceitar, nas mesmas condições contratuais, os acréscimos ou supressões que se fizerem nas obras, serviços ou compras, até o limite de 25% do valor inicial atualizado do contrato. O transporte de areia não é um serviço novo, como alegado pelos responsáveis, não sendo aplicável o disposto no art. 65, §3º, do mesmo diploma legal. Somente um aditivo fundamentado no art. 65, inciso II, alínea "d", da Lei 8.666/1993 poderia amparar a alteração do preço do serviço contratado, ou seja, seria necessária a demonstração de alguma das hipóteses que autorizam o reequilíbrio econômico-financeiro do ajuste, a saber: fatos imprevisíveis, ou previsíveis porém de consequências incalculáveis, retardadores ou impeditivos da execução do ajustado, ou, ainda, em caso de força maior, caso fortuito ou fato do príncipe, configurando álea econômica extraordinária e extracontratual.

Consoante expus no voto condutor do Acórdão 852/2016-TCU-Pelnário, entendo que o impacto total da alteração do custo da areia, da ordem de 1% do valor do ajuste, é um risco ordinário de construção, que não traz ônus insuportável à contratada, não sendo coberto, portanto, pela cláusula **rebus sic stantibus**.

Outrossim, ainda que fosse admitido o reequilíbrio do contrato pela alteração do custo da areia, deveria haver exame de outros insumos relevantes do contrato que também poderiam trazer oscilações importantes na ponderação do cálculo. Deveria haver análise demonstrativa acerca do comportamento dos demais insumos da obra, ao menos dos mais importantes quanto à materialidade, com a finalidade de identificar outras oscilações de preços enquadráveis na teoria da imprevisão e que possam, de igual maneira, impactar significativamente o valor ponderado do contrato.

Ainda que se considere que o preço ofertado para o transporte de areia (R\$25,67/m³) era inexequível, conforme alegado pelos responsáveis, tal fato não se presta para motivar a elevação do preço do serviço, conforme ensinamento de Marçal Justen Filho, em sua obra "Comentários à Lei de Licitações e Contratos Administrativos", 11ª edição, **in verbis**:

"A equação econômico-financeira delineia-se a partir da elaboração do ato convocatório. Porém, a equação se firma no instante em que a proposta é apresentada. Aceita a proposta pela Administração, está consagrada a equação econômico-financeira dela constante. A partir de então essa equação está protegida e assegurada pelo Direito.

*(...) **O restabelecimento da equação econômico-financeira depende da concretização de um evento posterior à formulação da proposta, identificável como causa do agravamento da posição do particular. Não basta a simples insuficiência da remuneração. Não se caracteriza rompimento do equilíbrio econômico-financeiro quando a proposta do particular era inexequível.** A tutela à equação econômico-financeira não visa a que o particular formule proposta exageradamente baixa e, após vitorioso, pleiteie elevação da remuneração.*

Exige-se, ademais, que a elevação dos encargos não derive de conduta culposa imputável ao particular. Se os encargos tornaram-se mais elevados porque o particular atuou mal, não fará jus à alteração de sua remuneração." (grifos acrescidos).

Assim, a oferta de preço inexequível na licitação deve onerar exclusivamente o contratado, não se admitindo a elevação do valor ofertado em virtude do descuido da licitante na elaboração de sua proposta de preços. (grifos no original)[91]

Não foram significativas as novidades trazidas pela Lei nº 14.133/2021, a respeito do equilíbrio da equação econômico-financeira da contratação. Afinal, a base legal continua sendo a mesma, ou seja, a Constituição Federal. O que a nova lei fez, basicamente, foi incorporar disposições que constavam de legislação inferior, especialmente no tocante à repactuação de preços nos contratos DEMO, que, até então, só existiam em instrução normativa da

---

[91] BRASIL. Tribunal de Contas da União. Acórdão nº 2.901/20-P. Disponível em: http://www.tcu.gov.br. Acesso em: 17 nov. 2020.

administração federal. Mas há pontos importantes, novidades, a serem analisadas. No art. 6º, que traz as definições legais, a nova lei distinguiu perfeitamente as figuras do reajustamento em sentido estrito e da repactuação, bem de acordo com a análise já feita alhures:

> Art. 6º Para os fins desta Lei, consideram-se:
>
> (...)
>
> LVIII – reajustamento em sentido estrito: forma de manutenção do equilíbrio econômico-financeiro de contrato consistente na aplicação do índice de correção monetária previsto no contrato, que deve retratar a variação efetiva do custo de produção, admitida a adoção de índices específicos ou setoriais;
>
> LIX – repactuação: forma de manutenção do equilíbrio econômico-financeiro de contrato utilizada para serviços contínuos com regime de dedicação exclusiva de mão de obra ou predominância de mão de obra, por meio da análise da variação dos custos contratuais, devendo estar prevista no edital com data vinculada à apresentação das propostas, para os custos decorrentes do mercado, e com data vinculada ao acordo, à convenção coletiva ou ao dissídio coletivo ao qual o orçamento esteja vinculado, para os custos decorrentes da mão de obra;

O art. 25, §7º, traz a obrigatoriedade de o edital conter o índice de reajustamento de preços, independentemente do prazo de duração previsto para o contrato, bem como, no caso de serviços continuados, as regras para a repactuação:

> Art. 25. O edital deverá conter o objeto da licitação e as regras relativas à convocação, ao julgamento, à habilitação, aos recursos e às penalidades da licitação, à fiscalização e à gestão do contrato, à entrega do objeto e às condições de pagamento.
>
> (...)
>
> §7º Independentemente do prazo de duração do contrato, será obrigatória a previsão no edital de índice de reajustamento de preço, com data-base vinculada à data do orçamento estimado, com a possibilidade de ser estabelecido mais de um índice específico ou setorial, em conformidade com a realidade de mercado dos respectivos insumos.
>
> §8º Nas licitações de serviços contínuos, observado o interregno mínimo de 1 (um) ano, o critério de reajustamento será por:
>
> I – reajustamento em sentido estrito, quando não houver regime de dedicação exclusiva de mão de obra ou predominância de mão de obra, mediante previsão de índices específicos ou setoriais;

II – repactuação, quando houver regime de dedicação exclusiva de mão de obra ou predominância de mão de obra, mediante demonstração analítica da variação dos custos.

De igual modo, a lei dispõe sobre a necessidade de o instrumento contratual conter essas regras, fazendo-o no art. 92:

> Art. 92. São necessárias em todo contrato cláusulas que estabeleçam:
>
> (...)
>
> §3º Independentemente do prazo de duração, o contrato deverá conter cláusula que estabeleça o índice de reajustamento de preço, com database vinculada à data do orçamento estimado, e poderá ser estabelecido mais de um índice específico ou setorial, em conformidade com a realidade de mercado dos respectivos insumos.
>
> §4º Nos contratos de serviços contínuos, observado o interregno mínimo de 1 (um) ano, o critério de reajustamento de preços será por:
>
> I – reajustamento em sentido estrito, quando não houver regime de dedicação exclusiva de mão de obra ou predominância de mão de obra, mediante previsão de índices específicos ou setoriais;
>
> II – repactuação, quando houver regime de dedicação exclusiva de mão de obra ou predominância de mão de obra, mediante demonstração analítica da variação dos custos.

Talvez a grande novidade trazida pela nova lei seja referente ao estabelecimento do marco inicial para a contagem da anualidade. A nova norma está a modificar a disposição expressa do art. 3º, §1º, da Lei nº 10.192, de 2001. Agora, a anualidade para o primeiro reajustamento será contada **sempre** a partir da data do orçamento estimado, ou seja, do orçamento básico elaborado pela própria administração, como vemos no §7º do art. 25, disposição confirmada no §3º do art. 92. Diante da contradição entre duas leis ordinárias, deve prevalecer a mais recente sobre a mais antiga. Assim, a partir de agora, com a aplicação da nova lei, deve-se considerar como marco inicial para efeito da contagem da anualidade, sempre, a data do orçamento estimado, data essa que deve constar expressamente do edital da licitação, para servir como base de elaboração da proposta por parte de cada licitante.

Os arts. 124, 130 e 131 da nova norma trazem as condições para alteração dos contratos em razão de desequilíbrio da equação econômico-financeira, a saber:

Art. 124. Os contratos regidos por esta Lei poderão ser alterados, com as devidas justificativas, nos seguintes casos:

(...)

II – por acordo entre as partes:

(...)

d) para restabelecer o equilíbrio econômico-financeiro inicial do contrato em caso de força maior, caso fortuito ou fato do príncipe ou em decorrência de fatos imprevisíveis ou previsíveis de consequências incalculáveis, que inviabilizem a execução do contrato tal como pactuado, respeitada, em qualquer caso, a repartição objetiva de risco estabelecida no contrato.

(...)

§2º Será aplicado o disposto na alínea "d" do inciso II do *caput* deste artigo às contratações de obras e serviços de engenharia, quando a execução for obstada pelo atraso na conclusão de procedimentos de desapropriação, desocupação, servidão administrativa ou licenciamento ambiental, por circunstâncias alheias ao contratado.

Art. 130. Caso haja alteração unilateral do contrato que aumente ou diminua os encargos do contratado, a Administração deverá restabelecer, no mesmo termo aditivo, o equilíbrio econômico-financeiro inicial.

Art. 131. A extinção do contrato não configurará óbice para o reconhecimento do desequilíbrio econômico-financeiro, hipótese em que será concedida indenização por meio de termo indenizatório.

Parágrafo único. O pedido de restabelecimento do equilíbrio econômico-financeiro deverá ser formulado durante a vigência do contrato e antes de eventual prorrogação nos termos do art. 107 desta Lei.

As disposições do art. 124, inc. II, alínea "d", da Lei nº 14.133/2021 estão muito próximas das disposições do art. 65, inc. II, alínea "d" da Lei nº 8.666/1993. Ambas tratam do reequilíbrio da equação econômico-financeira inicial do contrato, quando o desequilíbrio é causado por fatos imprevisíveis ou até mesmo por fatos previsíveis, mas, neste caso, de consequências incalculáveis, além das situações específicas de força maior, caso fortuito ou fato do príncipe. Como novidade, a parte final da disposição legal manda respeitar a repartição objetiva de risco, em relação aos eventos constantes da matriz de risco, assunto que será mais bem tratado em capítulo futuro.

Essas disposições são aplicáveis, também, nas hipóteses de elevação extraordinária no preço de algum insumo específico, desde que o mesmo tenha efetivo impacto no custo global.

O art. 130 trata genericamente do reequilíbrio, também sem novidades, na medida em que determina sua aplicação sempre que ocorrer algum desequilíbrio por alterações contratuais quantitativas.

Finalmente, o art. 131 esclarece uma situação sempre duvidosa, especialmente em termos doutrinários. Dispõe a nova lei que o desequilíbrio deve ser reconhecido mesmo quando constatado após a extinção do contrato. Até então, a situação apresentava correntes doutrinárias bem distintas, com uma delas se posicionando no sentido de que, extinto o contrato, estariam extintas, também, todas as obrigações dele decorrentes, devendo a parte interessada, usualmente o contratado, arcar com os prejuízos decorrentes de sua omissão em não questionar o fato ainda na vigência contratual. Outra corrente doutrinária, no entanto, manifestava-se pela manutenção do direito, considerando que o mesmo havia se completado ainda na vigência do contrato, não podendo o silêncio das partes derrogá-lo. Agora, a lei se posiciona claramente em favor desta última corrente.

CAPÍTULO 12

DAS HIPÓTESES DE RESCISÃO CONTRATUAL

A Lei nº 8.666/1993, em seus arts. 77 a 80, dispõe sobre inexecução de obrigação e consequente rescisão do contrato firmado:

Art. 77. A inexecução total ou parcial do contrato enseja a sua rescisão, com as consequências contratuais e as previstas em lei ou regulamento.

Art. 78. Constituem motivo para rescisão do contrato:

I – o não cumprimento de cláusulas contratuais, especificações, projetos ou prazos;

II – o cumprimento irregular de cláusulas contratuais, especificações, projetos e prazos;

III – a lentidão do seu cumprimento, levando a Administração a comprovar a impossibilidade da conclusão da obra, do serviço ou do fornecimento, nos prazos estipulados;

IV – o atraso injustificado no início da obra, serviço ou fornecimento;

V – a paralisação da obra, do serviço ou do fornecimento, sem justa causa e prévia comunicação à Administração;

VI – a subcontratação total ou parcial do seu objeto, a associação do contratado com outrem, a cessão ou transferência, total ou parcial, bem como a fusão, cisão ou incorporação, não admitidas no edital e no contrato;

VII – o desatendimento das determinações regulares da autoridade designada para acompanhar e fiscalizar a sua execução, assim como as de seus superiores;

VIII – o cometimento reiterado de faltas na sua execução, anotadas na forma do §1º do art. 67 desta Lei;

IX – a decretação de falência ou a instauração de insolvência civil;

X – a dissolução da sociedade ou o falecimento do contratado;

XI – a alteração social ou a modificação da finalidade ou da estrutura da empresa, que prejudique a execução do contrato;

XII – razões de interesse público, de alta relevância e amplo conhecimento, justificadas e determinadas pela máxima autoridade da esfera administrativa a que está subordinado o contratante e exaradas no processo administrativo a que se refere o contrato;

XIII – a supressão, por parte da Administração, de obras, serviços ou compras, acarretando modificação do valor inicial do contrato além do limite permitido no §1º do art. 65 desta Lei;

XIV – a suspensão de sua execução, por ordem escrita da Administração, por prazo superior a 120 (cento e vinte) dias, salvo em caso de calamidade pública, grave perturbação da ordem interna ou guerra, ou ainda por repetidas suspensões que totalizem o mesmo prazo, independentemente do pagamento obrigatório de indenizações pelas sucessivas e contratualmente imprevistas desmobilizações e mobilizações e outras previstas, assegurado ao contratado, nesses casos, o direito de optar pela suspensão do cumprimento das obrigações assumidas até que seja normalizada a situação;

XV – o atraso superior a 90 (noventa) dias dos pagamentos devidos pela Administração decorrentes de obras, serviços ou fornecimento, ou parcelas destes, já recebidos ou executados, salvo em caso de calamidade pública, grave perturbação da ordem interna ou guerra, assegurado ao contratado o direito de optar pela suspensão do cumprimento de suas obrigações até que seja normalizada a situação;

XVI – a não liberação, por parte da Administração, de área, local ou objeto para execução de obra, serviço ou fornecimento, nos prazos contratuais, bem como das fontes de materiais naturais especificadas no projeto;

XVII – a ocorrência de caso fortuito ou de força maior, regularmente comprovada, impeditiva da execução do contrato.

XVIII – descumprimento do disposto no inciso V do art. 27, sem prejuízo das sanções penais cabíveis

Parágrafo único. Os casos de rescisão contratual serão formalmente motivados nos autos do processo, assegurado o contraditório e a ampla defesa.

Art. 79. A rescisão do contrato poderá ser:

I – determinada por ato unilateral e escrito da Administração, nos casos enumerados nos incisos I a XII e XVII do artigo anterior;

II – amigável, por acordo entre as partes, reduzida a termo no processo da licitação, desde que haja conveniência para a Administração;

III – judicial, nos termos da legislação;

IV – (Vetado).

CAPÍTULO 12
DAS HIPÓTESES DE RESCISÃO CONTRATUAL | 259

§1º A rescisão administrativa ou amigável deverá ser precedida de autorização escrita e fundamentada da autoridade competente.

§2º Quando a rescisão ocorrer com base nos incisos XII a XVII do artigo anterior, sem que haja culpa do contratado, será este ressarcido dos prejuízos regularmente comprovados que houver sofrido, tendo ainda direito a:

I – devolução de garantia;

II – pagamentos devidos pela execução do contrato até a data da rescisão;

III – pagamento do custo da desmobilização.

§3º (Vetado).

§4º (Vetado).

§5º Ocorrendo impedimento, paralisação ou sustação do contrato, o cronograma de execução será prorrogado automaticamente por igual tempo.

Art. 80. A rescisão de que trata o inciso I do artigo anterior acarreta as seguintes consequências, sem prejuízo das sanções previstas nesta Lei:

I – assunção imediata do objeto do contrato, no estado e local em que se encontrar, por ato próprio da Administração;

II – ocupação e utilização do local, instalações, equipamentos, material e pessoal empregados na execução do contrato, necessários à sua continuidade, na forma do inciso V do art. 58 desta Lei;

III – execução da garantia contratual, para ressarcimento da Administração, e dos valores das multas e indenizações a ela devidos;

IV – retenção dos créditos decorrentes do contrato até o limite dos prejuízos causados à Administração.

§1º A aplicação das medidas previstas nos incisos I e II deste artigo fica a critério da Administração, que poderá dar continuidade à obra ou ao serviço por execução direta ou indireta.

§2º É permitido à Administração, no caso de concordata do contratado, manter o contrato, podendo assumir o controle de determinadas atividades de serviços essenciais.

§3º Na hipótese do inciso II deste artigo, o ato deverá ser precedido de autorização expressa do Ministro de Estado competente, ou Secretário Estadual ou Municipal, conforme o caso.

§4º A rescisão de que trata o inciso IV do artigo anterior permite à Administração, a seu critério, aplicar a medida prevista no inciso I deste artigo.

Como se observa no art. 77, a causa fundamental para a rescisão contratual é a inexecução total ou parcial das cláusulas avençadas, ou seja, o descumprimento de compromissos firmados. Essa causa é detalhada nos motivos relacionados no art. 78.

É de se notar que os motivos constantes dos incisos I a XII, XVII e XVIII possibilitam a rescisão unilateral da avença. Os demais (incisos XIII a XVI) caracterizam a possibilidade de rescisão apenas por consenso, ou seja, rescisão amigável. Vamos fazer alguns comentários sobre esses motivos, a seguir.

Muitas vezes recebemos a indagação se os incisos I e II do art. 78 não trariam a mesma disposição? A resposta é negativa. O inc. I trata do não cumprimento de obrigação contratual; o segundo, de cumprimento irregular, ou seja, cumprimento com falhas, com irregularidade. No primeiro, a ausência; no segundo, o cumprimento parcial. Vê-se aqui a relevância da atuação da equipe de fiscalização, pois só ela, ao acompanhar de perto a execução, pode registrar, no devido tempo, a inexecução de obrigações por parte do contratado.

O inc. III trata de situação em que o objeto está sendo executado, porém, com caracterização de atrasos consideráveis, levando a administração a comprovar a impossibilidade de conclusão do objeto no prazo estipulado contratualmente. Observe-se que a lei fala em "comprovação" e não simplesmente em presunção. Há objetos que não podem ser executados em determinado prazo, mesmo que haja um superesforço, uma atividade extraordinária por parte do contratado. Se o prazo necessário para construir uma obra, de acordo com o cronograma físico, é de 2 anos e, ao final de 18 meses, o contratado só executou 5% da mesma, não há como, faticamente, concluí-la no tempo acordado, pois determinados eventos não conseguem ser realizados. Repetimos que não se trata de mera presunção; há que se comprovar a impossibilidade de cumprimento de prazo, sempre com o direito ao contraditório, assunto que comentaremos adiante.

O inc. IV trata do atraso no início da execução, atraso esse sem uma justificativa adequada. Ao firmar um contrato com a administração pública, o interessado já deve estar preparado para cumpri-lo, ou seja, deve ter planejado as atividades a que estará obrigado, não se admitindo, assim, atrasos no início da execução, salvo por motivos justificáveis, ainda que exista a promessa de futura recuperação.

O inc. V trata da paralisação da execução sem causa justa e sem prévia comunicação à administração contratante. Veremos, adiante, que atrasos nos pagamentos devidos pode gerar a suspensão da execução. Trata-se de situação diferente, pois haverá um motivo justo. No inciso ora tratado, a execução está transcorrendo sem percalços e a contratada, sem qualquer aviso, paralisa a execução.

O inc. VI trata da subcontratação do objeto. Aqui, temos algumas situações bem interessantes. A uma, a lei deixa claro que a subcontratação total ou parcial deve estar expressamente admitida no instrumento convocatório, tanto valendo a admissão no edital como na minuta do instrumento de contrato. A omissão significará, portanto, a inadmissibilidade de subcontratação, devendo a fiscalização agir, se e quando for o caso, para afastar os subcontratados que estejam atuando.

A duas, porque o inciso fala em subcontratação **total ou parcial**. É pacífico o entendimento de que não se pode admitir, em um contrato administrativo, a figura da subcontratação total, que equivaleria à sub-rogação, ou seja, à transferência total da execução para um terceiro, cuja qualificação técnica e econômico-financeira não foi avaliada pela administração no competente processo de contratação. Nesse sentido:

> O Tribunal Pleno, diante das razões expostas pelo Relator, DECIDE:
> (...)
> 8.5– firmar o entendimento de que, em contratos administrativos, é ilegal e inconstitucional a sub-rogação da figura da contratada ou a divisão das responsabilidades por ela assumidas, ainda que de forma solidária, por contrariar os princípios constitucionais da moralidade e da eficiência (art. 37, caput, da Constituição Federal), o princípio da supremacia do interesse público, o dever geral de licitar (art. 37, XXI, da Constituição) e os arts. 2.º, 72 e 78, inciso VI, da Lei 8.666/93;[92]

Essa disposição do art. 78, VI, deve ser interpretada em conjunto com aquelas constantes do art. 72 da mesma lei, dentro de uma lógica interpretativa no sentido de que a norma constitui um

---

[92] BRASIL. Tribunal de Contas da União. Decisão nº 420/02-P. Disponível em: http://www. tcu.gov.br. Acesso em: 17 nov. 2020.

sistema jurídico e não simplesmente um amontoado de disposições díspares. Assim dispõe o art. 72:

> Art. 72. O contratado, na execução do contrato, sem prejuízo das responsabilidades contratuais e legais, poderá subcontratar partes da obra, serviço ou fornecimento, até o limite admitido, em cada caso, pela Administração.

O texto legal é claro: o contratado poderá subcontratar **partes** do objeto, obedecendo ao limite estabelecido pela administração no instrumento contratual. Do Voto proferido pelo Relator no Acórdão nº 1.464/2014-P, do TCU, extraímos o seguinte excerto exemplificativo:

> 16. De acordo com o art. 72 c/c o art. 78, VI, da Lei no 8.666, de 21 de junho de 1993, a subcontratação deve ser tratada como exceção, de tal modo que a jurisprudência do TCU só tem admitido, em regra, a subcontratação parcial e, ainda assim, quando não se mostrar viável sob a ótica técnico-econômica a execução integral do objeto por parte da contratada e desde que tenha havido autorização formal do ente contratante (**v.g.** Acórdãos 1.151/2011 e 2.292/2013, da 2ª Câmara, e Acórdão 3378/2012-TCU-Plenário).
>
> 17. Logo, como a subcontratação não estava prevista no edital e no contrato e, ainda mais, como ela se deu sobre a totalidade do objeto, colocando-se, pois, a subcontratante como mera intermediária na avença, com claro prejuízo para a administração pública, ante o desnecessário acréscimo nos preços, fica caracterizada a flagrante ilegalidade.[93]

Ou, no mesmo sentido:

> 28. Quanto à alegação de que a obra poderia ter sido subempreitada, vale esclarecer que a subcontratação de obras não pode ser integral, necessita estar prevista em contrato e ser autorizada pela Administração. Nenhum desses requisitos foi demonstrado.[94]

Registre-se, por oportuno, ser possível encontrar na jurisprudência do TCU deliberação no sentido de que a simples omissão editalícia

---

[93] BRASIL. Tribunal de Contas da União. Acórdão nº 1.464/14-P. Disponível em: http://www. tcu.gov.br. Acesso em: 17 nov. 2020.

[94] BRASIL. Tribunal de Contas da União. Acórdão nº 616/18-P. Disponível em: http://www. tcu.gov.br. Acesso em: 17 nov. 2020.

seria suficiente para permitir a subcontratação parcial, não havendo necessidade de expressa autorização. Isso pode ser visto aqui:

> 5. Sobre esse ponto, entendo, com a devida vênia, que a subcontratação parcial de serviços contratados não necessita ter expressa previsão no edital ou no contrato. Basta apenas que não haja expressa vedação nesses instrumentos. Essa é a exegese que faço do art. 72 da Lei 8.666/1993 segundo o qual *"o contratado, na execução do contrato, sem prejuízo das responsabilidades contratuais e legais, poderá subcontratar partes da obra, serviço ou fornecimento, até o limite admitido, em cada caso, pela Administração".* E assim é porque, na maior parte dos casos, a possibilidade de subcontratação deve atender a uma conveniência da administração, diante da multiplicidade de circunstâncias que podem surgir na execução do contrato.[95]

Não é, no entanto, o entendimento predominante e nem o mais recente. Em acórdão posterior, do ano de 2013, encontramos:

> A fixação do limite para subcontratação deve ser feita no instrumento convocatório, conforme esclarece Cláudio Sarian Altounian, na página 210 do seu livro "Obras Públicas: Licitação, Contratação, Fiscalização e Utilização – 2ª edição, Editora Fórum". Da mesma forma entendem o Exmo. Ministro do TCU Valmir Campelo e Rafael Jardim, na página 509 do seu livro "Obras Públicas – Comentários à Jurisprudência do TCU – 1ª edição, Editora Fórum", afirmando que o limite admitido deve estar necessariamente expresso no instrumento convocatório e minuta contratual.
>
> Pacificado o entendimento de que o limite para subcontratação de uma obra deve ser definido pela Administração e deve estar expresso no instrumento convocatório do certame, é necessário definir quais parcelas da obra poderão ser subcontratadas.[96]

Voltando ao inc. VI do art. 78, quando ali a lei menciona a subcontratação total está afirmando que, registrado o fato, já existirá motivação suficiente para a rescisão contratual. Da mesma forma e em sequência, registrada a subcontratação parcial não admitida no instrumento convocatório, o motivo para rescisão estará caracterizado. São duas situações distintas, portanto.

---

[95] BRASIL. Tribunal de Contas da União. Acórdão nº 5.532/10-1ªC. Disponível em: http://www.tcu.gov.br. Acesso em: 17 nov. 2020.

[96] BRASIL. Tribunal de Contas da União. Acórdão nº 2.609/13-P. Disponível em: http://www.tcu.gov.br. Acesso em: 17 nov. 2020.

A cessão ou transferência do contrato para terceiros, ainda que seja parcial, também constituirá motivação suficiente para, através do devido processo, rescindir o contrato. Afinal, quando a administração define o adjudicatário em um processo de contratação, ele deve realizar as obrigações assumidas, salvo, evidentemente, no caso de expressa permissão em sentido contrário no instrumento convocatório. Admitir em sentido contrário seria possibilitar que outro, que sequer participou do processo seletivo e, consequentemente, não teve suas condições analisadas pela administração, pudesse assumir a responsabilidade pela execução. Vejamos:

> 12. Em relação à cessão de parte do contrato (alínea "b" do item 8 supra), os argumentos do Sr. (*omissis*) não foram aceitos pela unidade técnica. Foi verificado que a prefeitura "aproveitou" uma licitação anterior (realizada em 1998 – pg. 23 da peça 3 do TC-Processo 012.972/2005-2), vencida pela empresa Alencar Construções e Projetos Ltda., a qual continha, entre outros, os serviços que vieram a ser objeto do Convênio 1.417/99. A empresa vencedora da licitação firmou em 29/5/2000 um contrato de cessão destes serviços com a empresa Catec Engenharia Ltda. (pgs. 25/29 da peça 5 do TC-{Processo 012.972/2005-2), passando a Prefeitura a tratar diretamente com essa empresa e a fazer os pagamentos por obras que, posteriormente, não foram aceitas pela vistoria da Fundação realizada em abril de 2005 (pgs. 7/11 da peça 6 do TC-Processo 012.972/2005-2). Registrou a unidade técnica que houve execução de recursos públicos sem o devido procedimento licitatório, por empresa irregularmente contratada.[97]

No mesmo inciso, a lei colocou como motivo para rescisão a associação do contratado com outrem, além da transferência, total ou parcial, a fusão, cisão ou incorporação. Aqui, é indispensável analisar quais as consequências para o contrato firmado desses institutos de associação, fusão, cisão ou incorporação da contratada. Muito embora seja causa para rescisão unilateral, a administração deve agir com cautela, pois não há como presumir que a simples existência do fato é prejudicial. Ao revés, pois até mesmo ser benéfico para a administração, por trazer para a contratada um fortalecimento em termos econômicos e/ou técnicos. Desse modo, a administração deve analisar a situação

---

[97] BRASIL. Tribunal de Contas da União. Acórdão nº 1.730/15-P. Disponível em: http://www.tcu.gov.br. Acesso em: 17 nov. 2020.

específica e só partirá para um processo de rescisão se efetivamente demonstrar a existência de algum dano efetivo para o interesse público.

O inc. VII dispõe sobre o não atendimento de determinações emanadas do representante da contratante ou de seus superiores. Como já vimos anteriormente, o representante é o fiscal, ou, no caso de uma equipe, algum dos fiscais. O superior que cuida também do contrato e pode emitir ordens é o gestor. Quando fiscal ou gestor fazem determinações para a contratada, quem está falando, efetivamente, é a administração contratante. Desse modo, em se tratando de ordem relativa a alguma condição referente ao contrato, a contratada estará recebendo uma determinação da contratante, não podendo ignorá-la, portanto. Logicamente, a situação precisará ser devidamente apurada, mas, em tese, as determinações formais devem ser cumpridas, razão das disposições do inc. VII.

O inc. VIII dispõe sobre o cometimento reiterado de falhas na execução das obrigações avençadas. Duas condições importantes devem ser observadas: de um lado, a norma legal dispõe sobre cometimento **reiterado** de falhas. Não basta, em tese, falhar uma vez. São faltas que se repetem. De outra banda, a lei dispõe que essas falhas foram devidamente registradas pela fiscalização, tendo a contratada, portanto, ciência das anotações, não podendo alegar, posteriormente, falta de conhecimento. Cada falha observada deverá ser registrada. Se a contratada corrigiu a falha e não mais a repetiu, o assunto estará encerrado, podendo dar margem, apenas, à aplicação de uma penalidade, conforme o caso. Mas quando, mesmo diante de registros, as falhas se repetem, o processo de rescisão unilateral poderá ser iniciado.

Os incs. IX e X são autoexplicativos: falência ou insolvência civil da contratada. Ela desaparece do mundo jurídico, não sendo mais possível continuar a execução daquele contrato com a mesma.

No inc. XI, que podemos considerar estar complementando a parte final do inc. VI, a lei dispõe sobre rescisão motivada por alteração ou modificação da finalidade ou da estrutura da contratada. Aqui, o legislador foi mais claro: constituem motivação se, por algum motivo, vieram a prejudicar a execução do contrato. É necessária muita cautela da administração contratante na aplicação das disposições desse inciso. Como regra, não deve a administração ter qualquer ingerência na estrutura da contratada, não sendo sequer assunto de seu interesse.

Excepcionalmente, poderemos ter alguma modificação de estrutura que prejudique a execução da avença. Mas dificilmente isso ocorrerá, sendo absoluta exceção. No que se refere à finalidade da empresa, o acréscimo de novas também, como regra, em nada influencia a execução. Por absurdo, se a empresa passar a ter alguma finalidade completamente distinta daquela relacionada ao objeto do contrato, aí, sim, poderíamos ter a necessidade de a administração agir.

O inc. XII dispõe sobre razões de interesse público, exigindo que sejam efetivamente relevantes para aquele ajuste e que tenham conhecimento amplo. Nessa situação específica, a lei exige que a maior autoridade da esfera administrativa a que está subordinada a administração contratante seja responsável por justificar a situação e determinar a rescisão. Ressalte-se que, em havendo determinação do respectivo Tribunal de Contas no sentido da rescisão, estarão presentes razões de interesse público, pois os órgãos de controle agem exatamente nesse sentido.

Imaginemos que órgão/entidade da administração havia contratado a execução de obras de reforma em hospital público. Para sua realização, áreas ocupadas com atividades na área da saúde deveriam ser liberadas, para que a reforma fosse realizada. Nesse momento, é decretada a pandemia decorrente do novo coronavírus, implicando a necessidade de utilização de todas as áreas então disponíveis para o atendimento aos pacientes. Em uma situação como essa, constitui razão de interesse público a suspensão ou até mesmo a rescisão do contrato firmado para a realização da reforma, tendo em vista a impossibilidade de liberação de área onde seriam realizados os trabalhos. Nesse sentido:

> 74. Considerou, ainda, o fato de a reforma em hospitais ter que obedecer a normas específicas para estabelecimentos assistenciais de saúde (RDC-50 MS) e que o caos na saúde pública teria impedido a liberação das áreas e a execução normal dos serviços, caracterizando razões de interesse público de alta relevância e amplo conhecimento, independente de culpa do contratante e do contratado.[98]

O inc. XVII trata da ocorrência de caso fortuito ou força maior que impeça completamente a execução do contrato. Já tratamos, em

---

[98] BRASIL. Tribunal de Contas da União. Acórdão nº 2.428/20-P. Disponível em: http://www.tcu.gov.br. Acesso em: 17 nov. 2020.

capítulo anterior, dessas situações como sendo causa para a revisão do valor contratado. Pode ocorrer, no entanto, que esses eventos tornem absolutamente impossível a continuidade da execução, o que acabaria por determinar a necessidade da rescisão. Como exemplo, se o furacão, anteriormente mencionado, destruir completamente a parte da obra já executada, cujo montante era considerável, não se mostrará mais conveniente a continuidade da execução, como regra, pois tudo teria que ser refeito.

Finalmente, o inc. XVIII, último que possibilita a rescisão unilateral, trata do descumprimento das condições estabelecidas no art. 27, inc. V, da lei:

> Art. 27. Para a habilitação nas licitações exigir-se-á dos interessados, exclusivamente, documentação relativa a:
> (...)
> V – cumprimento do disposto no inciso XXXIII do art. 7º da Constituição Federal.

É condição para habilitação em licitação que o licitante comprove, através de declaração firmada sob as penas da lei, que não emprega menor de 18 anos em trabalho noturno, perigoso ou insalubre, e nem tampouco menor de 16 anos, em qualquer tipo de trabalho. Pois bem, se, durante a execução do contrato, a administração constatar, por qualquer meio, que essa declaração está sendo descumprida, haverá motivação suficiente para a rescisão contratual.

Interessante observar que há precedente no âmbito do Superior Tribunal de Justiça, no sentido de que, mesmo nas situações em que a lei permite à administração pública a rescisão unilateral do contrato, haverá a obrigatoriedade de indenizar o contratado por lucros cessantes, sempre que ele, contratado, não tiver dado causa à extinção da avença. Nesse sentido:

> A jurisprudência do STJ é pacífica quanto ao dever de indenizar os prejuízos causados na hipótese de rescisão unilateral de contrato administrativo, compreendidos os danos emergentes e os lucros cessantes, quando a parte contratada não deu causa ao distrato.[99]

---

[99] BRASIL. Superior Tribunal de Justiça. REsp nº 928.400/SE, Ministra ELIANA CALMOS, Segunda Turma)

Os demais incisos, XIII a XVI, tratam de situação que exige rescisão amigável da avença. O primeiro deles trata de situação na qual a administração contratante necessita realizar uma supressão no objeto do contrato que supere 25% do seu valor inicial atualizado. Se o contratado concordar com essa alteração, a mesma será formalizada e a execução contratual permanecerá normalmente. Mas em sendo uma supressão de percentual elevado, poderá o contratado com ela não concordar, demonstrando não ter interesse em realizá-la. Nesse caso, a administração deverá propor a rescisão consensual, pois a continuidade da execução sem a alteração não atende o interesse público e, de outro lado, a supressão desatende o interesse do particular contratado.

O inc. XIV trata da suspensão da execução do objeto, por ordem formal da contratante, por prazo superior a 120 dias. É indiferente, para a lei, se a suspensão é feita de uma só vez por esse prazo, ou se existem suspensões sucessivas que atinjam o mesmo prazo. A lei ressalva as situações de calamidade pública (como, por exemplo, aquela constante do Decreto Legislativo nº 6, de 20 de março de 2020, decorrente da pandemia na área da saúde), grave perturbação da ordem interna ou guerra, situações anômalas que podem gerar a necessidade da interrupção da execução contratual e que não darão ensejo à rescisão. Nesse caso, a proposta de rescisão partirá do interessado, cabendo à administração, se der causa, o pagamento obrigatório de indenizações referentes às desmobilizações e mobilizações. A lei dá, ainda, ao contratado o direito de optar pela suspensão do cumprimento de suas obrigações até a normalização da situação, em lugar da rescisão.

O inc. XV trata de atraso nos pagamentos avençados, por parte da administração, novamente ressalvadas as situações de calamidade pública, grave perturbação da ordem interna e guerra. Quando esse atraso supera 90 dias, o contratado tem o direito de suspender a execução do contrato até a normalização dos pagamentos, ou de propor a rescisão da avença.

Duas condições precisam ser destacadas. A uma, durante o prazo de 90 dias, mesmo sem receber os pagamentos devidos, a contratada deve continuar a executar o contrato regularmente. Ao formular sua proposta, a mesma já sabia dessa condição, imposta por lei, não podendo alegar que o atraso desequilibrou a equação econômico-financeira, por não se tratar de fato imprevisível. A duas, discute-se no âmbito doutrinário, se, superado o prazo de 90 dias, o contratado poderia apenas propor a rescisão contratual, que deve ser amigável, ou se teria direito a considerar o contrato rescindido, suspendendo definitivamente a execução. Muito embora alguns doutrinadores respeitáveis inclinem-se por esta última hipótese, preferimos filiar-nos à primeira situação. Se a lei dispõe, claramente, sobre rescisão "amigável", não se pode admitir uma rescisão unilateral por parte do contratado, até por não existir, genericamente, essa figura, como se vê no art. 79. O que poderia o contratado, em nosso entendimento, seria optar por tentar uma rescisão judicial. Aliás, nesse sentido trazemos à colação deliberação a respeito:

> 25. Disso se conclui que, antes de completados 90 dias de inadimplemento, não cabe ao contratado reclamar dos atrasos dos pagamentos devidos pela Administração. Ressalve-se, evidentemente, situações peculiares em que a falta de repasse de verbas comprometa a própria execução do contrato pelo particular.
> 26. O inadimplemento da Administração superior a 90 dias, por si só, não autoriza o particular a deixar de cumprir suas obrigações com base na exceção de contrato não cumprido. Nessa hipótese, o particular deverá adotar medidas judiciais ou extrajudiciais, conforme o caso, para formalizar seu interesse de suspender ou rescindir o contrato, o que não foi observado pela autora, visto não constar sequer notificações extrajudiciais comunicando o interesse em suspender os contratos. Sendo assim, não se mostra lícita a conduta da empresa de deixar de cumprir o que foi acordado, sob pena de prejudicar a continuidade do serviço público.[100]

Finalmente, o inc. XVI trata da não liberação, por parte da contratante, de área, local ou objeto necessário para a execução do contrato, nos prazos determinados na avença, bem como a não liberação de fonte de materiais naturais especificados no projeto.

A rescisão deve ser precedida do direito ao contraditório e da ampla defesa prévia por parte do contratado. Se a administração

---

[100] BRASIL. Tribunal de Justiça do Distrito Federal e dos Territórios. Apelação 0700340-81.2017.8.07.0018 – Acórdão nº 1103552. Disponível em www.tjdft.jus.br. Acesso em 19 nov. 2020.

decidir pela rescisão, dela ainda cabe recurso, nos termos do art. 109, inc. I, alínea "e", da Lei nº 8.666, de 1993.

A Lei nº 14.133/2021 estabeleceu um prazo menor para a possibilidade de atrasos nos pagamentos, por parte da administração. Dispõe a norma legal que, inclusive, passará a existir um direito, atribuído ao contratado, de extinguir o contrato. Assim dispõe o art. 137:

Art. 137. Constituirão motivos para extinção do contrato, a qual deverá ser formalmente motivada nos autos do processo, assegurados o contraditório e a ampla defesa, as seguintes situações:

I – não cumprimento ou cumprimento irregular de normas editalícias ou de cláusulas contratuais, de especificações, de projetos ou de prazos;

II – desatendimento das determinações regulares emitidas pela autoridade designada para acompanhar e fiscalizar sua execução ou por autoridade superior;

III – alteração social ou modificação da finalidade ou da estrutura da empresa que restrinja sua capacidade de concluir o contrato;

IV – decretação de falência ou de insolvência civil, dissolução da sociedade ou falecimento do contratado;

V – caso fortuito ou força maior, regularmente comprovados, impeditivos da execução do contrato;

VI – atraso na obtenção da licença ambiental, ou impossibilidade de obtê-la, ou alteração substancial do anteprojeto que dela resultar, ainda que obtida no prazo previsto;

VII – atraso na liberação das áreas sujeitas a desapropriação, a desocupação ou a servidão administrativa, ou impossibilidade de liberação dessas áreas;

VIII – razões de interesse público, justificadas pela autoridade máxima do órgão ou da entidade contratante;

IX – não cumprimento das obrigações relativas à reserva de cargos prevista em lei, bem como em outras normas específicas, para pessoa com deficiência, para reabilitado da Previdência Social ou para aprendiz.

§1º Regulamento poderá especificar procedimentos e critérios para verificação da ocorrência dos motivos previstos no *caput* deste artigo.

§2º O contratado terá direito à extinção do contrato nas seguintes hipóteses:

I – supressão, por parte da Administração, de obras, serviços ou compras que acarrete modificação do valor inicial do contrato além do limite permitido no art. 125 desta Lei;

II – suspensão de execução do contrato, por ordem escrita da Administração, por prazo superior a 3 (três) meses;

III – repetidas suspensões que totalizem 90 (noventa) dias úteis, independentemente do pagamento obrigatório de indenização pelas sucessivas e contratualmente imprevistas desmobilizações e mobilizações e outras previstas;

IV – atraso superior a 2 (dois) meses, contado da emissão da nota fiscal, dos pagamentos ou de parcelas de pagamentos devidos pela Administração por despesas de obras, serviços ou fornecimentos;

V – não liberação pela Administração, nos prazos contratuais, de área, local ou objeto, para execução de obra, serviço ou fornecimento, e de fontes de materiais naturais especificadas no projeto, inclusive devido a atraso ou descumprimento das obrigações atribuídas pelo contrato à Administração relacionadas a desapropriação, a desocupação de áreas públicas ou o licenciamento ambiental.

§3º As hipóteses de extinção a que se referem os incisos II, III e IV do §2º deste artigo observarão as seguintes disposições:

I – não serão admitidas em caso de calamidade pública, de grave perturbação da ordem interna ou de guerra, bem como quando decorrerem de ato ou fato que o contratado tenha praticado, do qual tenha participado ou para o qual tenha contribuído;

II – assegurarão ao contratado o direito de optar pela suspensão do cumprimento das obrigações assumidas até a normalização da situação, admitido o restabelecimento do equilíbrio econômico-financeiro do contrato, na forma da alínea "d" do inciso II do *caput* do art. 124 desta Lei.

§4º Os emitentes das garantias previstas no art. 96 desta Lei deverão ser notificados pelo contratante quanto ao início de processo administrativo para apuração de descumprimento de cláusulas contratuais.

Como vemos no inc. IV do §2º do art. 137, a administração não mais poderá atrasar suas obrigações de pagar pelos trabalhos contratados e executados, por mais de 2 meses, sob pena de dar direito ao contratado de extinguir o contrato. Ainda que a lei fale, literalmente, que esse prazo será contado da emissão da nota fiscal, deve-se considerá-lo em conjunto com a efetiva comprovação da conclusão dos trabalhos correspondentes.

A par de algumas alterações específicas, inclusive com a retirada de algumas disposições existentes na Lei nº 8.666/1993, a nova Lei de Licitações e Contratos manteve a essência da regra de rescisão contratual, agora denominada legalmente de extinção do contrato, inclusive o direito ao contraditório e à ampla defesa prévia, que devem ser processados de acordo com as disposições contidas no art. 165:

> Art. 165. Dos atos da Administração decorrentes da aplicação desta Lei cabem:
>
> I – recurso, no prazo de 3 (três) dias úteis, contado da data de intimação ou de lavratura da ata, em face de:
>
> (...)
>
> e) extinção do contrato, quando determinada por ato unilateral e escrito da Administração;
>
> (...)
>
> §2º O recurso de que trata o inciso I do *caput* deste artigo será dirigido à autoridade que tiver editado o ato ou proferido a decisão recorrida, que, se não reconsiderar o ato ou a decisão no prazo de 3 (três) dias úteis, encaminhará o recurso com a sua motivação à autoridade superior, a qual deverá proferir sua decisão no prazo máximo de 10 (dez) dias úteis, contado do recebimento dos autos.

Observa-se que a subcontratação deixou de aparecer como motivação expressa para rescisão contratual, na nova lei. Deve-se observar, no entanto, que a subcontratação, quando admitida, necessita estar expressamente prevista no instrumento convocatório. E, igualmente, quando vedada, também deverá estar expressamente prevista na forma editalícia. Nesse sentido, transcrevemos o art. 122 da nova norma:

> Art. 122. Na execução do contrato e sem prejuízo das responsabilidades contratuais e legais, o contratado poderá subcontratar partes da obra, do serviço ou do fornecimento até o limite autorizado, em cada caso, pela Administração.
>
> §1º O contratado apresentará à Administração documentação que comprove a capacidade técnica do subcontratado, que será avaliada e juntada aos autos do processo correspondente.
>
> §2º Regulamento ou edital de licitação poderão vedar, restringir ou estabelecer condições para a subcontratação.
>
> §3º Será vedada a subcontratação de pessoa física ou jurídica, se aquela ou os dirigentes desta mantiverem vínculo de natureza técnica, comercial, econômica, financeira, trabalhista ou civil com dirigente do órgão ou entidade contratante ou com agente público que desempenhe função na licitação ou atue na fiscalização ou na gestão do contrato, ou se deles forem cônjuge, companheiro ou parente em linha reta, colateral, ou por afinidade, até o terceiro grau, devendo essa proibição constar expressamente do edital de licitação.

Destacamos dois pontos:

1. o §2º do art. 122 trata da possibilidade de regulamento ou o próprio edital da licitação vedar, restringir ou estabelecer condições para a subcontratação. Isso deixa claro que, além da vedação à subcontratação integral do objeto, não existem outras vedações genéricas, valendo, assim, o que constar do edital ou de regulamento estabelecido; e,

2. o §3º, em sua parte final, dispõe sobre a necessidade de constar expressamente do edital as condições de impedimento à pessoa do subcontrato. Em assim sendo, parece-nos indispensável que, para fazê-lo, o instrumento convocatório já diga, expressamente, se a subcontratação de parcelas do objeto será ou não permitida. Se o for, as parcelas devem ser discriminadas.

CAPÍTULO 13

DA GESTÃO DE RISCO
NOS CONTRATOS

Muito embora houvesse sempre uma perfeita conscientização, no âmbito da administração, do risco existente cada vez que firmasse um contrato administrativo, não existiam regras legais tratando do assunto. A ideia era no sentido de que, em tornando real uma situação que colocaria em risco o cumprimento de um contrato, a administração deveria analisar o caso isoladamente, procurando soluções específicas que tentassem resolver a questão. A partir da publicação da Lei nº 12.462, de 2011, que instituiu o Regime Diferenciado de Contratações Públicas (RDC), especialmente com a novidade do regime de contratação integrada, uma inovação naquele momento, especialmente por instituir obrigações de resultado para o contratado, firmou-se a convicção da necessidade de implementação de uma gestão de risco, de tal modo que a administração ficasse prevenida e preparada para enfrentar situações que pudessem atingir o interesse público.

Uma das primeiras deliberações nesse sentido, na jurisprudência do TCU, pode ser encontrada aqui:

9.2. recomendar ao DNIT que:
9.2.1 preveja, doravante, nos empreendimentos a serem licitados mediante o regime de contratação integrada, previsto no art. 9º da Lei nº 12.462/2011, uma "matriz de riscos" no instrumento convocatório e na minuta contratual, de forma a tornar o certame mais transparente, fortalecendo, principalmente, a isonomia da licitação (art. 37, XXI, da Constituição Federal; art. 1º, §1º, IV, da Lei nº 12.462/2011) e

a segurança jurídica do contrato (art. 5º, XXXVI, da Constituição Federal);[101]

Pouco depois, em novo acórdão tratando da aplicação do RDC, assim se posicionou o Tribunal:

> 9.1. notificar a Infraero, com base no art. 179, §6º, do Regimento Interno do TCU, em razão de os futuros instrumentos convocatórios que venha a publicar, tendo em vista as irregularidades encontradas no Edital RDC Presencial 013/DALC/SBCT/2012, observe os seguintes requisitos para as licitações baseadas no regime de contratação integrada:
> (...)
> 9.1.3. a "matriz de riscos", instrumento que define a repartição objetiva de responsabilidades advindas de eventos supervenientes à contratação, na medida em que é informação indispensável para a caracterização do objeto e das respectivas responsabilidades contratuais, como também essencial para o dimensionamento das propostas por parte das licitantes, é elemento essencial e obrigatório do anteprojeto de engenharia, em prestígio ao definido no art. 9º, §2º, inciso I, da Lei 12.462/2011, como ainda nos princípios da segurança jurídica, da isonomia, do julgamento objetivo, da eficiência e da obtenção da melhor proposta;

Verifica-se que o TCU passou a considerar a existência de uma matriz de risco como elemento essencial e obrigatório no caso de utilização do regime de contratação integrada, de forma a definir previamente, desde o momento da licitação, de quem seria a responsabilidade na hipótese da necessidade de execução de eventos que, naquele momento, eram incertos. Ficava clara a principal finalidade da matriz de risco: evitar futuras discussões sobre responsabilidade, que estaria definida desde o instrumento convocatório do certame. Assim, se a matriz definisse que a responsabilidade seria da administração, o licitante não consideraria qualquer valor para aquele item em sua proposta, na certeza de que seria remunerado adequadamente na hipótese de ser obrigado a realizá-lo. Inversamente, se a matriz definisse como responsabilidade do contratado, o licitante sabia que deveria fazer a previsão de realização em sua proposta, pois nada poderia pleitear posteriormente.

---

[101] BRASIL. Tribunal de Contas da União. Acórdão nº 1.465/13-P. Disponível em: http://www.tcu.gov.br. Acesso em: 04 fev. 2021.

Com a publicação da Instrução Normativa nº 5, de 2017, da administração federal, tratando da contratação de serviços, as regras de gerenciamento de risco passaram a constar expressamente do direito positivo:

Art. 25. O Gerenciamento de Riscos é um processo que consiste nas seguintes atividades:

I – identificação dos principais riscos que possam comprometer a efetividade do Planejamento da Contratação, da Seleção do Fornecedor e da Gestão Contratual ou que impeçam o alcance dos resultados que atendam às necessidades da contratação;

II – avaliação dos riscos identificados, consistindo da mensuração da probabilidade de ocorrência e do impacto de cada risco;

III – tratamento dos riscos considerados inaceitáveis por meio da definição das ações para reduzir a probabilidade de ocorrência dos eventos ou suas consequências;

IV – para os riscos que persistirem inaceitáveis após o tratamento, definição das ações de contingência para o caso de os eventos correspondentes aos riscos se concretizarem; e

V – definição dos responsáveis pelas ações de tratamento dos riscos e das ações de contingência.

Parágrafo único. A responsabilidade pelo Gerenciamento de Riscos compete à equipe de Planejamento da Contratação devendo abranger as fases do procedimento da contratação previstas no art. 19.

Art. 26. O Gerenciamento de Riscos materializa-se no documento Mapa de Riscos.

§1º O Mapa de Riscos deve ser atualizado e juntado aos autos do processo de contratação, pelo menos:

I – ao final da elaboração dos Estudos Preliminares;

II – ao final da elaboração do Termo de Referência ou Projeto Básico;

III – após a fase de Seleção do Fornecedor; e

IV – após eventos relevantes, durante a gestão do contrato pelos servidores responsáveis pela fiscalização.

§2º Para elaboração do Mapa de Riscos poderá ser observado o modelo constante do Anexo IV.

Não vamos nos alongar sobre a análise de riscos nas contratações, preferindo nos deter apenas nas considerações feitas sobre o assunto na Lei nº 14.133, de 2021. Não nos furtamos em indicar, no entanto, duas obras de qualidade para aqueles que quiserem se aprofundar nos estudos sobre o tema, uma direcionada à administração pública[102] e a outra, às estatais.[103]

A Lei nº 14.133/2021 define assim a matriz de riscos:

> Art. 6º Para os fins desta Lei, consideram-se:
>
> (...)
>
> XXVII – matriz de riscos: cláusula contratual definidora de riscos e de responsabilidades entre as partes e caracterizadora do equilíbrio econômico-financeiro inicial do contrato, em termos de ônus financeiro decorrente de eventos supervenientes à contratação, contendo, no mínimo, as seguintes informações:
>
> a) listagem de possíveis eventos supervenientes à assinatura do contrato que possam causar impacto em seu equilíbrio econômico-financeiro e previsão de eventual necessidade de prolação de termo aditivo por ocasião de sua ocorrência;
>
> b) no caso de obrigações de resultado, estabelecimento das frações do objeto com relação às quais haverá liberdade para os contratados inovarem em soluções metodológicas ou tecnológicas, em termos de modificação das soluções previamente delineadas no anteprojeto ou no projeto básico;
>
> c) no caso de obrigações de meio, estabelecimento preciso das frações do objeto com relação às quais não haverá liberdade para os contratados inovarem em soluções metodológicas ou tecnológicas, devendo haver obrigação de aderência entre a execução e a solução predefinida no anteprojeto ou no projeto básico, consideradas as características do regime de execução no caso de obras e serviços de engenharia;

A análise de risco é uma atividade a ser desenvolvida na fase preparatória do processo de contratação, fugindo ao escopo desta obra. Não podemos deixar de registrar, entretanto, as disposições do art. 22, essenciais para a boa execução contratual:

> Art. 22. O edital poderá contemplar matriz de alocação de riscos entre o contratante e o contratado, hipótese em que o cálculo do valor estimado da contratação poderá considerar taxa de risco compatível com o objeto da licitação e os riscos atribuídos ao contratado, de acordo com metodologia predefinida pelo ente federativo.

---

[102] CASTRO, Rodrigo Pironti Aguirre de; ZILIOTTO, Mirela Miró. *Compliance nas contratações públicas*: exigência e critérios normativos. 1. ed. Belo Horizonte: Fórum, 2019.

[103] CASTRO, Rodrigo Pironti Aguirre de; GONÇALVES, Francine Silva Pacheco. *Compliance e gestão de riscos nas empresas estatais*. 2. ed. Belo Horizonte: Fórum, 2019.

§1º A matriz de que trata o *caput* deste artigo deverá promover a alocação eficiente dos riscos de cada contrato e estabelecer a responsabilidade que caiba a cada parte contratante, bem como os mecanismos que afastem a ocorrência do sinistro e mitiguem os seus efeitos, caso ocorra durante a execução contratual.

§2º O contrato deverá refletir a alocação realizada pela matriz de riscos, especialmente quanto:

I – às hipóteses de alteração para o restabelecimento da equação econômico-financeira do contrato nos casos em que o sinistro seja considerado na matriz de riscos como causa de desequilíbrio não suportada pela parte que pretenda o restabelecimento;

II – à possibilidade de resolução quando o sinistro majorar excessivamente ou impedir a continuidade da execução contratual;

III – à contratação de seguros obrigatórios previamente definidos no contrato, integrado o custo de contratação ao preço ofertado.

§3º Quando a contratação se referir a obras e serviços de grande vulto ou forem adotados os regimes de contratação integrada e semi-integrada, o edital obrigatoriamente contemplará matriz de alocação de riscos entre o contratante e o contratado.

§4º Nas contratações integradas ou semi-integradas, os riscos decorrentes de fatos supervenientes à contratação associados à escolha da solução de projeto básico pelo contratado deverão ser alocados como de sua responsabilidade na matriz de riscos.

As hipóteses previstas no art. 22, §2º, inc. I, são aquelas em que a matriz de risco definir a responsabilidade da administração contratante, se concretizada a necessidade de sua realização. Nesses casos, como o contratado não inseriu o valor correspondente em sua planilha de preços, haverá o desequilíbrio da equação econômico-financeira do contrato, devendo haver expressa previsão de aditamento para restabelecimento das condições iniciais. O inc. II dispõe sobre hipóteses que podem elevar substancialmente o custo da execução, impedindo sua plena realização, devendo conduzir a uma rescisão da avença. O inc. III trata da necessidade de se tornar obrigatória a contratação de seguro, cujo valor já estará incluso na proposta, para assegurar condições ao contratado para a plena execução.

A respeito, é interesse observar as disposições do art. 103 da nova lei, que trata da alocação de riscos:

Art. 103. O contrato poderá identificar os riscos contratuais previstos e presumíveis e prever matriz de alocação de riscos, alocando-os entre contratante e contratado, mediante indicação daqueles a serem assumidos pelo setor público ou pelo setor privado ou daqueles a serem compartilhados.

§1º A alocação de riscos de que trata o *caput* deste artigo considerará, em compatibilidade com as obrigações e os encargos atribuídos às partes no contrato, a natureza do risco, o beneficiário das prestações a que se vincula e a capacidade de cada setor para melhor gerenciá-lo.

§2º Os riscos que tenham cobertura oferecida por seguradoras serão preferencialmente transferidos ao contratado.

§3º A alocação dos riscos contratuais será quantificada para fins de projeção dos reflexos de seus custos no valor estimado da contratação.

§4º A matriz de alocação de riscos definirá o equilíbrio econômico-financeiro inicial do contrato em relação a eventos supervenientes e deverá ser observada na solução de eventuais pleitos das partes.

§5º Sempre que atendidas as condições do contrato e da matriz de alocação de riscos, será considerado mantido o equilíbrio econômico-financeiro, renunciando as partes aos pedidos de restabelecimento do equilíbrio relacionados aos riscos assumidos, exceto no que se refere:

I – às alterações unilaterais determinadas pela Administração, nas hipóteses do inciso I do *caput* do art. 124 desta Lei;

II – ao aumento ou à redução, por legislação superveniente, dos tributos diretamente pagos pelo contratado em decorrência do contrato.

§6º Na alocação de que trata o *caput* deste artigo, poderão ser adotados métodos e padrões usualmente utilizados por entidades públicas e privadas, e os ministérios e secretarias supervisores dos órgãos e das entidades da Administração Pública poderão definir os parâmetros e o detalhamento dos procedimentos necessários à sua identificação, alocação e quantificação financeira.

Como vemos no §3º do art. 22 da Lei nº 14.133/2021, no caso da utilização dos regimes de contratação integrada ou contratação semi-integrada, bem como nos casos de obras e serviços de grande vulto, a matriz de risco é obrigatória. Nesses regimes, que criam obrigações de resultado, a responsabilidade pela escolha da solução adotada no projeto básico é sempre do contratado, que o elaborou. Para esses regimes, aliás, o art. 23, §5º, prevê expressamente a possibilidade de inclusão, nas propostas dos licitantes, de percentual correspondente ao pagamento das obrigações previstas na matriz de risco como sendo de responsabilidade do contratado.

CAPÍTULO 13
DA GESTÃO DE RISCO NOS CONTRATOS | 281

Trazemos, a seguir, um exemplo da parte de uma matriz de alocação de riscos, obtida em um edital de licitação oriundo da Companhia de Transportes do Governo da Bahia:

Tipo de Risco	Descrição	Materialização	Mitigação	Alocação
Necessidade de alteração do projeto pela não disponibilização da faixa de domínio da BR-324.	- Necessidade de alteração do projeto ou das especificações que já tenha sido aprovadas que seja solicitada pela Contratante, em função da não aprovação quanto à utilização da faixa de domínio da BR-324, junto a ANTT.	- Eventual negativa da ANTT para aprovar o traçado previsto e disponibilização da faixa de domínio da BR-324 para o empreendimento sobre a justificativa de possível ampliação futura da capacidade do trecho da BR-324 em questão. - Possibilidade de aditivo de prazo e reequilíbrio econômico financeiro decorrente do atraso nesta atividade, caso a Contratada não tenha dado causa ou se omitido;	- Contratação de Seguro; - Contratante obteve anuência prévia à licitação junto à ANTT - Submissão do projeto básico proposto pela Contratante para aprovação da ANTT;	Contratante
Projeto Básico e Executivo.	- Inadequação para provimento dos serviços na qualidade, quantidade e prazo. - Dificuldades para aprovação dos projetos nos órgãos competentes visando a obtenção dos alvarás.	- Variação dos custos de implantação, quantitativos e inadequação dos serviços. - Atraso no cronograma.	- Não pagamento caso os níveis de serviço não sejam atingidos; - Contratação de seguro; - Fornecimento dos elementos de projeto necessários; - Remuneração do risco.	Contratada
Ações de Meio Ambiente.	- Dificuldades para obtenção da Licença de Instalação (LI). - Entraves para execução e implementação dos Planos Básicos Ambientais (PBAs). - Necessidade de complementação de estudos	- Variação dos custos de implantação, quantitativos e inadequação dos serviços.	- Não pagamento caso os níveis de serviço não sejam atingidos; - Contratação de seguro; - Remuneração do risco.	Contratada

Como vemos, por exemplo, está previsto o risco "NECESSI-DADE DE ALTERAÇÃO DO PROJETO PELA NÃO DISPONIBI-LIZAÇÃO DA FAIXA DE DOMÍNIO DA BR-324". Se concretizado esse risco, a responsabilidade será da administração contratante. Por sua vez, os riscos relativos aos projetos básico e executivo estão previstos como sendo de responsabilidade da contratada, que se encarregou da elaboração dos mesmos.

Em deliberação mais recente, o TCU entendeu que, em face das disposições da Lei nº 13.303, de 2016, as empresas estatais estão obrigadas a estabelecer matriz de risco em todos os seus contratos referentes a obras e serviços de engenharia, independentemente do regime de execução, como forma de manutenção do equilíbrio da equação econômico-financeira do contrato. É o que vemos aqui:

9.1. determinar, nos termos do art. 250, II, do RITCU, que a Companhia Hidro Elétrica do São Francisco (Chesf) e as Centrais Elétricas Brasileiras (Eletrobras) adotem as medidas cabíveis, no bojo do Contrato CTNI-80.2018.1280.00, entre outros semelhantes ajustes atuais, com vistas à efetiva correção das seguintes falhas:

9.1.1. ausência de cláusula sobre a matriz de riscos nos contratos de obras e serviços de engenharia, já que, independentemente do regime de execução, a matriz de risco figuraria como exigência fixada para as empresas estatais pelo art. 69, X, da Lei n.º 13.303, de 2016, e, assim, deveria estar inserida nos contratos para obras e serviços de engenharia firmados pelas empresas estatais em prol da manutenção do equilíbrio econômico-financeiro do ajuste;[104]

Do relatório desse acórdão, extraímos as seguintes importantes considerações:

59. A matriz de risco tornou-se uma exigência legal para as Empresas Públicas e Sociedades de Economia Mista por força dos arts. 69, inc. X, e 81, §8º da Lei 13.303/2016. Essa cláusula é inerente aos contratos de obras e serviços de engenharia firmados por empresas estatais, e se apresenta como garantia da manutenção do equilíbrio econômico-financeiro contratual, definindo sobre quando e quais as condições para eventual assinatura dos termos aditivos.

60. Consequentemente, todas as formas de contratação com base nessa lei deverão possuir a matriz de risco de forma a disciplinar o equilíbrio econômico-financeiro da avença e as condições para a realização de eventuais aditivos contratuais. Todavia, para as contratações semi-integradas e integradas a matriz de risco, do mesmo modo, regulará as circunstâncias para proposituras de inovações no anteprojeto ou projeto básico.

Por analogia, devemos considerar que tal deliberação do E. Tribunal deve ser aplicada, igualmente, a partir da utilização da nova Lei de Licitações e Contratos Administrativos, por todos aqueles que a estiverem usando, no caso específico de contratação de obras e serviços de engenharia. Para os demais objetos, no entanto, tal condição não pode ser encarada como obrigatória. Afinal, as disposições da Lei nº 14.133, de 2021, e da Lei nº 13.303, de 2016, são diferentes. Enquanto esta última coloca a matriz de risco como cláusula necessária em todos os contratos (art. 69, inc. X), a nova Lei dispõe que a matriz de risco é necessária QUANDO FOR O CASO (art. 92, inc. IX). Assim, a situação específica deverá ser analisada, para verificarmos a conveniência e oportunidade de fazermos constar a matriz como cláusula contratual.

---

[104] BRASIL. Tribunal de Contas da União. Acórdão nº 4.551/20-P. Disponível em: http://www. tcu.gov.br. Acesso em: 04 fev. 2021.

CAPÍTULO 14

DO PROCESSO DE APLICAÇÃO
DE PENALIDADES

A aplicação de penalidades aos licitantes e/ou aos contratados, em decorrência de comportamento indevido no curso da realização do certame ou de não cumprimento ou, ainda, de cumprimento irregular de cláusulas contratuais, deve ser feita através de um processo administrativo, sempre garantidos o contraditório e a ampla defesa prévia.

Na Lei nº 8.666/1993, há expressa previsão da possibilidade de aplicação de penalidades, no seu art. 87.

Como regra, durante a execução do contrato, o processo começa através da identificação, pela fiscalização, de uma irregularidade cometida pelo contratado. Não podemos nos esquecer de que a fiscalização representa a administração contratante na execução da avença, sempre, dessa forma, o grande agente de verificação do cumprimento, por parte do contratado, de suas obrigações legais e contratuais. Assim, cabe aos fiscais registrarem, em documento próprio, a falha observada na execução, dando início ao processo, que poderá, ao seu final, gerar a aplicação de uma penalidade. No caso de comportamento indevido durante uma licitação, o registro deverá ser feito por quem estiver conduzindo-a.

Existe sempre uma dúvida, no seio da administração pública, sobre a competência para decidir em processos que podem gerar aplicação de penalidade. Uma primeira afirmação em relação ao assunto pode ser feita sem possibilidade de contestação: em nenhuma hipótese, os fiscais ou o condutor da licitação podem receber essa competência. É pacífico o entendimento no sentido de que quem julga não pode acusar. No caso concreto, o acusador é o fiscal/condutor que registra o descumprimento de obrigação por parte do contratado ou o comportamento irregular do licitante. Em assim sendo, não pode ter o poder de julgar o processo.

Questiona-se muito sobre a possibilidade ou não dessa competência ser atribuída ao gestor do contrato. A uma, corrente doutrinária respeitável posiciona-se contrariamente, alegando que o gestor, em sendo o comandante da equipe de fiscalização, teria influência direta no registro do comportamento do contratado, sendo assim, ainda que indiretamente, um acusador. A duas, outra corrente posiciona-se em sentido contrário, alegando que a acusação é do fiscal e não do gestor.

Embora nos posicionemos ao lado da segunda corrente, reconhecemos que não é um assunto pacificado, sendo os argumentos apresentados em sentido contrário muito ponderáveis. Desse modo, preferimos deixar a critério de cada órgão, entidade ou empresa estatal definir essa competência, o que sempre deve ser feito através de regulamentação interna, até para evitar questionamentos em relação à competência para agir.

Na Lei nº 8.666/1993, apenas a penalidade de declaração de inidoneidade tem a competência expressamente declarada:

> Art. 87. Pela inexecução total ou parcial do contrato a Administração poderá, garantida a prévia defesa, aplicar ao contratado as seguintes sanções:
>
> (...)
>
> IV – declaração de inidoneidade para licitar ou contratar com a Administração Pública enquanto perdurarem os motivos determinantes da punição ou até que seja promovida a reabilitação perante a própria autoridade que aplicou a penalidade, que será concedida sempre que o contratado ressarcir a Administração pelos prejuízos resultantes e após decorrido o prazo da sanção aplicada com base no inciso anterior.
>
> (...)
>
> §3º A sanção estabelecida no inciso IV deste artigo é de competência exclusiva do Ministro de Estado, do Secretário Estadual ou Municipal, conforme o caso, facultada a defesa do interessado no respectivo processo, no prazo de 10 (dez) dias da abertura de vista, podendo a reabilitação ser requerida após 2 (dois) anos de sua aplicação.

Dessa forma, para as demais penalidades, a competência poderá ser definida internamente. Vale lembrar que, consoante disposição do art. 109, aplicada a penalidade, dela cabe recurso ou, no caso concreto da declaração de inidoneidade, pedido de reconsideração:

> Art. 109. Dos atos da Administração decorrentes da aplicação desta Lei cabem:
>
> (...)
>
> f) aplicação das penas de advertência, suspensão temporária ou de multa;
>
> (...)
>
> III – pedido de reconsideração, de decisão de Ministro de Estado, ou Secretário Estadual ou Municipal, conforme o caso, na hipótese do §4º do art. 87 desta Le, no prazo de 10 (dez) dias úteis da intimação do ato.

A norma legal estabelece o prazo de 5 dias úteis para interposição de recurso, consoante disposição do art. 109. No caso específico da declaração de inidoneidade, o pedido de reconsideração poderá ser apresentado no prazo máximo de 10 dias úteis. A contagem do prazo é iniciada com a intimação ou, se aplicada em sessão pública, da lavratura da respectiva ata.

Dispõe o §4º do art. 109 que o recurso deve ser dirigido à autoridade superior àquela que aplicou a penalidade. Isso faz com que não deva ser atribuída a competência de aplicar a pena à mais alta autoridade da administração. Se isso ocorrer, a quem deveria ser dirigido o recurso, tendo em vista que não existiria uma autoridade superior?

Na Lei nº 14.133/2021, o tratamento é diferente:

> Art. 157. Na aplicação da sanção prevista no inciso II do *caput* do art. 156 desta Lei, será facultada a defesa do interessado no prazo de 15 (quinze) dias úteis, contado da data de sua intimação.
>
> Art. 158. A aplicação das sanções previstas nos incisos III e IV do *caput* do art. 156 desta Lei requererá a instauração de processo de responsabilização, a ser conduzido por comissão composta de 2 (dois) ou mais servidores estáveis, que avaliará fatos e circunstâncias conhecidos e intimará o licitante ou o contratado para, no prazo de 15 (quinze) dias úteis, contado da data de intimação, apresentar defesa escrita e especificar as provas que pretenda produzir.
>
> §1º Em órgão ou entidade da Administração Pública cujo quadro funcional não seja formado de servidores estatutários, a comissão a

que se refere o *caput* deste artigo será composta de 2 (dois) ou mais empregados públicos pertencentes aos seus quadros permanentes, preferencialmente com, no mínimo, 3 (três) anos de tempo de serviço no órgão ou entidade.

§2º Na hipótese de deferimento de pedido de produção de novas provas ou de juntada de provas julgadas indispensáveis pela comissão, o licitante ou o contratado poderá apresentar alegações finais no prazo de 15 (quinze) dias úteis, contado da data da intimação.

§3º Serão indeferidas pela comissão, mediante decisão fundamentada, provas ilícitas, impertinentes, desnecessárias, protelatórias ou intempestivas.

§4º A prescrição ocorrerá em 5 (cinco) anos, contados da ciência da infração pela Administração, e será:

I – interrompida pela instauração do processo de responsabilização a que se refere o *caput* deste artigo;

II – suspensa pela celebração de acordo de leniência, nos termos da Lei nº 12.846, de 1º de agosto de 2013;

III – suspensa por decisão judicial que inviabilize a conclusão da apuração administrativa.

Podemos resumir assim as disposições da nova lei:

PENALIDADE	COMPETÊNCIA
Multa	Não há definição na lei. Deve ser definida por ato interno
Impedimento de licitar e contratar	Comissão composta por dois ou mais servidores estáveis ou, se não existirem, dois ou mais empregados públicos do quadro permanente
Declaração de inidoneidade para licitar ou contratar	Autoridades previstas na lei, conforme discriminação abaixo

Na nova lei, os prazos recursais são diferentes. Como dispõe o art. 166, para as penalidades de advertência, multa e impedimento de licitar e contratar, o prazo recursal é de 15 dias úteis, contado a partir da intimação. O recurso deve ser dirigido à autoridade que aplicou a penalidade, a qual, se não reconsiderar sua decisão no prazo de 5 dias úteis, deve encaminhá-lo à autoridade que lhe for superior, com a devida motivação, para deliberação no prazo máximo de 20 dias úteis.

No caso específico da penalidade de declaração de inidoneidade, o pedido de reconsideração deve ser apresentado no prazo máximo de 15 dias úteis, contado da data da intimação, devendo a autoridade que aplicou a penalidade decidir sobre o mesmo no prazo máximo de 20 dias úteis, contado a partir do seu recebimento. Em qualquer situação, o recurso e o pedido de reconsideração terão efeito suspensivo, até a deliberação final.

A nova lei relacionou expressamente as penalidades que podem ser aplicadas às infrações constantes do art. 155, retirando parte da discricionariedade da administração para definir que pena seria cabível em cada caso concreto. Podemos resumir tal situação no quadro abaixo:

PENALIDADE	INFRAÇÃO
Advertência	Art. 155, inc. I, quando não cabível penalidade mais grave
Multa	Qualquer infração do art. 155
Impedimento de licitar e contratar	Art. 155, incisos II, III, IV, V, VI e VII
Declaração de inidoneidade	Art. 155, incisos VIII, IX, X, XI e XII

Algumas observações precisam ser registradas:

1. no caso da penalidade de declaração de inidoneidade, a competência para aplicação foi assim definida:

   a) quando aplicada por órgão do Poder Executivo, será de competência exclusiva de ministro de Estado, secretário estadual ou secretário municipal;

   b) quando aplicada por autarquia ou fundação, a competência será exclusivamente da autoridade máxima da entidade;

   c) quando aplicada por órgãos dos Poderes Legislativo e Judiciário, pelo Ministério Público e pela Defensoria Pública no desempenho de função administrativa, a competência exclusiva será de autoridade de nível hierárquico equivalente a ministro de Estado, secretário estadual ou municipal.

2. a penalidade de multa não poderá ser inferior a 0,5% (cinco décimos por cento) e nem superior a 30% (trinta por cento) do valor do contrato. Tal disposição derroga aquelas constantes do Decreto nº 22.626, de 7 de abril de 1933 (dispõe que o valor da multa não pode ultrapassar a 10% do valor do contrato), e da Lei nº 10.406, de 10 de janeiro de 2002, o Código Civil (dispõe que o valor da multa não pode ultrapassar a 100% do valor do contrato).

3. a aplicação de sanção não exclui a obrigação de reparação integral do dano causado à administração pública.

No caso da penalidade de multa, o prazo para defesa prévia deverá ser de 15 dias úteis, contados a partir da intimação. Já as penalidades de impedimento de licitar e contratar e de declaração de inidoneidade requerem a instauração de processo de responsabilização, conduzido por comissão composta por dois ou mais servidores estáveis. O prazo para apresentação da defesa prévia é o mesmo, podendo, ainda, o intimado especificar as provas que pretenda produzir. Verifica-se, assim, que o processo que poderá gerar a aplicação das penalidades do art. 156, incisos III e IV, ficou muito mais trabalhoso e demorado. Tal fato poderá acabar por gerar uma não aplicação de pena, situação que, por certo, não atenderá o interesse público, igualando os desiguais.

REFERÊNCIAS

BRASIL. Tribunal de Contas da União. Disponível em: www.tcu.gov.br.

BRASIL. Supremo Tribunal Federal. Disponível em: www.stf.jus.br.

BRASIL. STJ – Superior Tribunal de Justiça. Disponível em: www.stj.jus.br.

BRASIL. Advocacia Geral da União. Disponível em: www.agu.gov.br.

BRASIL. Tribunal de Justiça do Distrito Federal e dos Territórios. Disponível em www.tjdft.jus.br.

MELLO, Celso Antônio Bandeira de. *Curso de direito administrativo*. 8. ed. São Paulo: Malheiros, 1996.

REIS, Paulo Sérgio de Monteiro. *Obras públicas*: manual de planejamento, contratação e fiscalização. 2. ed. rev., ampl. e atual. Belo Horizonte: Fórum, 2019.

REIS, Paulo Sérgio de Monteiro. *Sistema de registro de preços*: uma forma inteligente de contratar: teoria e prática. Belo Horizonte: Fórum, 2020.

Esta obra foi composta em fonte Palatino Linotype, corpo 10,5
e impressa em papel Pólen Bold 70g (miolo) e Supremo 250g (capa)
pela Gráfica Formato, em Belo Horizonte/MG.